MIT DEM **WOHNMOBIL** DURCH DEUTSCHLAND

RADFAHREN, WANDERN & GENIESSEN

Weltbild

[ ] CROSSCAMP
MAXXIS

MIT DEM
WOHN
MOBIL
DURCH DEUTSCHLAND
RADFAHREN,
WANDERN &
GENIESSEN

5 × 5: DIE TOP-ERLEBNISSE IN DEUTSCHLANDS FERIENREGIONEN ENTDECKEN!

Mit einem Wohnmobil durch die Lande zu reisen, liegt voll im Trend. Die Zulassungsstatistik in Deutschland eilt von Jahr zu Jahr zu neuen Rekorden. Dabei sind es immer mehr junge Menschen und Familien, die sich diese mobile Freiheit gönnen. Anstatt rasant mit dem Pkw über die Autobahn zu fegen, ist eine Reise mit dem mobilen Zuhause entschleunigender: Es bleibt viel Zeit für Genuss und Muße, für Aktives und Entspannendes.

Das Buch reist in die schönsten Ferienregionen Deutschlands, von der Waterkant an Nord- und Ostsee, über Mittelgebirge wie den Harz oder die Sächsische Schweiz bis hin an den Alpenrand im Süden. Das geschäftige Ruhrgebiet fehlt dabei ebensowenig wie die beschaulichen Gewässer der Mecklenburgischen Seenplatte oder des bayerischen Seenlandes. In jeder Region werden fünf ideal gelegene Wohnmobilstellplätze oder besonders schöne Campingplätze vorgestellt. Von diesen ausgehend, haben wir die aufregendsten und abwechslungsreichsten Ausflugsmöglichkeiten in der nächsten Umgebung ausgesucht und präsentieren so zu jedem Stell- oder Campingplatz die »Top 5«. Das können Stadtbesichtigungen sein, Wanderwege oder andere sportliche Aktivitäten wie Wassersport, Kletterabenteuer oder Discgolf, Freizeithighlights wie Freilichtmuseen und Vergnügungsparks oder auch besondere kulinarische Schmankerl. Wer mit dem Rad unterwegs ist, findet hier auch das Richtige, denn zu jeder Region gibt es noch gesonderte Tipps zu Radwegen. Und damit die Planung reibungsfrei läuft, sind alle Empfehlungen in eigens dafür erstellten Karten übersichtlich dargestellt, die gleich zu Beginn einer jeden Ferienregion das jeweilige Kapitel eröffnen.

Jetzt heißt es also nur noch: Ins Wohnmobil setzen und losfahren ins Urlaubsglück!

S. 2/3: Übernachten mit direktem Blick aufs Meer, das kann man an vielen Orten an der Ostsee.
S. 4/5: Raus aus dem Wohnmobil und ab aufs Rad!
S. 6/7: Den Tag mit einem Frühstück am See starten: Das verspricht die Wohnmobilfreiheit.
S. 8/9: Im Felsenmeer des Elbsandsteingebirges gibt es Wandertouren für alle Schwierigkeitsgrade.
Links: Der Natur ganz nah ist man an diesem Waldstellplatz.

Inhalt

Oben: Das Meer fest im Blick: Bei einem Wohnmobilurlaub an der Nordsee ganz die Seele aufatmen.

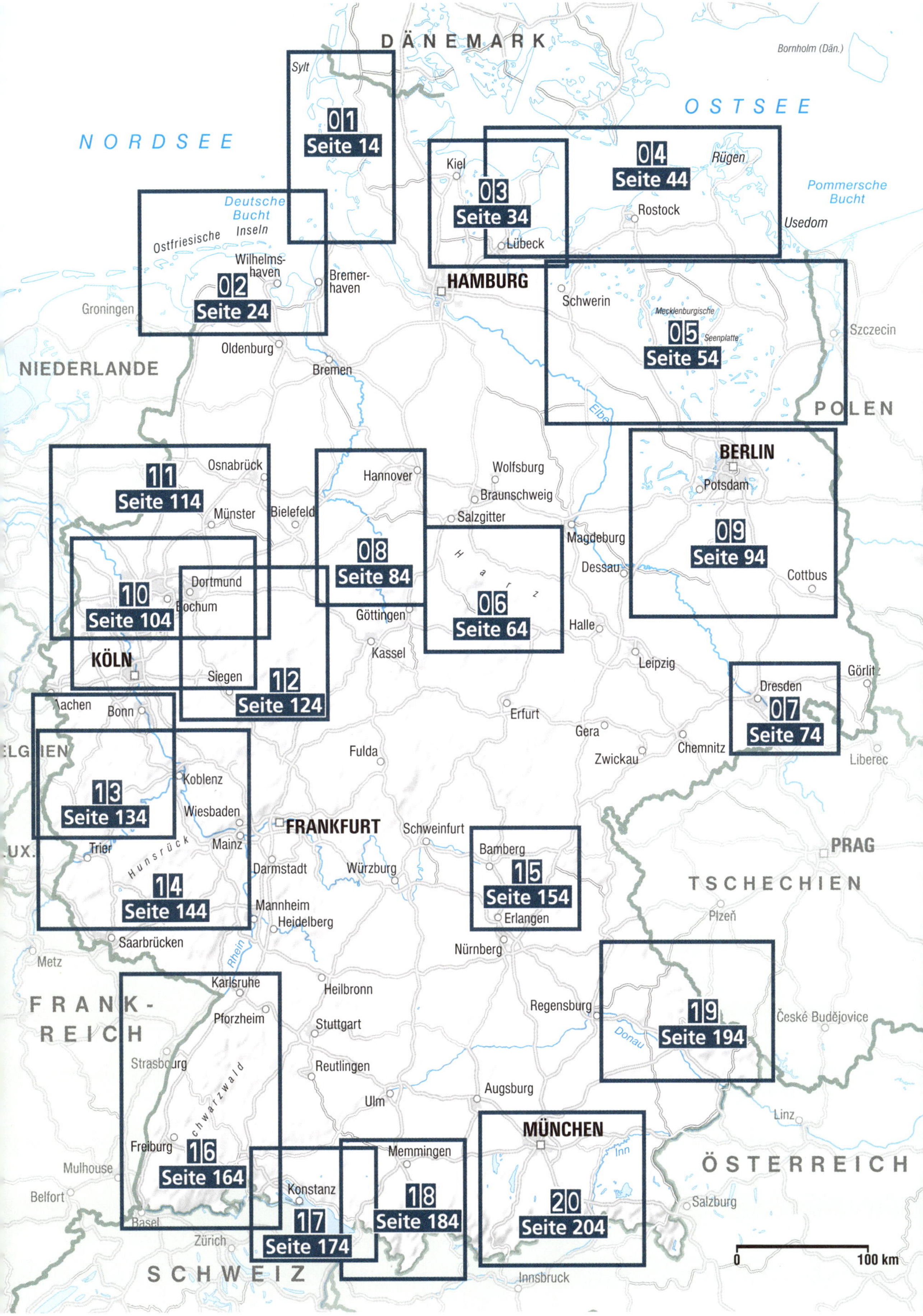
DÄNEMARK
NORDSEE
OSTSEE
Bornholm (Dän.)
Sylt
01
Seite 14
02
Seite 24
03
Seite 34
04
Seite 44
05
Seite 54
06
Seite 64
07
Seite 74
08
Seite 84
09
Seite 94
10
Seite 104
11
Seite 114
12
Seite 124
13
Seite 134
14
Seite 144
15
Seite 154
16
Seite 164
17
Seite 174
18
Seite 184
19
Seite 194
20
Seite 204
Deutsche Bucht
Ostfriesische Inseln
Wilhelmshaven
Bremerhaven
Groningen
Oldenburg
Bremen
NIEDERLANDE
Kiel
Lübeck
Rügen
Rostock
Pommersche Bucht
Usedom
HAMBURG
Schwerin
Mecklenburgische Seenplatte
Szczecin
POLEN
Elbe
BERLIN
Potsdam
Cottbus
Osnabrück
Münster
Bielefeld
Hannover
Wolfsburg
Braunschweig
Salzgitter
Magdeburg
Dessau
Harz
Dortmund
Bochum
Göttingen
Kassel
Halle
Leipzig
KÖLN
Siegen
Aachen
Bonn
Dresden
Görlitz
Erfurt
Gera
Chemnitz
Zwickau
Liberec
Fulda
Koblenz
Wiesbaden
Mainz
FRANKFURT
Schweinfurt
Bamberg
Erlangen
Nürnberg
PRAG
TSCHECHIEN
Plzeň
Trier
Hunsrück
Darmstadt
Würzburg
Mannheim
Heidelberg
Saarbrücken
Metz
Rhein
Karlsruhe
Pforzheim
Heilbronn
Stuttgart
Reutlingen
Regensburg
Donau
České Budějovice
FRANKREICH
Strasbourg
Schwarzwald
Freiburg
Mulhouse
Belfort
Basel
Zürich
Konstanz
Memmingen
Ulm
Augsburg
MÜNCHEN
Inn
Linz
ÖSTERREICH
Salzburg
Innsbruck
SCHWEIZ
0
100 km

NORDFRIESLAND UND DITHMARSCHEN

Dünen und Deiche

Nordfriesland ist weit mehr als nur plattes Land. Die von der Landwirtschaft und der Fischerei geprägte Region ganz im Norden Deutschlands zwischen Nordsee und Dänemark hat viel zu bieten: Seehunde, Krabben, die berühmten Holsteiner Pferde, Leuchttürme und Schafe auf den Deichen. Inseln gehören dazu und die einzigartige Kulturlandschaft der Halligen, landschaftliche Kleinode wie nirgends sonst auf der Welt. Wer noch nie Deiche, Wattenmeer und blühende Rapsfelder in ihrer beispiellosen Schönheit gesehen hat, sollte sich schleunigst auf den Weg nach Nordfriesland und die im Süden angrenzende Region Dithmarschen machen. Ein stolzer Landstrich mit stolzen Menschen: Dithmarschen schaut auf eine lange und auch wohlhabende Geschichte zurück. Die einstige Hauptstadt Heide des bis ins 16. Jahrhundert unabhängigen Landstriches erinnert mit ihren schönen Baudenkmalen an diese Zeiten. Die Landschaft zwischen Nordsee, Eider und Elbe mit ihren Marschen wurde in Jahrtausenden durch die Fluten der Nordsee angeschwemmt. Noch heute ist sie enorm fruchtbar und landwirtschaftlich geprägt.

Der Leuchtturm Westerheversand ist das Wahrzeichen der Nordseehalbinsel Eiderstedt. Die Plattform in 37 Meter Höhe gewährt eine herrliche Aussicht.

Nordfriesische Inseln
Sylt
List
Kampen
Wenningstedt
Westerland
Lister Ley
Rantum
Sylt-Ost
Hörnum
Høјer
Møgeltønder
Tønder
Sølsted
Tyvse
Abild
Øster Højst
Ravsted
Søvang
Bredevad
Tinglev
Lydersholm
Burkal
Rens
Store Lyndevad
Süderlügum
Ladelund
Weesby
Bauernhof-Barfussgarten 1
2 Nolde-Garten
Neukirchen
Nordseeküstenradweg
Nationalpark
Emmelsbüll-Horsbüll
Niebüll
Wohnmobilstellplatz Niebüll
Achtrup
Medelby
3 Draisinentour Leck
Schafflund
Risum-Lindholm
Leck
Stadum
Hörup
Föhr
Midlum
Dagebüll
Norddorf
Nieblum
Wyk
Oland
Nordmarsch-Langeneß
Hauke-Haien-Route 4
Ockholm
Langenhorn
Lindewitt
Nebel
Wittdün
Amrum
Bordelum
Goldelund
Gröde
Schleswig-
Bredstedt 5
Bredstedt
Japsand
Hooge
Hamburger Hallig
Breklum
Haselund
Pellworm
Pellworm 2
Nordstrandisch-
moor
Norderoogsand
Parlament
Ostersiel
Viöl
Campingplatz Elisabeth Sophien-Koog
Nordstrand 1
Hattstedt
Süderoog
3 Süderoog
Süderoogsand
Nordstrand
Nordstrand
Schobüll
Husum 4
Husum
5 Ostenfelder Bauernhaus
Ostenfeld
Holsteinisches
Norderhever
Simonsberg
Halbinsel Eiderstedt 4
Kirchenrundweg
Leuchtturm Westerheversand 5
Rantrum
Witzwort 1
Grachtenfahrt
Treene
Schwabstedt
Oldenswort
Eiderstedt
Friedrichstadt 2 3
Friedrichstadt
Biikebrennen 2
Wohnmobilstellplatz Friedrichstadt
St.Peter-Ording
Strandsegeln SPO 3
Garding
Tönning
Lunden
Campingplatz Olsdorf Sankt Peter-Ording 1
Tönning 4
5 Nationalpark-Zentrum Multimar Wattforum
Eider
Erfde
Wikinger-Friesenweg
Hennstedt
Wattenmeer
Weddingstedt
Wesselburen
Tellingstedt
Deutsche Bucht
Heide 2
Heide
Blauort
Wöhrden
Nordhastedt
Büsum 1
Büsum
Albersdorf
Wohnmobilstellplatz Büsum
Hemmingstedt
Trischen
Meldorfer Bucht
Meldorf
3 Meldorf
Schafstedt
Wattwandern Friedrichskoog-Spitze 4
Friedrichskoog
Hochdonn
Scharhörn
Nationalpark Hamburgisches Wattenmeer
Kronprinzenkoog
Helse
Burg
Marne 5
Marne
St.Michaelisdonn
Eddelak
Neuwerk
10 km
Duhnen
CUXHAVEN
Brunsbüttel
Wilster

Ein etwa acht Meter hoher und 25 Kilometer langer Deich schützt die Insel Pellworm. Ohne ihn würde die etwa einen Meter unter dem Meeresspiegel liegende Insel in den Fluten der Nordsee versinken.

Wohnmobilstellplatz Niebüll

Großer Parkplatz für 25 Mobile am Rande des Marktplatzes direkt neben dem Hallenbad. Ebene, parzellierte Rasenflächen. Kostenpflichtig. Alle notwendigen Ver- und Entsorgungseinrichtungen sind vorhanden. Ganzjährig geöffnet. Bis zur Ortsmitte sind es 300 Meter, der Bahnhof (Zugverbindung nach Sylt) ist einen Kilometer entfernt.

Marktplatz, 25899 Niebüll
GPS: N54.78961 E8.83386

❶ Barfußpark Südfrersbüll

Im Barfußpark in Südfrersbüll bei Neukirchen kann man – wie der Name schon sagt – barfuß durch eine Anlage mit Blumen, Kräutern und Pflanzen wandern. Der Park auf dem Gelände eines Bauernhofes eignet sich auch für Familien mit Kindern, denn der Parcours führt immer wieder an Tiergehegen entlang, wo man Kaninchen und Meerschweinchen streicheln und Küken, exotische Vögel, Schildkröten, Hühnerrassen, Gänse, Schafe, Schwäne und Pferde beobachten kann. Die Terrasse lädt zu einem Picknick ein.
bauernhof-barfussgarten.de

❷ Nolde-Garten Seebüll

Nicht nur Liebhaber der Malerei sind im Garten des Künstlers Emil Nolde gut aufgehoben. Auch für Pflanzenliebhaber gibt es viel zu entdecken. Dies sind neben Primeln, Tulpen und Türkischem Mohn standorttypische Gehölze. Pappeln und Weiden spenden Schatten, Quitten, Pflaumen, Mirabellen und verschiedene Apfelsorten, darunter echte Raritäten, gedeihen prächtig. Der Garten nach Bioland-Richtlinien gepflegt. Besichtigung März bis Oktober.
nolde-stiftung.de

❸ Draisinentour Nordfriesland

Auf einer stillgelegten Bahntrasse zwischen Niebüll und Flensburg ist Norddeutschlands längste Draisinenstrecke zu finden. Start und Ziel ist der Draisinenbahnhof in Leck. Die Route führt durch Wälder, idyllische Dörfer und an einem Windpark vorbei. Mai bis Oktober.
draisinentour-nf.de

❹ Hauke-Haien-Route

Auf der 19 Kilometer langen Hauke-Haien-Route rund um den Koog bekommt man radelnd Einblicke in das Leben am Rande der Nordsee. Die Tour startet am Infoturm »Watt'n Blick« in Schlüttsiel, in dessen Obergeschoss sich ein Informationszentrum befindet und führt zunächst landeinwärts. Die Radtour geht am Bongsleier Kanal entlang durch die Köge, zum Gasthaus Bongslei (berühmt für seine Räucheraale) und weiter zum Schöpfwerk mit seinen starken Pumpen. Vorbei an Äckern und Wiesen kommt man dann nach Ockholm, das vor der Eindeichung eine Hallig war. Darauf geht es Richtung Küste zur Schwarzen Wehe, einem Relikt vergangener Sturmfluten, und vorbei an den Speicherbecken. Am Deich und an der Küste entlang gelangt man wieder zum Ausgangspunkt zurück.

❺ Bredstedt

Über Niebüll mit seiner malerischen Kirche erreicht man Bredstedt, dessen hübscher Marktplatz mit der Alten Apotheke aus dem 17. Jahr-

Zu Fuß wie auch mit dem Fahrrad lässt sich Pellworm bestens erkunden. Mehrere Fahrradrouten erschließen die Insel, an Einkehrmöglichkeiten herrscht kein Mangel.

hundert und zahlreichen kleinen Geschäften den Besucher zum Bummeln einlädt. Sehenswert ist auch die spätgotische Backsteinkirche St. Nikolai aus dem 15. Jahrhundert. Taufbecken und Kanzel weisen kunstvolle Schnitzwerke auf. Ihren Sitz in Bredstedt haben sowohl das Naturzentrum Nordfriesland, das über die verschiedenen Landschaften der Region informiert, als auch das Nordfriisk Institut, das sich der Pflege der friesischen Sprache und Kultur verschrieben hat.

Camping Elisabeth Sophien-Koog

Der direkt am Außendeich gelegene Campingplatz außerhalb von Nordstrand bietet Platz für Wohnwagen, Wohnmobile und Zelte. Ein besonderes Erlebnis sind die Campingfässer und Campingpods, kleine Hütten aus Holz. Zum Lebensmitteleinkauf steht eine Regiobox mit regionalen Produkten zur Verfügung. Am Deich kann man direkt in der Nordesee baden, eine Dusche steht auch zur Verfügung. Am Platz gibt es ein Restaurant. Geöffnet von April bis Oktober.

Elisabeth-Sophien-Koog 17
25845 Nordstrand
nordstrand-camping.de
GPS: N54.78961 E8.83386

1 Nordstrand

Nordstrand, eine 49 Quadratkilometer kleine Insel, wurde durch den Bau eines Damms mit dem Festland verbunden. Die Insel wurde durch zahlreiche Sturmfluten oft zerstört. Menschen flüchteten auf Nachbarinseln oder aufs Festland. Heute ist Nordstrand durch so hohe Deiche geschützt, dass es als sturmflutsicher gilt. 1990 wurde es zum Nordseeheilbad ernannt, was die Touristen zu schätzen wissen. Sie genießen es, die Insel auf dem Deich zu umrunden.

2 Pellworm

Pellworm ist mit der Fähre von Strucklahnungshörn auf Nordstrand erreichbar. Die Insel Pellworm ist das Ergebnis einer Naturkatastrophe. In der Nacht vom 11. auf den 12. Ok-

Emil Nolde legte an seinem Wohnort in Seebüll ein Gartenparadies an.

tober 1634 brach die Insel Strand auseinander. Ihre Reste werden heute von Pellworm, Nordstrand und den Halligen gebildet. Das 3500 Hektar umfassende kleine und fruchtbare Eiland Pellworm wäre ohne seine wuchtigen und immer wieder erhöhten Deiche wohl schon lange im Meer versunken – es liegt rund einen Meter unter dem Meeresspiegel. Die drittgrößte nordfriesische Insel wurde ab der frühen Wikingerzeit von Friesen aus dem Raum der Rheinmündung besiedelt. Seit längerer Zeit sind die Bevölkerungszahlen Pellworms rückläufig; es gibt heute noch etwa 650 Haushalte. Viele Menschen wandern ab und verkaufen ihre Häuser an Auswärtige, die diese oftmals an Touristen vermieten. Die Turmruine der Alten Kirche St. Salvator ist ein Mahnmal für die auch heute heftig wütenden Sturmfluten. Schon im 17. Jahrhundert stürzte der Kirchturm ein. Berühmt ist die Arp-Schnitger-Orgel von 1711 im Saalbau. Der Pellwormer Leuchtturm im Süden der Insel kann besichtigt werden, in ihm befindet sich außerdem ein Standesamt. Wie Föhr ist auch Pellworm eine grüne Insel, auf der noch Landwirtschaft betrieben wird. Im Frühjahr bestimmen leuchtend gelbe Rapsfelder das Bild. Bei Besuchern kann sie mit großer Ruhe und einem weiten Blick punkten.

3 Mit dem Briefträger nach Süderoog

Einen ganz besonderen Wattspaziergang kann man auch von Pellworm aus unternehmen. Besucher können nämlich zweimal in der Woche Briefträger Knud Knudsen bei seinen Touren auf die Hallig Süderoog begleiten. Auf der kleinen Insel, die in etwa 1,5 Stunden zu erreichen ist, lebt lediglich ein Ehepaar, das dort ökologische Landwirtschaft betreibt. Ihre Kühe und Schafe tragen durch die Beweidung zum Landschaftsschutz bei. Daneben kümmern sich die beiden Inselbewohner noch um die Instandhaltung der Uferbefestigung, zählen Vögel und bewirten die Besucher, die mit dem Postboten zu ihnen kommen.
pellworm.de

4 Husum

Die »graue Stadt am Meer« oder »Theodor-Storm-Stadt« – allerlei Beinamen hat man schon gefunden für Husum. Neben den verschiedenen Gedenkstätten, die an das Leben und Schaffen des Dichters erinnern, besitzt Husum einen schönen, von Bürgerhäusern gesäumten Marktplatz mit dem Tine-Brunnen und der Marienkirche sowie einen beschaulichen alten Binnenhafen.

So manches über Land und Leute erfährt man in den Museen: Das Ostenfelder Bauernhaus, das Schifffahrtsmuseum und das Nordfriesische Museum »Nissenhaus« sowie das Pole Poppenspäler Museum sind nicht nur an weniger sonnigen Tagen zu empfehlen. Der Park, der das Schloss aus dem 16. Jahrhundert umgibt, ist besonders im Frühling zur Zeit der Krokusblüte einen Besuch wert, wenn sich ein leuchtender Teppich in Lila ausbreitet.
husum-tourismus.de

5 Ostenfelder Bauernhaus Husum

Das älteste Freilichtmuseum Deutschlands liegt in Husums Altstadt ganz in der Nähe des Schlosses. Das Bauernhaus, ein niederdeutsches Fachhallenhaus, stammt aus dem Geestörtchen Ostenfelde, wurde im Jahr 1899 dort abgetragen und an seinem heutigen Standort originalgetreu wiederaufgebaut. Es folgte eine mittelalterliche Scheune, die ebenfalls aus der Geest stammt. Zu sehen sind viele zeitgenössische Einrichtungsgegenstände, ein original erhaltener Herd und landwirtschaftliches Gerät.
museumsverbund-nordfriesland.de

Husum

Der Kulturpfad von Husum führt über mehrere Kilometer quer durch die Stadt. Die Route beginnt am Alten Rathaus am Marktplatz, das die Tourist Information beherbergt. Rund um den Marktplatz reihen sich weitere Sehenswürdigkeiten, wie die Marienkirche, Husums Wahrzeichen, die »Tine« und das Geburtshaus Theodor Storms. Wer Husum auf den Spuren Storms erkundet, sollte in die Süderstraße gehen: Im heutigen Hotel »Altes Gymnasium« (Süderstraße 6) ging der Dichter zur Schule, im Haus Nr. 12 lebte er mit seiner ersten Frau Constanze und den Schützenhof (Süderstraße 42) beschreibt er in der Novelle »Pole Poppenspäler«. Das Theodor-Storm-Zentrum mit Archiv und Museum wurde in Storms letztem Husumer Wohnhaus in der Wasserreihe 33 eingerichtet. Weitere Museen sind das Schiffahrtsmuseum Nordfriesland sowie das Nordsee-Museum Husum im Nissenhaus, wo der Pfad endet.

Ein Erlebnis für Familien ist der Besuch des Pole Poppenspäler Museums. Hier sind Puppen, Requisiten und Bühnenbilder zu bestaunen. Gezeigt werden nicht nur Kasper und Seppl, sondern auch Figuren des chinesischen Schattentheaters, aus Indonesien, der Türkei, Tschechien, Sizilien und anderen Winkeln der Welt.

Friedrichstädter Wohnmobilstellplatz am Halbmond

Sehr komfortabler, kostenpflichtiger Platz für 75 Wohnmobile. Die geschotterten Stellflächen befinden sich auf einem sehr gepflegten Rasengelände. Alle notwendigen Ver- und Entsorgungseinrichtungen sind in einem befahrbaren, überdachten Servicegebäude untergebracht, so auch Waschmaschinen und Trockner. Für die Bordküche gibt es frische Kräuter in Hochbeeten, des Weiteren einen Grillplatz und für die vierbeinigen Begleiter einen eigenen Hundeplatz. Für schnelle Internetverbindungen steht freies WLAN zur Verfügung. Bis zum Marktplatz von Friedrichstadt sind es 750 Meter. Die Anlage ist ganzjährig geöffnet.

Halbmond 5, 25840 Friedrichstadt
GPS: N54.37236 E9.08852

1 Roter Haubarg Witzwort

Der Umweg nach Witzwort lohnt sich, denn hier wartet der Rote Haubarg – ein prächtiges altes Gehöft mit lohnenswerter Ausstellung und Restaurant – auf eine Besichtigung. Für diejenigen, die ein oder zwei Tage länger in Husum verweilen, bietet sich eine Radtour zum Roten Haubarg an, denn die einfache Strecke ist knapp zehn Kilometer lang und führt durch eine reizvolle Umgebung.
roterhaubarg.de

2 Friedrichstadt

Im Zusammenfluss von Treene und Eider liegt das schmucke Holländer-

Links: Herzog Adolf I. ließ das Schloss vor Husum Ende des 16. Jahrhunderts erbauen.

Rechts: In Friedrichstadt mit seinen vielen Giebelhäusern fühlt man sich nach Amsterdam versetzt.

städtchen Friedrichstadt. Im 17. Jahrhundert von Herzog Friedrich III. von Schleswig-Gottorf gegründet, erhielt es sein geschlossenes Stadtbild von niederländischen Glaubensflüchtlingen: Die vielen Grachten, auf denen man romantische Bootsfahrten unternehmen kann, und die engen, von Giebelhäusern gesäumten Gassen erwecken den Eindruck eines »Klein-Amsterdam«. Hier sollte man eine gemächliche Paddeltour durch die Grachten unternehmen. Wer es etwas bequemer möchte, dem sei die romantische Fahrt auf einem Schiff empfohlen. Eingehende Informationen über Bootsverleih und Grachtenfahrt hält der Tourismusverein der Stadt bereit.

Zu den besonderen Sehenswürdigkeiten von Friedrichstadt zählen das Doppelgiebelhaus, die Alte Münze, die Marktpumpe und das Paludanus-Haus sowie Kirchen verschiedener Konfessionen: Die evangelisch-lutherische Kirche, der Mennoniten-Betsaal, die Remonstranten-Kirche und die katholische Kirche sind Zeugen der Glaubensfreiheit an der Eider.

friedrichstadt.de

Oben: Unterwegs auf der Halbinsel Eiderstedt.

Unten: Dünen in St. Peter-Ording mit Leuchtturm Westheversand.

3 Grachtenfahrt Friedrichstadt

Friedrichstadt trägt passenderweise den Namen Holländerstadt. Alte Giebelhäuser und natürlich die Vielzahl der Grachten versetzen den Besucher in das Nachbarland. Am besten lässt sich das Städtchen vom Wasser aus kennenlernen. Per Boot geht es durch die Kanäle, die beiden Häfen und ein Stück die Treene entlang. Die Fahrten werden von Ostern bis Ende Oktober angeboten.

grachtenfahrt.de

4 Tönning

Tönning an der Eidermündung war einst ein wichtiger Umschlagplatz, an dessen frühere Bedeutung noch das gut 200 Jahre alte Packhaus am Hafen mit einer sehenswerten Ausstellung erinnert. Beim Bummel über den Marktplatz mit seinen malerischen Bürgerhäusern und der das Stadtbild dominierenden romanischen St.-Laurentius Kirche wird das Geschichtsbild des Besuchers ergänzt.

toenning.de.

5 Multimar Wattforum

Familien sollten unbedingt auch das Multimar Wattforum besuchen, das mit seiner Erlebnisausstellung zu Walen und dem Nationalpark Wattenmeer sowie mit vielen Aquarien interessante Einblicke und Eindrücke vermittelt. Verschiedene Aktionsstationen, interaktive Computeranimationen und vieles mehr gehören zum Angebot des Besucherzentrums. Im angeschlossenen Restaurant kann man sich stärken.

multimar-wattforum.de

Campingpark Olsdorf

Parzellierter, sehr gepflegter, kostenpflichtiger, aber ruhiger Platz für 45 Wohnmobile am Ortseingang von St. Peter-Ording. Alle notwendigen Ver- und Entsorgungseinrichtungen sind vorhanden, inklusive Waschmaschine und Trockner. Ganzjährig geöffnet. Bis zum weitläufigen Strand sind es ca. fünf Kilometer.

Bövergeest 56
25826 St. Peter-Ording
meergruen-camping.de
GPS: N54.30725 E8.64859

1 St. Peter-Ording

Im Südwesten der Halbinsel Eiderstedt liegt St. Peter-Ording. Der Kurort verspricht nicht nur Heilung für Erkrankungen der Haut und der Atemwege, sondern auch Erholung und Freizeitspaß für Urlauber: Lange Sandstrände, Pfahlbauten-Restaurants, die bei Flut wie Inseln aus dem Wasser ragen, würzig-salzige Luft, Wind, Wellen und Sonne lassen keine Wünsche offen. Besonders schön ist der Ortsteil St. Peter, dessen Kirche noch aus dem 13. Jahrhundert stammt.
st-peter-ording.de

2 Biikebrennen

An der gesamten Nordseeküste, sowohl auf dem Festland als auch auf den Inseln und Halligen, werden am 21. Februar sogenannte Biikefeuer abgebrannt. Seit dem Mittelalter sollen sie symbolisch den Winter und böse Geister vertreiben. Gäste sind bei diesem Spektakel natürlich herzlich willkommen. Besonders auf den Halligen, wie etwa auf Hallig Hooge, ist die Teilnahme ein unvergessliches Erlebnis: Alle Halligbewohner sind dann auf den Beinen und treffen sich anschließend zum Grünkohlessen. Besser kommt man mit den Einheimischen nicht in Kontakt. Auch St.-Peter-Ording feiert diesen Tag mit einer Erlebnispromenade im Ortsteil Bad. Dazu gibt es Livemusik, heiße Getränke und leckeres Essen. Wer also im Februar an der Nordsee ist, sollte sich das feurige Volksfest nicht entgehen lassen!

MIT DEM BIKE

Nordseeküsten-Radweg

In Schleswig-Holstein verläuft ein Abschnitt des Nordseeküsten-Radweg auf einer Länge von 300 Kilometer am Meer entlang, durch die Orte Klanxbüll, Niebüll, Dagebüll, Husum, St. Peter-Ording, Büsum und Meldorf bis nach Brunsbüttel. Von dort geht es an der Elbe weiter durch Marschlandschaften bis nach Wedel und Hamburg. Man fährt fast ausschließlich auf asphaltierten Wegen entlang der Deiche, auf Radwegen, Nebenstraßen und verkehrsarmen Landstraßen. Für die Schönheiten des Nationalparks Schleswig-Holsteinisches Wattenmeer sollte man viel Zeit mitbringen und am besten mehrere Tage einplanen. Unterkünfte findet man unter ***bettundbike.de***

Kirchenrundweg

Acht beschilderte Radwanderwege von zwei bis 30 Kilometer Länge erschließen den »Kirchenrundweg«, auf dem Pedalritter sich an den 18 wunderschönen Kirchen der Halbinsel Eiderstedt orientieren können. Eine ebenso interessante Tour verläuft von St. Peter-Ording bis zum Leuchtturm von Westerhever (hin und zurück: 34 Kilometer). Die Tour beginnt am »Ording-Hus« in St. Peter-Ording, und führt am Deich entlang auf dem Radwanderweg Nr. 8 in nördlicher Richtung. Am Deich geht es weiter über Brösumsiel, Tümlauer Hafen bis Leikenhusen. Schließlich erreicht man den wohl bekanntesten Leuchtturm Deutschlands, den Westerheversand, den man auch besichtigen kann. Danach fährt man denselben Weg wieder zurück nach St. Peter-Ording.

Wikinger-Friesenweg

Stolze 300 Kilometer lang ist der Fernradweg von St. Peter-Ording zum Fischerdorf Maasholm. Er führt einmal quer durch Schleswig-Holstein, von der Nordsee- zur Ostseeküste. Wer nicht die ganze Route auf historischen Wikingerspuren fahren will, kann sich auf die Region Eiderstedt beschränken. Sehenswürdigkeiten reichen vom Westküstenpark mit Robbarium bis zum Eidersperrwerk.
wikinger-friesen-weg.de

3 Strandsegeln

St. Peter-Ording ist nicht nur für seinen breiten Strand, sondern auch für die Internationalen Strandsegelregatten bekannt. Wer Lust hat, trendige Wassersportarten zu erlernen, geht am besten zum Wassersportzentrum X-H2O. Hier gibt es Kurse im Kiten, Surfen, Stand-up-Paddling oder Katamaransegeln.
x-h2o.de

4 Halbinsel Eiderstedt

15 Kilometer breit und 30 Kilometer lang ist die Halbinsel Eiderstedt, die im 15. Jahrhundert von Menschenhand unter Mühsal dem Meer abgerungen wurde – wunderschönes Marschland, auf dem es mehr Schafe als Menschen gibt. Steht man auf dem hohen Deich, der die Halbinsel vor den Fluten schützt, kann man weit hinaus ins Land schauen. Dann sieht man die gedrungenen romanischen Kirchen in den Orten und die Haubarge, jene für diese Gegend typischen friesischen Bauernhäuser. Hier wohnten die Bauern mit ihren großen Familien, hatten unter den hohen Dächern ihre Vorratsräume, das Vieh tummelte sich in den Stallungen und im Mittelgeviert lagerte man sein Heu. Heute kommen die Touristen mit ihren Fahrrädern, strampeln gegen den immer blasenden Wind an, genießen die Ruhe, das weite Land und kehren in den zahlreichen Dorfgasthöfen ein.

5 Auf dem Stockenstieg zum Leuchtturm

Der malerische Leuchtturm Westerheversand ist das Markenzeichen der Halbinsel Eiderstedt. Das östlich davon liegende flache Land war früher einmal eine Insel. Doch durch Eindeichung verlandete das Watt mit der Zeit, sodass Westerhever heute der nordwestliche Zipfel von Eiderstedt ist. Früher wurde das neu gewonnene Gebiet vor allem landwirtschaftlich genutzt. Mit der Einrichtung des Nationalparks schränkte man dies jedoch stark ein, und seitdem kann man beobachten, wie sich die Vegetation um Westerhever verändert und sich die küstentypischen Salzwiesen immer weiter ausdehnen. Zudem ist das von Prielen durchzogene Schlickwatt zwischen Küste und Sandwatt ein Paradies für Vögel. Westlich des Leuchtturms gelangt man zum Westerheversand, eine der Küste vorgelagerte große Sandbank. Von dort hat man über den Heverstrom hinweg den Blick zu einer weiteren Sandbank, auf der eine Seehundkolonie zu Hause ist.
Zu Westerhevers Wahrzeichen, dem im Jahr 1906 errichteten Leuchtturm Westerheversand führt ein schöner Spaziergang durch die wasserdurchzogenen Salzwiesen. Der Ziegelklinkerweg steht sogar unter Denkmalschutz. Den Turm kann man im So-

Links: Im Büsumer Hafen laufen täglich zahlreiche Krabbenkutter ein und aus.

Unten: St. Peter-Ording mit seinen langen Sandstränden auf der Halbinsel Eiderstedt gehört zu den beliebtesten Ferienorten an der Nordseeküste Schleswig-Holsteins.

Nationalpark Wattenmeer

Während eben noch die endlos scheinende Weite beeindruckte, fasziniert wenig später das unmittelbare Erleben von Wind und Wetter. Deutschlands größter Nationalpark misst über 4400 Quadratkilometer und reicht von der Elbmündung bis zur dänischen Grenze. Zweimal täglich legt das Meer einen Lebensraum bloß, der auf den ersten Blick unwirtlich erscheinen mag, aber eines der lebendigsten und sensibelsten Ökosysteme ist. Die Anfänge des organisierten Naturschutzes an der deutschen Nordseeküste gehen auf das Jahr 1909 zurück, als sich der Verein Jordsand gründete, die Hallig Norderoog kaufte und sie zum Schutzgebiet für Seevögel erklärte. Allmählich setzte sich die Erkenntnis durch, dass das Wattenmeer ein einzigartiger und schutzbedürftiger Lebensraum ist. 1985 wurde der Nationalpark Wattenmeer gegründet; nach der Erweiterung 1986 und 1990 umfasst er drei Gebiete in Schleswig-Holstein, Hamburg und Niedersachsen. In dem Schutzgebiet halten sich jährlich Millionen Zug- und Brutvögel auf. Der Bestand an Seehunden beläuft sich auf 5000, daneben existiert eine Kolonie Kegelrobben. In den nordfriesischen Gewässern leben zudem mehrere Tausend Schweinswale.
nationalpark-wattenmeer.de

mmer im Rahmen einer Führung besteigen (Anmeldung erforderlich, Tel. 04865/1206). Aus 40 Meter Höhe hat man einen wunderbaren Blick auf das Wattenmeer.

Wohnmobilstellplatz Büsum

Sehr großer, eng parzellierter Platz für 130 Mobile auf einem befestigten Rasengelände direkt neben der Phänomania. Alle notwendigen Ver- und Entsorgungseinrichtungen sind vorhanden, auch Duschen und WCs. Bis in die Ortsmitte sind es 700 Meter, bis zur Familienlagune mit Badestrand 2,5 Kilometer. Die Anlage ist ganzjährig geöffnet.
Dr.-Martin-Bahr-Straße 5
25761 Büsum
GPS: N54.1289 E8.86901

1 Büsum

Über Wesselburen gelangt man in die Krabbenfischerstadt Büsum, die einst eine Insel war und im 16. Jahrhundert durch einen Damm zum Festland kam. Seit dem 19. Jahrhundert ist die Stadt Seebad und folgt St. Peter-Ording und Westerland als Dritte in der Rangfolge der Fremdenverkehrsorte an der Nordseeküste Schleswig-Holsteins. Die »Büsumer Meereswelten« beherbergen ein interessantes Aquarium mit über 30 Schaubecken, in denen sowohl heimische als auch tropische Meeresbewohner und Süßwasserlebewesen gezeigt werden. In der Sturmflutenwelt »Blanker Hans« erwartet den Besucher eine Mischung aus Schauspiel, Fahrattraktion und interaktiver Ausstellung. Im Hafen von Büsum liegen zahlreiche Krabbenkutter. Ein besonderes Ausflugserlebnis für Familien verspricht eine Wattwanderung mit Krabbenfischern wie früher.
buesum.de

2 Heide

Heide nennt mit einer Fläche von 4,68 ha stolz den größten Marktplatz Deutschlands sein Eigen. Früher tagte dort die Landesversammlung, heute preisen Marktleute ihre Waren an. Am Marktplatz befinden sich die sehenswerte Kirche St. Jürgen und eine Reihe schöner Bürgerhäuser aus dem 19. Jahrhundert.

3 Meldorf

Die kleine Stadt Meldorf war im Mittelalter florierendes Zentrum der Region Dithmarschen und erhielt 1265 das Stadtrecht. Seine ursprüngliche Lage auf einer ins Wattenmeer hineinreichenden Geestinsel verlor der Ort durch die nachhaltigen Maßnahmen zur Landgewinnung, sodass Meldorf heute etwa sechs Kilometer von der Küste entfernt liegt. Mit seinen über das ganze Jahr verteilten Aktivitäten im Bereich Kunst und Kultur wie zum Beispiel »Frequenzen«, dem Festival für Weltmusik, hat sich Meldorf zu einem kulturellen Mittelpunkt des Dithmarschen entwickelt. Neben dem Dithmarschen Landesmuseum, der Museumsweberei und verschiedenen anderen Ausstellungen ist es vor allem der wuchtige, im 13. Jahrhundert im Stil der Backsteingotik erbaute Dom im Stadtzentrum, der viele Besucher anzieht. St. Johannis zu Meldorf wird auch gern als »Dom der Dithmarscher« bezeichnet.

4 Wattwandern

Von der Friedrichskoog-Spitze am Hauptstrand werden in den Sommermonaten verschiedene Wattwanderungen angeboten. Die professionell geführten Touren richten sich an verschiedene Zielgruppen, z.B. Kinder (1 Std.), Watt-Interessierte (2 Std.) und Sportliche (4 Std.).
watterleben.de

5 Marschenbahn Marne

Auf der Fahrt von Friedrichskoog nach Brunsbüttel kommt man durch Marne. Hier kann man von Mai bis Oktober einen Abstecher mit der Fahrrad-Draisine nach St. Michaelisdonn machen. Das Schienenfahrzeug wird wie ein Fahrrad über Pedale bedient. Wer Glück hat, kann bei günstigem Wind auch das Segel setzen. Die Strecke der »Marschenbahn« führt durch eine typisch küstennahe norddeutsche Landschaft mit Marschweiden und Windkraftanlagen und ist neun Kilometer lang.
marschenbahn-draisine.de

Vom Winde verweht

Ostfriesland, das Land zwischen den Niederlanden im Westen und Oldenburg im Osten, der Nordsee im Norden und Papenburg im Süden, kennt fast jeder – sei es durch seinen kräftigen Tee, sei es durch die seit vielen Jahren kursierenden Ostfriesenwitze. Südöstlich davon liegt der Landkreis Ammerland, der von den Landkreisen Leer, Friesland, Wesermarsch, Oldenburg und Cloppenburg umgeben wird. Die Region gehört zu Niedersachsen und umfasst nicht nur das Festland von Bunde bis Rastede im Süden und von Norddeich bis Horumersiel im Norden, sondern auch die Nordseeinseln Borkum, Juist, Norderney, Baltrum, Langeoog, Spiekeroog und Wangerooge. Vor allem Landwirtschaft und Fischerei bestimmen die vielfältige Kulturlandschaft. Die Nordsee mit Ebbe und Flut beeinflusst die ostfriesische Halbinsel stark. Kulturell ist die Nachbarschaft zu den Niederlanden spürbar. Das Marschland der Küste geht in Moorgebiete über. So liegt auch Deutschlands größter Hochmoorsee, das Ewige Meer, in Ostfriesland. Überhaupt spielt Wasser eine große Rolle. Und Wind: Die zahlreichen Windmühlen gehören zum typischen Anblick der Region.

Aus der Dünenlandschaft der Insel Norderney erhebt sich der 55 Meter hohe Leuchtturm.

10 km
Nordsee
Ostfriesische Inseln
Juist
Norderney
Baltrum
Langeoog
Spiekeroog
Wangerooge
Memmert
Scharhörn
Nationalpark Hamburgisches Wattenmeer
Neuwerk
Hoher Knechtsand
Nationalpark Niedersächsisches Wattenmeer
Wurster Watt
Mellum
Juist 5
Norderney 4
Wattwanderung 1
Wohnmobilstellplatz Am Hafen 2
Buddelschiffmuseum
Campingplatz Schillig
Wohnmobilpark Norddeich
Seehundstation Nationalparkhaus 3
Norden 1
Café ten Cate 2
Werdumer Mühle 3
Freizeitpark Lütge Land 4
Mottotouren
Peldemühle 5
Radtour Jever
Friesisches Brauhaus 1 2
UNESCO-Weltnaturerbe Wattenmeer Besucherzentrum 3
Butjadingen 3
Wohnmobilstellplatz Greetsiel
Aurich 1
Ems-Jade-Kanal 2
Emden 3
Leer 4
Meyer Werft Besucherzentrum 5
Tour de Fries
Cäciliengroden 4
Dangast 5
Moorinsel Sehestedt 2
Ferienpark am Bernsteinsee 1
Forest 4 Fun
Park der Gärten 4
Freilichtmuseum Ammerländer Bauernhaus 5
Deutsche Fehnroute
Ostfriesland
Ammerland
Jadebusen
Dollart
Leybucht
Ewiges Meer
Großes Meer
Norden
Neßmersiel
Dornumersiel
Dornum
Nesse
Hage
Holtgast
Esens
Neuharlingersiel
Carolinensiel
Harlesiel
Schillig
Hooksiel
Stedesdorf
Dunum
Neuschoo
Westerholt
Blomberg
Middels
Wittmund
Jever
Waddewarden
Schortens
WILHELMSHAVEN
BREMERHAVEN
Langen
Nordholz
Midlum
Land Wursten
Dorum
Wremen
Stollhamm
Nordenham
Loxstedt
Stadland
Schwei
Rodenkirchen
Ovelgönne
Sandstedt
Hagen
Brake
Jade
Jaderberg
Rastede
Wiefelstede
Spohle
Varel
Dangast
Bockhorn
Neuenburg
Zetel
Wiesmoor
Friedeburg
Upschört
Südbrookmerland
Aurich
Ihlow
Großefehn
Hochmoor
Upgant-Schott
Osteel
Marienhafe
Greetsiel
Krummhörn
Wirdum
Hinte
Rysum
Delfzijl
EMDEN
Termunten
Neukamperfehn
Moormerland
Hesel
Uplengen
Holtland
Dollart
Jemgum
Nieuwolda
Scheemda
Nieuweschans
Bunde
Beerta
Winschoten
Bellingwolde
Leer
Nortmoor
Filsum
Westerstede
Apen
Barßel
Bad Zwischenahn
OLDENBURG
Weener
Ostrhauderfehn
Wedde
Vlagtwedde
Rhede (Ems)
Papenburg
Strücklingen
Saterland
Scharrel
Edewecht
Wardenburg
Friesoythe
Küstenkanal
Bourtange
Heede
Stadskanaal
Dersum
Neubörger
Surwold
Esterwegen
Bösel
Hatten
Ganderkesee
DELMENHORST
BREMEN
Hude
Wüsting
Lemwerder
Berne
Schwanewede
Elsfleth
Meyenburg
Weser
Ems
Leda
Marka
Nordgeorgsfehnkanal

Seehunde sind die bekanntesten Säugetiere im Niedersächsischen Wattenmeer. Im Sommer bringen sie hier auf den Sandbänken ihre Jungen zur Welt.

Wohnmobilpark Norddeich

Der Wohnmobilpark ist großzügig angelegt und komplett ausgestattet. Er befindet sich direkt hinter dem Deich und ist etwa sechs Kilometer vom Zentrum von Norddeich entfernt. Geöffnet ist die Anlage von März bis Oktober. Im platzeigenen gutbürgerlichen Restaurant gibt es klassische norddeutsche Gerichte.
Deichstr. 24a, 26506 Norddeich
womopark-norddeich.de
GPS: N53.60193 E7.13485

1 Norden

Norden, die »Stadt hinterm Deich«, ist die älteste Stadt Ostfrieslands. Der Ort auf dem neun Meter hohen Geestrücken erhielt bereits im 13. Jahrhundert Stadtrechte. Viele schöne historische Ecken gibt es in der 27 000-Einwohner-Stadt zu entdecken: den alten baumbestandenen Marktplatz, an dem die beeindruckende Ludgerikirche (1445) mit einer Arp-Schnitger-Barockorgel steht und das Alte Rathaus. Einzigartig ist das Ostfriesische Teemuseum der Stadt. Im nahe gelegenen Nordseebad Norddeich, ein Ortsteil Nordens der dank des dort herrschenden Reizklimas Seebad ist, kümmert man sich in einer Seehund-Aufzuchtstation um elternlose Heuler. Auch hier kann man vom Hafen aus die Seehundbänke und die Inseln erreichen.
norden.de

2 Café ten Cate

Eine »Teetied« (Teezeit) mit »Kluntje« (Kandiszucker) und Sahnewolke gehört bei den Ostfriesen zu einem gelungenen Tag einfach dazu. Und zwar am besten mit einem Stückchen »Knüppeltorte«. Diese Spezialität darf natürlich auch im »Café ten Cate« inmitten von Norden nicht fehlen. 1878 als Familienbetrieb gegründet und bereits von der fünften Generation geführt, ist er sogar Schauplatz der Ostfriesenkrimis von Klaus-Peter Wolf. So lässt der Autor seinen Kriminaldirektor Ubbo Heide hier seine Marzipan-Seehunde beziehen. Aber nicht nur Konditorwaren sind begehrt, sondern auch die ostfriesischen Brotspezialitäten »Swartbrot« (Schwarzbrot aus Roggenvollkorn), »Krintstuut« (saftiges Rosinenbrot), »Peppernöten« (knuspriges Würzgebäck mit Pfeffernüssen) und »Leegemoor-Zwieback« mit einem Schuss Rosenwasser.
cafe-ten-cate.de

3 Seehundstation

Kein Nordseeurlaub ohne den Besuch bei Seehunden, die im Sommer im Niedersächsischen Wattenmeer ihre Jungen zur Welt bringen. Über 100 der Heuler, wie der Nachwuchs der Meeressäuger genannt wird, verlieren in jeder Saison ihre Eltern. In der Seehundstation Norddeich werden sie artgerecht großgezogen, gefüttert und auf ein Leben in Freiheit vorbereitet. Auch Kegelrobben finden hier ab und zu ein Zuhause auf Zeit. Eine Dauerausstellung macht mit dem Lebensraum Watt und seinen Bewohnern vertraut. Fünf Kilometer von der Station entfernt liegt das Waloseum, wo sich die Quarantänestation für die Heuler befindet. Auf eindrucksvolle Weise taucht man in die Welt der Wale und Delfine ein.
seehundstation-norddeich.de

Einen entspannten Urlaub mitten in der Natur am Wattenmeer verspricht der Wohnmobilhafen Fedderwardersiel auf auf der Halbinsel Butjadingen.

4 Norderney

Zwischen Baltrum und Juist liegt die zweitgrößte der Ostfriesischen Inseln. Ungefähr 6000 Einwohner leben auf Norderney, das nur zwei Kilometer breit, aber 14 Kilometer lang ist. Die Insel entstand erst im 16. Jahrhundert und genoss schon bald besonderes Ansehen. Seit dem 18. Jahrhundert darf sie sich Seebad nennen und zählte zu den ersten mondänen Inselbädern des Landes. Hier traf sich, wer Rang und Namen hatte. Zu Norderneys berühmtesten Gästen zählten Heinrich Heine, Theodor Fontane und Reichskanzler Otto von Bismarck. Ihm wurde1898 ein Denkmal errichtet wurde, das die Insulaner nur »Klamottendenkmal« nennen. Prächtige Bauwerke wie das Conversationshaus genannte Kurhaus zeugen vom Status eines königlichen Seebads. Das Badehaus ist nicht nur architektonisch interessant. Es ist das älteste Meerwasserwellenbad Europas und beherbergt ein Thalassozentrum. Von dem knapp 55 Meter hohen Leuchtturm neben der reetgedeckten Mühle und dem Wasserturm, einem der Wahrzeichen der Insel, blickt man auf die Dünenlandschaft und Teile des Nationalparks.

5 Juist

Man muss Sand lieben, den Wind und das Meer – dann liebt man auch die kleine Nordseeinsel Juist. Die 17 Kilometer lange, aber nur maximal 1,1 Kilometer breite Insel wird auch gerne als »die längste Sandbank der Welt« bezeichnet. Bereits Ende des 14. Jahrhunderts wurde »Güst« (plattdeutsch: trocken, unfruchtbar) urkundlich erwähnt. Zum Seebad wurde die Insel aber erst im 19. Jahrhundert erklärt. Heute ist das autofreie Eiland eine ruhige, beschauliche Ferieninsel mit zwei größeren Ansiedlungen. Überall verteilt finden sich schöne Reetdachhäuser. Mit dem zum Naturdenkmal erhobenen Hammersee besitzt Juist den größten Süßwassersee der Nordseeinseln. Im »weißen Schloss am Meer«, dem historischen Kurhaus mit moderner Glaskuppel, residierte bereits 1897 der König von Sachsen.

Das historische Kurhaus auf Juist beherbergt heute ein nobles Hotel.

Die gesamte Insel ist mit Wanderwegen erschlossen. Eine Tour führt um den Hammersee, den größten Süßwassersee der Ostfriesischen Inseln. Im Osten von Juist liegt der Kalfamer, ein Brut- und Rastgebiet.

Wohnmobilstellplatz am Hafen

Mit ein wenig Glück bekommt man auf diesem Areal einen Stellplatz mit freiem Blick auf das Wattenmeer. Die asphaltierte Anlage ist ganzjährig geöffnet und mit einer Ver- und Entsorgungsstation sowie Stromanschlüssen ausgestattet. In den Hafen ein- und auslaufende Schiffe lassen sich vom Wohnmobil aus beobachten.

Am Hafen Ost
26427 Neuharlingersiel
neuharlingersiel.de
GPS: N53.69971 E7.70360

1 Wattwanderung

Bei einem Besuch der Nordsee darf eine Wanderung durch das schlickähnliche Watt auf keinen Fall fehlen. Einsteiger sind mit einer leichten Tour von sieben Kilometern von Neßmersiel nach Norderney gut beraten. Auf der Insel kommt ein Strand- und Dünenspaziergang hinzu, sodass man bis zu drei Stunden unterwegs ist. Zurück geht es mit der Fähre nach Norddeich. Geeignet für Kinder ab acht Jahren. Erfahrenere und sehr sportliche Wattwanderer können auch an einer längeren Tour wie z. B. von Harlesiel nach Spiekeroog teilnehmen.

2 Buddelschiffmuseum Neuharlingersiel

Buddelschiffmuseen gibt es eine Menge. Das in Neuharlingersiel ist jedoch etwas ganz Besonderes: Rund 100 Modelle sind hier zu bestaunen. Sie alle wurden von einem einzigen Menschen gebaut. Jonny Reinert, der es zu mehreren Einträgen im Guinnessbuch der Rekorde gebracht hat, nahm die Herausforderung an, die Schifffahrtsgeschichte gewissermaßen in Flaschen zu füllen. Vom Einbaum bis zum Atom-U-Boot ist alles zu sehen, sogar der Untergang der Titanic wird gezeigt. Bauzeichnungen erzählen von der Entstehung der Exponate.
buddelschiffmuseum.de

3 Werdumer Mühl

Die Mühle ist nicht nur zum alljährlichen Sommerfest ein lohnendes Ziel. Sie hat nämlich tolle Nachbarn: eine alte Schmiede und ein Backhaus, die beide noch in Betrieb sind. In der Mühle kann man sein Müllerdiplom machen, zur Stärkung gibt es hinterher Brot oder Kuchen aus dem Holzbackofen.
Tourist-Information,
Raiffeisenplatz 1, 26427 Werdum,
Tel. 04974/99 00 99,
werdum.de

4 Freizeitpark Lütge Land

Für Familien mit Kindern ist der Besuch des Freizeitparks Lütge Land in Wittmund empfehlenswert. Zahlreiche Attraktionen und viele Fahrgeschäfte stehen Groß und Klein zur Verfügung. Während die Kinder sich austoben, können sich die Erwachsenen entspannen. Neben diversen Fahrgeschäften sind im Freizeitpark auch detailgenaue Modellbauten bekannter Bauwerke zu bewundern.
luetge-land.de

Oben: Schloss Jever diente einst als Herrschersitz; das Museum in seinen Räumen zeugt heute von diesen Zeiten.

Unten: Bei einer geführten Wattwanderung, etwa von Neßmersiel nach Norderney, lernt man viel über das vielfältige Leben im Watt kennen.

5 Peldemühle in Wittmund
Stolze 30 PS Leistung schaffte die Peldemühle, eine Galerieholländer-Windmühle. Bereits 1741 wurde sie erbaut und war bis in die 1970er-Jahre in Betrieb. Sie ist die älteste Mühle ihrer Art in Deutschland – und das hinterlässt Spuren. Im Jahr 2014 wurde sie zerlegt, um sie komplett zu sanieren.

Wohnmobilstellplatz Schillig

Einen weiteren Stellplatz in Strandnähe gibt es in Schillig. Die große Anlage ist komplett ausgestattet und befindet sich direkt neben dem Campingplatz, dessen Einrichtungen mitgenutzt werden können.
Schilliger Düne, 26434 Schillig
wangerland.de
GPS: N53.69831 E8.01879

1 Friesisches Brauhaus zu Jever
»Wie das Land, so das Jever« – mit diesem Werbespruch hat sich die Kreisstadt einen Namen gemacht. Einen Eindruck davon, wie vor über hundert Jahren gebraut wurde, bekommt man beim Rundgang durch das historische Brauereimuseum. Anschließend führt der Weg in die moderne Produktionsstätte des friesisch herben Gerstensafts. Eine kleine Bierprobe samt »Treber-Stuutje« (Treber ist ausgekochter Malzschrot, der beim Brauen von Bier übrig bleibt und im Brötchenteig verarbeitet wird) gehört zu jeder Führung dazu.
jever.de

2 Radtour Jever
Auf der 49 Kilometer langen Rundfahrt der »Fernen Fürsten« lernt man viele kleine Friesendörfer und auch das historische Jeverland kennen, das zwischen 1667 und 1793 zum mitteldeutschen Fürstentum Anhalt-Zerbst gehörte. Die Radtour beginnt in Jever und führt entlang der Graften in Richtung Wittmund. Hinter der Stadtgrenze zweigt man auf die alte Bahnstraße Jever-Harlesiel nach rechts Richtung Norden ab.

MIT DEM BIKE

Deutsche Fehnroute

Die als Rundstrecke angelegte, ca. 160 Kilometer lange Deutsche Fehnroute führt beinahe durchwegs über flache, asphaltierte Radwege und ruhige Landstraßen. Auf den Spuren der Moorkultivierung passiert man die im 16. und 17. Jahrhundert entstandenen Fehnsiedlungen, in denen einst Torf abgebaut wurde. Schiffbare Kanäle zum Abtransport des Torfes wurden angelegt. Entlang dieser Wasserwege, den Fehnkanälen, führen heute Radwege. Galerieholländer (spezieller Windmühlentyp), Klappbrücken, Wiesen und Weiden säumen den Weg. Die Deutsche Fehnroute verläuft zwischen Aurich im Norden und Papenburg im Süden. Da die Route aufgrund mangelnder Steigungen keinerlei Anforderungen stellt, ist sie ideal für Familien mit kleinen Kindern geeignet. Entlang der Weges laden sogenannte Melkhuske zur Rast ein. Dort kann man seinen Durst bei einem Glas Milch, Buttermilch oder einem Eiskaffee löschen. Entlang der Deutschen Fehnroute gibt es mehrere Paddel-und-Pedalstationen. Dort kann man Fahrräder oder Kanus für Wasser- und Radwanderungen mieten, sowohl für Tagesausflüge als auch für Rundtouren.
deutsche-fehnroute.de

Tour de Fries

Die sogenannte Tour de Fries (250 Kilometer) führt auf überwiegend asphaltierten Wegen durch die weite, flache Landschaft Frieslands zwischen Jever und Jadebusen. Abwechslungsreich präsentiert sich die Landschaft: Von der Nordsee ins grüne Binnenland, durch urige Dörfer, vorbei am Neuenburger Urwald bis zum Wattenmeer führt das 40 Kilometer lange Teilstück von Wilhelmshaven nach Dangast über Sande, Neustadtgödens und Zetel. Entlang der Strecke finden sich Windmühlen sowie Cafés und Melkhuskes, wo man sich bei Kaffee und Kuchen bzw. Milchgetränken stärken kann.
friesland-touristik.de

Mottotour Seeräuber und Häuptlinge in Ostfriesland

Die ostfriesische Halbinsel eignet sich sehr gut, um sie per Rad zu erkunden, z. B. auf der Mottotour »Seeräuber und Häuptlinge«. Sie führt zu den Sitzen einstiger friesischer Stammesoberhäupter. Emden, Greetsiel, Dornum und Aurich liegen auf der Strecke. Auch Störtebekers Piratennest Marienhafe gehört dazu.

Über Wiefels und Große Scheep geht der Weg nach Eggelingen und Tettens, wo man die Grenze Harlingerland-Jeverland passiert. Im weiteren Verlauf geht es zum Wurtendorf Ziallerns in Richtung Carolinensiel über Neugarmssiel, vorbei an der Sophienmühle nach Sophiensiel. Nachdem man Friederiekensiel erreicht hat, nimmt man den Weg über Hohenkirchen und Waddewarden wieder zurück nach Jever, wo sich auch eine Besichtigung der Jever-Brauerei anbietet.

3 Wale beobachten

Schweinswale sind die einzigen Wale, die im Wattenmeer heimisch sind. Man erkennt die durchschnitt-

Oben: Emden wird vor allem durch seinen Seehafen geprägt.

Mitte: Im Auricher Schloss sind heute verschiedene Verwaltungseinrichtungen untergebracht.

Unten: Am Ems-Jade-Kanal verläuft der gleichnamige Wanderweg, vorbei an schönen Dörfern, Brücken und Schleusen.

Jadebusen

Wo vor 1000 Jahren noch Moorflächen und Marschland vorherrschten, erstreckt sich heute die rund 190 Quadratkilometer große Meeresbucht des Jadebusens. Der steigende Meeresspiegel hat ebenso seinen Anteil an dieser Entwicklung wie zurückliegende Sturmfluten. Die Bucht liegt zwischen Wilhelmshaven und Butjadingen. Der Fluss Jade, ein herrliches Kanu-Revier, versorgt den Meerbusen mit Wasser und hat ihm seinen Namen gegeben. Mittendrin thront der Leuchtturm Arngast auf über 100 Holzpfählen, die von einem Betonmantel gehalten werden. Im Jadebusen finden Austernfischer, Säbelschnäbler und Rotschenkel einen idealen Lebensraum. Es empfiehlt sich, das Ufer mit dem Fahrrad zu erkunden.

lich 1,50 Meter langen Meeressäuger an der gedrungenen kurzen Rückenflosse. Ein wenig Geduld und natürlich eine Portion Glück gehören schon dazu, eine Gruppe zu sichten. Meistens sind sie in einer Gemeinschaft von bis zu zehn Tieren unterwegs. Am besten stehen die Chancen in der Zeit von März bis Mai. Direkt am Wattenmeer-Besucherzentrum Wilhelmshaven werden auch Beobachtungen unter fachkundiger Leitung angeboten.
wattenmeerhaus.de

4 Salzwiesenlehrpfad Cäciliengroden

Salzwiesen gehören untrennbar zur Nordseeküste dazu. Meistens gilt: Betreten verboten! Ganz anders auf dem Lehrpfad in Cäciliengroden am Jadebusen, wo man bis zur Wassergrenze laufen darf. Nur begleitet vom Zwitschern der Vögel und dem Wind, lassen sich herrlich Flora und Fauna betrachten.
ostfriesland.travel

5 Dangast

Im Badeort Dangast lockt der Sandstrand von zwei Kilometer Länge, der mit Eisbuden und Cafés gespickt ist. Im DanGastQuellbad mit diversen Becken und Riesenrutsche lassen sich Erholung und Freizeitspaß gut kombinieren. Von Mai bis Oktober werden im Nordseebad Dangast geführte Wattwanderungen, sowohl kürzere als auch anspruchsvolle, angeboten. Auf einer Wattwanderung zum Leuchtturm Arngast in der Mitte der Bucht erfährt man viel Interessantes und Wissenswertes über das Wattenmeer. Die rund siebenstündige Tour durch das Watt ist auch für Kinder ab zehn Jahren geeignet.
dangast.de

Wohnmobilstellplatz Greetsieler Zwillingsmühlen

55 Stellplätze bietet die Gemeinde Krummhörn in Greetsiel bei den Zwillingsmühlen an. Der Platz ist mit allen notwendigen Ver- und Entsorgungseinrichtungen ausgestattet. Der malerische Ortskern und der Hafen sind nur wenige Gehminuten entfernt.

Mühlenstraße
26736 Krummhörn-Greetsiel
greetsiel.de
GPS: N53.49685 E7.10239

1 Aurich

Aurich hat seine Existenz zwei Bewohnern zu verdanken, die verhindern konnten, dass die Stadt im Mai 1945 von den Alliierten in Schutt und Asche gebombt wurde. So können wir heute noch den Anblick der Bürgerhäuser am Markt genießen. Aurich, ehemalige Residenzstadt und über Jahrhunderte die Hauptstadt Ostfrieslands, ist keineswegs »schaurich«. Erste Siedlungsspuren sind für das 9. Jahrhundert nachzuweisen. Rund 40000 Einwohner leben auf knapp 200 Quadratkilometern. Aurich ist eine moderne Stadt, die jedoch auch Altes bewahrt. Beeindruckende Ausmaße hat der Marktplatz, der sowohl von alten als auch von modernen Gebäuden und zwei außergewöhnlichen Brunnen gesäumt wird. Die Markthalle im Herzen der Stadt setzt mit ihrer gläsernen Konstruktion einen sehenswerten Kontrapunkt zu den umliegenden historischen Bürgerhäusern.
aurich-tourismus.de

2 Ems-Jade-Weg

Entlang des 1888 fertiggestellten Ems-Jade-Kanals, der Emden mit Wilhelmshaven verbindet, verläuft der Ems-Jade-Weg (75 Kilometer; Wegezeichen: weißer Anker auf schwarzem Grund). Der Wanderweg von der Ems zur Jade folgt weitestgehend der Wasserstraße. Urige Dörfer sowie historische Schleusen und Brücken säumen den Weg, auch auf dem etwa 25 Kilometer langen Abschnitt von Emden, der westlichsten Hafenstadt Deutschlands, nach Aurich, der heimlichen Hauptstadt Ostfrieslands. Die Rückreise nach Emden kann man mit dem Bus antreten. Eine schöne Tagesfahrt auf dem Ems-Jade-Kanal von Aurich nach Emden kann man mit der MS »Stadt Aurich« antreten. Auf der insgesamt sechsstündigen Schiffsreise durchfährt man die weite Landschaft Ostfrieslands (Abfahrt 9.30 Uhr vom Auricher Hafen, Rückfahrt von Emden 14.30 Uhr).
aurich-tourismus.de

3 Emden

Emden ist das Tor zur Welt! So sehen es zumindest die Ostfriesen. Tatsächlich war die Handelsstadt im 16. Jahrhundert angesehen und wohlhabend. Neben Genf und Wittenberg war sie außerdem eine der bedeutendsten Stätten der Reformation. Im Zweiten Weltkrieg zerbombt, zählt Emden heute zu den wichtigsten Seehäfen Deutschlands und ist der Mittelpunkt Ostfrieslands. Der Seehafen der Stadt gab den Ausschlag dafür, dass sich Industriebetriebe wie die Werft Nordseewerke und das Volkswagenwerk hier ansiedelten. Im Ratsdelft liegen drei Museumsschiffe vertäut, die sich der Schifffahrtsgeschichte, der Heringsfischerei und der Seerettung widmen. Den Weltkrieg überstanden hat das Pelzerhaus (16. Jahrhundert), das Rathaus ist eine Rekonstruktion des Originals aus dem 16. Jahrhundert. Kulturell sind die Kunsthalle und die Johannes-A.-Lasco-Bibliothek die Highlights.

Ein sogenanntes Feuerschiff weist den Kapitänen den Weg wie ein Leuchtturm an Land. Die »Deutsche Bucht« hat das 65 Jahre lang getan. Nun beherbergt sie ein Schifffahrtsmuseum, ihr Leuchtfeuer ist heute noch intakt.

Gegenüber vom Rathaus zeichnet das Museum »Dat Otto-Huus« mit viel Liebe und Humor die Karriere des 1948 in Emden geborenen Komikers Otto Waalkes nach. Im Otto-Kino werden Ottos Sketche und Kinofilme gezeigt.

emden.de

4 Leer

Die Kreisstadt Leer ist die drittgrößte Stadt Ostfrieslands. Mit ihren hübschen bunten Bürgerhäusern, dem Museumshafen und zahlreichen Museen, wie beispielsweise dem Teemuseum, die vom typisch ostfriesischen Leben erzählen, strahlt sie ein unvergleichliches Flair aus. Ein Besuch der etwas düster wirkenden Harderwykenburg lohnt vor allem im März/April, wenn rundherum unzählige Krokusse blühen. Der Mitte des 18. Jahrhunderts als Englischer Landschaftspark gestaltete Evenburgpark lädt auch heute noch rund ums Jahr zum Spazieren und Verweilen ein.

touristik-leer.de

5 Besucherzentrum Meyer Werft

Schiffbau fasziniert, der Bau von edlen Kreuzfahrtschiffen umso mehr. In der Meyer Werft bekommt man einen guten Einblick inklusive der gigantischen Baudockhallen.

Papenburg Tourismus GmbH, Ölmühlenweg 21, 26871 Papenburg, Tel. 04961/839 60, papenburg-tourismus.de

Ferienpark am Bernsteinsee

Verschiedene Stellplätze reihen sich um den Bernsteinsee. Daneben gibt es auch einen Wohnmobilplatz mit Wasser- und Stromanschluss an jedem Platz. November bis Mitte März geschlossen.

Dorfstraße 11, 26215 Wiefelstede, ferienpark-bernsteinsee.de
GPS: N53.32516 E8.06313

❶ Forest4Fun im Ammerland

Hinter Forest4Fun in Wiefelstede verbirgt sich ein Kletterpark mit acht verschiedenen Strecken. Ein Einstiegsparcours wird von allen Besuchern absolviert, danach stehen Routen mit verschiedenen Schwierigkeitsstufen zur Wahl. Sie beinhalten Hängebrücken, aufgehängte Autoreifen, Baumstämme zum Balancieren und vieles mehr. Eine spezielle Attraktion ist der Monkey Tree, an dem man 15 Meter in die Höhe klettern kann.
buhl-activity-parks.de

❷ Moorinsel Sehestedt

Ein weltweit einmaliges Naturphänomen ist bei Sehestedt zu bestaunen: Vor dem Deich liegt ein Moor, das vor etwa 1000 Jahren noch große Teile des Jadebusens bedeckte. Gewaltige Sturmfluten im Mittelalter zerstörten weite Bereiche. Um sich vor der Macht der Nordsee zu schützen, begannen die Menschen, Deiche zu bauen. Im 18. Jahrhundert schlossen sie die letzte Lücke am Jadebusen, ein Reststück des Hochmoores mit mehreren Höfen darauf blieb außerhalb des Deichs. Mit jeder schweren Flut riss das Meer sogenannte Dargen ab, das Moor wurde kleiner. Weil sein mit Süßwasser getränkter Körper leichter als Salzwasser ist, schwimmt es bei Sturmfluten auf. Menschen leben dort heute nicht mehr. Das Schwimmen des Moores kann nicht besichtigt werden, trotzdem lohnt sich ein Besuch. Auf einem Rundweg sind typische Moorpflanzen wie Wollgras, Torfmoos, Heidekraut und Sonnentau zu sehen.
nationalpark-wattenmeer.de

❸ Zirkus- und Drachenfest Tossens

Jedes Jahr zu Pfingsten steigen rund 300 Drachen in den blauen Himmel über Butjadingen. Sie kommen aus Deutschland und den Niederlanden. Höhepunkte sind die nächtliche Flugshow mit Feuereffekten und das Schlickschlittenrennen. Dazu steht ein Mitmachzirkus auf dem Programm.
butjadingen.de

❹ Park der Gärten

In Deutschlands größter Mustergartenanlage befinden sich auf 140 000 Quadratmetern mehr als 40 verschiedene Themengärten. Die Ausstellung »Grüne Schatztruhe« stimmt auf die vielfältige Pflanzenwelt sowie die botanischen Sammlungen ein.
park-der-gaerten.de

❺ Freilichtmuseum Ammerländer Bauernhaus

Idyllisch zwischen Wald und Aue liegt das Freilichtmuseum in einem weitläufigen Park. 17 Häuser und Nebengebäude laden zur Besichtigung ein, allen voran das Ammerländer Bauernhaus und die Galeriekappenwindmühle. Sowohl die Gebäude selbst mit ihrem Fachwerk und Lehm als auch die Einrichtungsgegenstände sind sehenswert.
Auf dem Winkel 26,
26160 Bad Zwischenahn,
ammerlaender-bauernhaus.de

Links oben: Leer verströmt mit seinen bunten Bürgerhäusern einen besonderen Charme.

Links unten: Windmühlen sind typisch für Ostfriesland.

Rechts: Birken und Eichen kennzeichnen die norddeutsche Moorlandschaft.

LÜBECKER BUCHT UND HOLSTEINISCHE SCHWEIZ

Ostseebrise und Seenromantik

Husch, husch ins Strandkörbchen: An kaum einer Küste findet man mehr der schützenden Geflechte als an der Lübecker Bucht. Als Teil der Mecklenburger Bucht öffnet sie sich trichterförmig von Südwesten, wo der Fluss Trave mündet, nach Osten zur See hin. Aufgrund ihrer feinsandigen Strände und sanft abfallenden Ufer gehört sie zu den beliebtesten Baderevieren Deutschlands. Grömitz, Kellenhusen, Sierksdorf, Scharbeutz, Timmendorfer Strand und Travemünde sind bekannte Badeorte, an deren breiten Stränden im Sommer Hochbetrieb herrscht. Da nördlich des 50. Breitengrades der Wind auch mal kühler weht, gehört der Strandkorb zum Ostsee-Badeleben dazu wie der Matjes zum Meer.

Der Name der Holsteinischen Schweiz mag irreführend sein: Berggipfel wie in der Schweiz finden sich im Osten Holsteins natürlich nicht. Aber die 168 Meter, mit denen der Bungsberg bei Schönwalde aufwarten kann, sind für den Norden Deutschlands durchaus beträchtlich. Insgesamt aber wechseln sich hier, zwischen Kiel und Lübeck und nur wenige Kilometer von den Stränden der Ostsee entfernt, eher sanfte Hügel mit lieblichen Tälern ab. Eingestreut sind etwa 200 Seen, die zum Baden, Segeln und Paddeln einladen, aber auch bei der Vogelwelt beliebt sind. In der Holsteinischen Schweiz findet man die typischen Knicks, also die Wallhecken, dazu schöne alte Alleen, die zu hochherrschaftlichen Gutshöfen oder malerischen Dörfern führen.

Der feine Sand und die Strandkörbe an der Hohwachter Bucht verbreiten Urlaubsstimmung.

Kieler Bucht
Fehmarn Belt
Fehmarn
Eckernförder Bucht
Kieler Förde
Waabs
Loose
Wanderung zum Bülker Leuchtturm 5
Osdorf
Strande
Gettorf
Felm
Wohnmobil Parkplatz am Marinedenkmal
Natur-Route durch die Probstei
Lindau
KIEL
1 Probstei
Alter Botanischer Garten 2
Schifffahrtsmuseum 3
Raddampfer Freya 4
Probsteierhagen
Schönkirchen
Klausdorf
Felde
Westensee
Molfsee
Raisdorf
Preetz
Flintbek
Schusteracht
Postsee
Lanker-see
Bordesholm
Radtour zur Langenrader Mühle
Stolpe
Ascheberg
Wankendorf
Stolper See
NEUMÜNSTER
Bönebüttel
Trappenkamp
Boostedt
Rickling
Großenaspe
Wahlstedt
Fahrenkrug
Hartenholm
Bark
Mözener See
Schmalfeld
Seth
Leezen
Kaltenkirchen
Kisdorf
Sülfeld
Henstedt-Ulzburg
Nahe
Bad Oldesloe
Bad Segeberg
Bornhöved
Holsteinische Schweiz
Wanderung auf den Hessenstein
Selenter See
Boulen bei Bismarck
Campingplatz Schöning
Hohwacht
Lütjenburg
Todendorf
Hohwachter Bucht
Tresdorfer See
Lebrade
Themententouren im Naturpark
Kanutour durch Plön
Fünf-Seen-Fahrt
Malente
Plön
Bösdorf
Gr. Plöner See
Großer Plöner See 1
Campingpark Augstfelde
Bosau
Eutin
Paddeln auf der Schwentine
Kutschenausflug
Süsel
Glasau
Gnissau
Pönitz
Ahrensbök
Wardersee
Pronstorf
Wagrien
Blekendorf
Wangels
Abenteuer Dschungelland
Gremersdorf
Heiligenhafen
Oldenburg
Göhl
Lensahn
Schönwalde
Kasseedorf
Altenkrempe
Guts-Tour
Neustadt
Riepsdorf
Kloster Cismar
Dahme
Kellenhusen
Drachen steigen lassen
Grömitz
Heringsdorf
Neukirchen
Großenbrode
Fehmarnsund
Wasservogelreservat Wallnau
Westermarkelsdorf
Fehmarn 2
Puttgarden
Fehmarn-Rundtour
Camping Flügger Strand
Landkirchen
Sulsdorf
Silo-Climbing in Burgstaaken
Burg auf Fehmarn
Surfen
Ernst-Ludwig-Kirchner-Weg
Lübecker Bucht
HansaPark in Sierksdorf
Sierksdorf
Tauchen in der Lübecker Bucht
Scharbeutz
Timmendorfer Strand
Hemmelsdorfer See
Travemünde
Ratekau
Bad Schwartau
Sereetz
Stockelsdorf
Lastadie P4
Günter-Grass-Haus
LÜBECK
Rathaus
TheaterFigurenMuseum
Reinfeld
Groß Grönau
Lüdersdorf
Schönberg
Dassower See
Dassow
Kalkhorst
Elmenhorst
Klütz
Boltenhagen
Poel
Insel Poel
Redentin
WISMAR
Grevesmühlen
10 km

Die langen, flachen Sandstrände in der Probstei wie hier bei Schönberg begeistern nicht nur Familien. Ob buddeln, plantschen, Muscheln suchen oder surfen – für Abwechslung ist gesorgt.

Parkplatz Marine Ehrenmal

Von diesem Platz bis zum Marine-Ehrenmal sind es nur wenige Meter. Die 18 Parkflächen sind ausreichend dimensioniert, Stromanschlüsse gibt es nicht, nur eine Ver- und Entsorgungsstation. Der kostenpflichtige Platz ist ganzjährig geöffnet.
Professor-Munzer-Ring
24235 Laboe
GPS: N54.41166 E10.23288

1 Probstei

Das Amt Probstei bei Schönberg war einst berühmt für seinen Kornreichtum. In Anlehnung daran finden jeden August die »Probsteier Korntage« statt. Kinder können dann im Heu toben, es finden Kutschfahrten durch die erntereifen Kornfelder statt und kulinarische Spezialitäten »rund ums Korn« werden genüsslich probiert. Im Sommer lockt die Museumsbahn – von Schönberg in Holstein geht's bis zum Ostseestrand – Gäste an. Nicht zu vergessen die langen, flach abfallenden Strände.
probstei.de

2 Alter Botanischer Garten

Der Park in Kiel erstreckt sich auf zweieinhalb Hektar. Das ehemalige Garteninspektorenhaus ist inzwischen Literaturhaus. Der alte Baumbestand, die Lage mit Blick auf die Förde und die naturnahe Gestaltung machen seinen Reiz aus.

3 Schifffahrtsmuseum

Direkt am Hafen Kiels ist das 2014 komplett renovierte Museum in einer ehemaligen Fischhalle untergebracht. Neben Schiffsmodellen und nautischem Gerät ist maritime Malerei zu sehen. Besondere Schätze sind das Modell des ältesten U-Boots der Welt und die drei Museumsschiffe, die an der Brücke gleich nebenan liegen.

4 Raddampfer Freya

Es ist ein selten schönes Vergnügen, einen Ausflug mit diesem alten Seitenraddampfer zu machen – wunderschön im Jugendstil hergerichtet und

Unterwegs mit dem Raddampfer Freya auf dem Nord-Ostsee-Kanal.

Den Alten Markt, das historische Zentrum der Kieler Altstadt, beleben heute Cafés, Gastronomiebetriebe und Geschäfte. Einst wurden hier Lebensmittel, Blumen und andere Waren angeboten.

von einer Dampfmaschine betrieben wie vor 100 Jahren. Heutiger Heimathafen ist Kiel, von wo aus Touren auf dem Nord-Ostsee-Kanal, der Kieler Förde oder auf Elbe und Schlei angeboten werden.
adler-schiffe.de

5 Wanderung zum Bülker Leuchtturm

Eine abwechslungsreiche neun Kilometer lange Wanderung führt von Strande zum Bülker Leuchtturm, der bereits 1806 gebaut wurde und den westlichen Eingang der Kieler Förde markiert. Der Hinweg führt durchs Hinterland zur Steilküste bei Stohl, wo dank der Eiszeit die verschiedensten Gesteine Skandinaviens zu finden sind, u. a. auch die mythischen »Hühnergötter« (Feuersteine mit Loch) und kleine Fossilien. Zurück geht es am Leuchtturm vorbei immer die Förde entlang. Man kann die Tour auch von Schilksee nach Strande verlängern.

Die Turmhügelburg bei Lütjenburg, Rekonstruktion einer Wehranlage.

Campingplatz Schöning

Platz mit befestigten Rasenstellplätzen mit Strom- und Wasseranschluss für Camper, auch kleinere Parzellen für Zelte. Moderne Sanitäranlagen, Waschmaschinen und Trockner. Kiosk. April bis Mitte Oktober.
Wewerin 1
24327 Sehlendorf
ostseecamping-schoening.de
GPS: N54.30234 E10.69274

1 Wanderung auf den Hessenstein

Eine Reihe von Highlights gibt es auf einer zünftigen Wanderung (20 Kilometer) im hügeligen Umland von Lütjenburg zu sehen. An der rekonstruierten slawischen Turmhügelburg und dem Eiszeitmuseum vorbei läuft man durch die Nientalniederung, passiert ein vorzeitliches Dolmengrab und steigt dann auf zum Hessenstein, einem Backsteinturm mit grandioser Aussicht. Weiter geht es zum gediegenen Gut Panker mit seinem Landschaftspark, wo man sich stärken kann, bevor es über ein ehemaliges Wasserschloss und die fossilen Kliffs am Südufer des Großen Binnensees wieder zurückgeht.

2 Boulen bei Bismarck

In geselliger Runde ein paar Kugeln schieben kann man im Gebiet der Hohwachter Bucht auf drei verschiedenen Bahnen. Die Freunde dieses entspannten Sports treffen sich immer dienstags und freitags auf der Boule-Anlage am Bismarckturm von Lütjenburg. Außerdem gibt es Bahnen in Hohenfelde und im Kurpark von Hohwacht.

3 Abenteuer Dschungelland

Wohin mit gelangweilten Kindern an einem grauen Regentag? Für solche Ernstfälle gibt es den Weißenhäuser Strand. Der ist im Grunde ein einziger riesiger Ferienpark. Mit dazu gehören ein Badeparadies mit Rutschen, Wasserspielewelt und Saunalandschaft, eine Wasserskianlage und das 6000 Quadratmeter große Dschungelland, eine Mischung aus Indoor- Spielplatz und Tierpark. Zwischen Attraktionen wie Hochseilgarten, Kletterwand, Spiegellabyrinth, Piratenkino, Goldwaschanlage und Wabbelberg gibt es eine Tropenhalle mit Leguanen, Kaimanen und Echsen, ein Otterland und zahlreiche Terrarien. Bistros und Restaurants locken mit (nicht nur) kindgerechten Speisen. All diese Attraktionen stehen gegen Eintritt auch Nichtbewohnern der Ferienanlage offen.
weissenhaeuserstrand.de

4 Kloster Cismar

Einer der stimmungsvollsten Kunsthandwerkermärkte Norddeutschlands findet am zweiten Augustwochenende im ehemaligen Benediktinerkloster Cismar statt. Hier werden die schönen Dinge nicht nur verkauft, sondern es wird von den Handwerkern in historischem Gewand auch gezeigt, wie sie entstehen. Daneben gibt es allerlei Programm und gepflegte Kost. Aber nicht nur im Rahmen des Klosterfests von Cismar ist die beeindruckende Klosteranlage einen Besuch wert.
kloster-cismar.de

5 Drachen steigen lassen

Die kontinuierliche Brise vom Meer macht's möglich. Ostholsteins Küste ist ein Drachenparadies. Doch Drachen steigen zu lassen ist schon lange kein Kinderkram mehr. Vom klassischen Kleindrachen über sport-

Links: Das ehemalige Benediktinerkloster Cismar beeindruckt durch seine mächtigen Backsteinbauten. Der Altar in der Kirche zählt zu den ältesten Flügelaltären weltweit.

Unten: Bei einem Strandspaziergang an der Hohwachter Bucht kann man die Seele baumeln lassen.

MIT DEM BIKE

Natur-Route durch die Probstei

Nordöstlich von Kiel erstreckt sich die Probstei, eine erstaunlich ursprüngliche Region jenseits der Küste. Die 60 Kilometer lange Radroute kann man in Laboe oder Schönberg beginnen. Sie führt zunächst in Meeresnähe durch einige Naturschutzgebiete, bevor es dann in weitem Bogen durchs beschauliche Hinterland mit seinen Dörfern und Seen zurückgeht. Besonders Sportliche können diese Tour um eine Runde um den schönen Salenter See (ca. 30 Kilometer) erweitern und im Sommer mit einem erfrischenden Bad zum Beispiel in der Seekruger Bucht beenden.

Schusteracht

Es gibt wohl wenige Gegenden mit so vielfältigen Angeboten für Radfahrer wie die Holsteinische Schweiz. Wer es flach mag, hält sich an die Seen, sportliche Radler reizen die malerischen Hügel. Für alle hat der Tourismus-Verband Schleswig-Holstein eine Vielzahl interessanter Touren erarbeitet und ausgeschildert. Von der Schusterstadt Preetz aus beispielsweise führt die Schusteracht in zwei Schleifen (31 und 33 Kilometer) zu den umliegenden Gütern, Gewässern und ihren Geschichten.

Radtour zur Langenrader Mühle

Auf der Mühlen-Radtour ab Preetz bzw. zu Fuß ab Plön oder dem Bahnhof Ascheberg gelangt man zur prächtigen Langenrader Mühle »Sventana«. Die Technik der Holländermühle wurde auf dem Stand von 1900 instandgesetzt, sodass dort heute wieder auf traditionelle Weise Roggen-, Weizen- und Dinkelschrot »auf dem Stein« gemahlen wird.

Thementouren im Naturpark

Radler finden im Naturpark Holsteinische Schweiz zwölf ausgewiesene Thementouren. Während auf der einen Mühlen oder Gutshäuser besichtigt werden können, führt die andere in die Städtchen Grebin, Plön und Eutin. Wer auf Natur pur steht, kann zwischen der Seen-, der Strand- und der hügeligen Bergtour wählen.

Fehmarn-Rundtour

Fehmarn pur bietet sich auf einer 25 Kilometer langen Rundtour, die vom Fährhafen Puttgarden quer über die Insel zum Fischereihafen Burgstaaken und zurück führt. Meerblick, kleine Dörfer und Burgruinen gehören genauso dazu wie auch die sehenswerte Inselhauptstadt Burg. Mit einem zusätzlichen Schwenk am Ende kann man an der Nordküste auch das Vogelschutzgebiet Grüner Brink miteinbinden.

Guts-Tour

Die schöne Gutsgärtnerei in Sierhagen ist auf jeden Fall einen Besuch wert. Man bekommt dort exklusives Gartenzubehör und edle Blumensorten sowie gärtnerischen Rat, kann aber auch einfach im Palmenhauscafé einen Imbiss nehmen und den Skulpturengarten bewundern. Zu erreichen ist sie im Rahmen der 35 Kilometer langen »Guts-Tour« von Neustadt aus. Diese leichte Fahrradtour, die noch mehr Herrenhausromantik und altes Fachwerk verspricht, ist eine von sechs Entdeckertouren rund um das schöne Städtchen Neustadt. Wer damit nicht genug hat, kann sich auch auf die große »Gartenroute Ostholstein« machen.

liche Lenkdrachen bis zu gewaltigen Gebilden – mit dem richtigen Wind und etwas Geschick steigen sie alle auf, um den Himmel zu verzieren. Besonders faszinierend sind die großen Drachenfeste in Grömitz (April), Travemünde, Dahme und Fehmarn-Südstrand (alle im Oktober).

Camping Flügger Strand

Nur von einer ca. 40 Meter breiten Düne vom Meer getrennt, erstreckt sich der Campingplatz über einen Kilometer am Ostseestrand in Flügge. Außer 500 Stellplätzen, teils mit Meerblick, gibt es auch Mietwohnwagen und Ferienhäuschen. Mehrere moderne Sanitärhäuser, SB-Markt und Restaurant. Im Sommer Animation. April bis Mitte Oktober.
Flügge 2, 23769 Fehmarn
fluegger-strand.de
GPS: N54.45128 E11.00668

1 Wasservogelreservat Wallnau

Das NABU-Reservat an Fehmarns Westküste zählt wegen seines reichen Nahrungsangebots zu einem der beliebtesten Rastplätze für Zugvögel. Im abgegrenzten Besucherbereich (gegen Eintritt) gibt es eine Vielzahl von Angeboten, um den Besuchern die Vogelwelt ganz nahe zu bringen, wie etwa das Infozentrum und thematische Führungen. Mit dem Fernglas kann man aber auch die Verstecke auf dem Rundgang für eigene Beobachtungen nutzen. Café und Spielplatz runden das Erlebnis ab. März bis Ende Oktober.
wallnau.nabu.de

2 Fehmarn

Ein Fehmarner Sprichwort sagt, dass auf der Insel schon morgens zu sehen ist, wer nachmittags zum Kaffee kommt – so flach ist sie. Die höchste Erhebung ist der 27 Meter hohe Hinrichsberg. Fehmarns Charakter prägt eine Felsenküste im Osten sowie Dünen nebst flachen Stränden an den übrigen Ufern. Die ovale Insel mit 78 Kilometern Küstenlinie gehört zu den sonnenreichsten Gegenden Deutschlands. Rund 20 Strände locken Besucher an, man hat die Auswahl zwischen weitläufigen Sandstränden, spektakulären Steilküsten und versteckten Naturstränden. Neben einer Viertelmillion Gästen – viele davon kommen wegen der exzellenten Surfreviere – rollt der Transitverkehr: Über Fehmarn verläuft die Vogelfluglinie, die Lkw-Route von Mitteleuropa nach Skandinavien, vom Festland über die 1963 erbaute Fehmarnsundbrücke und weiter von Puttgarden per Fähre über den Fehmarnbelt nach Dänemark und Schweden. 2003 wurden alle Gemeinden zur Stadt Fehmarn vereinigt, der Hauptort der Insel ist Burg.
fehmarn.de

3 Silo-Climbing in Burgstaaken

Schon von Weitem sieht man die drei ehemaligen Getreidesilos am Hafen mit ihren bunten Graffitis. In den letzten Jahren entstand hier die höchste künstliche Kletteranlage Deutschlands. Auf 16 verschiedenen Kletterrouten von bis zu 40 Meter Höhe können Groß und Klein – ab 1,10 Meter Mindestgröße – ihre Leistungsgrenzen austesten. Die Ausrüstung kann geliehen werden, nur einen Sicherungspartner mit entsprechendem Gegengewicht muss man am besten mitbringen oder sich vor Ort suchen und finden.
siloclimbing.com

4 Surfen

Eines der besten deutschen Surfgebiete befindet sich im Süden von Fehmarn. Auf der einen Seite der Landzunge liegt der haffartige Burger Binnensee. Mit seinem hüfttiefen Wasser ist er ideal zum Surfen, aber auch das anspruchsvolle Kitesurfen kann hier erlernt werden. Auf der anderen Seite können sich die Fortgeschrittenen auf der Ostsee vergnügen. Auch werden Kurse im Katamaran-Segeln angeboten.

Rechts oben: Malerische Altstadt in Burg, der Mittelpunkt von Fehmarn.

Unten: Surfer schätzen das ideale Revier an der Südküste von Fehmarn.

Ganz rechts: Der 1905 auf Lolland errichtete Leuchtturm Hyllkrok ist inzwischen außer Betrieb.

AUSFLUGSZIELE

Lolland

Von der Fläche her ist Lolland Dänemarks viertgrößte Insel in der Ostsee. Sie zählt knapp 60 000 Einwohner. Hier liegt der Verbindungshafen nach Fehmarn, Rødby Havn. Das Landschaftsbild wird von langen Stränden, Fjorden und Naturparks geprägt, Handelsstädte und Herrenhäuser wie das im Fuglsang Park runden es ab. Das Eiland lässt sich bestens mit dem Fahrrad oder wandernd erkunden. Lolland kann auch mit seiner charmanten Hauptstadt Maribo sowie einigen schönen Stränden punkten. Im Middelaldercentret von Sundby, dem auf Lolland gelegenen Ortsteil der Stadt Nykøbing auf Falster, wurde eine Siedlung aus dem 14. Jahrhundert rekonstruiert. Auf dem Gelände finden Ritterkämpfe und Schießübungen mit Steinschleudern statt. Auch Maribo lockt mit einem Freilicht- sowie einem frühgeschichtlichen und einem kleinen Kunstmuseum. Das Aalholm Automobil Museum im Südosten Lollands ist in einem Schloss aus dem 12. Jahrhundert untergebracht.

5 Ernst-Ludwig-Kirchner-Weg

Auf den Spuren des deutschen Expressionisten Ernst-Ludwig Kirchner wandert man an der Steilküste zur Südostspitze der Insel Fehmarn. Ausgehend vom Parkplatz der Marineortungsstelle, geht es oben am Ufer entlang zum Leuchtturm Staberhuk, wo sich der Maler einst im Sommer einmietete. Wem dieser vier Kilometer lange Spaziergang noch nicht reicht, der kann ihn um eine etwa doppelt so lange Runde nach Norden erweitern – zum ebenso imposanten Steilufer beim Freilichtmuseum Katharinenhof.

Campingpark Augstfelde

Zwei Bereiche stehen hier für den Wohnmobilisten zur Verfügung: zum einen ein Kurzzeitplatz für Durchreisende, zum anderen ein Platz direkt am See für all die, die länger bleiben möchten. April bis Oktober geöffnet.

Augstfelde 1, 24306 Bösdorf
augstfelde.de
GPS: N54.45128 E11.00668

1 Großer Plöner See

Mit seinen dicht bewaldeten Ufern und den Inseln hat der Große Plöner See teilweise fast skandinavischen Charakter. Eine Fläche von fast 30 Quadratkilometern macht ihn zum größten See Schleswig-Holsteins. Seine Wasserqualität gilt als ausgezeichnet. All das macht ihn zu einem beliebten Erholungsgebiet für Touristen, vor allem auch aus den nahen Städten Kiel, Lübeck und Hamburg. Es gibt allein 15 Badestellen sowie Möglichkeiten zum Segeln, Surfen und Angeln. Im Bereich der Plöner Stadtbucht und bei Bosau ist auch Tauchen erlaubt. Taucher müssen jedoch einem Verein angehören und sich zuvor eine Genehmigung holen.

2 Kanutour durch Plön

Wie könnte man eine von Seen umgebene Stadt wie Plön besser erkunden als vom Wasser aus? Auf den zweistündigen Kanutouren, die im Sommer angeboten werden, können fünf Seen durchpaddelt werden, während ein Stadtführer Wissenswertes über Plön und seine Umgebung vermittelt. Die Touren eignen sich auch für Anfänger und Kinder. Anmeldung und Info bei der Touristinfo in der Bahnhofstraße. Erfahrene Paddler können auch Boote mieten. holsteinischeschweiz.de/ploen-paddeln

3 Fünf-Seen-Fahrt

Eben noch über weite Seen dahingleiten, im nächsten Augenblick verschlungene Engen unter einem lichtflirrenden Blätterdach passieren: Eine zweistündige Bootsfahrt von Malente nach Plön ist wohl die beschaulichste Art, die Naturschönheiten der Holsteinischen Schweiz zu genießen, ohne große Anstrengungen überwinden zu müssen. Wer noch nicht genug hat, dem kann auch noch die Kellerseefahrt im Osten von Malente empfohlen werden (alle Fahrten April bis Oktober).
5-seen-fahrt.de/5-seen-fahrt

4 Kutschenausflug

Viele Besucher lassen sich auch gerne ganz gemütlich durch die Holsteiner Landschaft kutschieren. Unvergesslich, mit ein oder zwei PS über Hügel und Felder zu ziehen, auf malerischen Wegen und Alleen zu alten Gutshöfen und Herrenhäusern. Das Ehepaar Tamm in Eutin bietet diverse Touren an, zum Teil mit historischen Kutschen.

5 Paddeln auf der Schwentine

Die Schwentine lässt sich von Eutin bis zur Kieler Förde mit dem Kajak oder Kanu befahren. Die Gesamtstrecke beträgt rund 55 Kilometer. Dabei durchquert man den Großen und Kleinen Plöner See sowie den Lanker See und mehrere kleine Seen. Man passiert auch diverse Naturschutzgebiete, weshalb teilweise das Anlegen oder eine Annäherung ans Ufer verboten sind. Als Rastplätze eignen sich die Orte Eutin oder Plön.

Wohnmobilstellplatz Lübeck (Lastadie P4)

Dieser kostenpflichtige Parkplatz unterhalb der Marienbrücke ist in der

Nacht erstaunlich ruhig. Er verfügt jedoch über keinerlei Versorgungseinrichtungen. Der große Pluspunkt dieses Platzes ist die Nähe zur Lübecker Altstadt, die mit der Überquerung der Trave schnell erreicht ist. Das Holstentor ist 700 Meter entfernt. Ein weiterer Stellplatz befindet sich etwas nördlich in den Hafenanlagen an der Willy-Brandt-Allee.
Lastadie, 23554 Lübeck
GPS: N53.87257 E10.68081

1 TheaterFigurenMuseum

Mitten in der Altstadt schlummert in fünf alten Kaufmannshäusern eine faszinierende fremde Welt: Handpuppen, Marionetten, Schattenspielfiguren aus Europa und Übersee und aus drei Jahrhunderten sind liebevoll in Szene gesetzt. Derzeit wird das Museum umgebaut (Wiedereröffnung ca. 2024), Vorstellungen des Figurentheaters finden im Europäischen Hansemuseum statt.
kolk17.de

2 Rathaus

Das Lübecker Rathaus mit seiner markanten Fassade zählt zu den bekanntesten Bauwerken der Backsteingotik und ist dazu eines der schönsten Rathäuser Deutschlands. Der zunächst aus drei Giebelhäusern bestehende Bau wurde mehrfach erweitert. Um auch die prächtigen Innenräume kennenzulernen, sollte man an einer Führung teilnehmen.

3 Günter-Grass-Haus

Nobelpreisträger Grass war nicht nur Literat, sondern auch Maler und Bildhauer. Im Grass-Haus in der Glockengießerstraße in Lübeck lernt man all seine Facetten kennen. Des Weiteren werden im ständigen Wechsel andere Künstler, die auf verschiedenen Gebieten tätig waren ausgestellt. Dazu gehören z. B. Johann Wolfgang von Goethe, Hermann Hesse, John Lennon und Gottfried Keller. Im hübschen Hof des Museums kann man zwischen Originalskulpturen entspannen.
grass-haus.de

4 Tauchen in der Lübecker Bucht

Flugzeugteile, mehrere Wracks übereinander... Am Grund der Lübecker Bucht findet sich allerlei Spannendes für Taucher. Das Tauchsportzentrum Scharbeutz bietet geführte Tauchtouren zu den interessantesten Stellen an. So kann man z. B. zwischen einer Tour direkt vor Land, einer Tour mit dem Schlauchboot zu landnahen Objekten und einer Clubausfahrt mit dem Kutter wählen. Wer das Tauchen erst lernen will, kann zum Schnuppertauchen kommen. Mitmachen dürfen Kinder ab zwölf Jahren, donnerstags und sonntags gibt es einen Kurs für Einsteiger beim Schnorcheln.

5 HansaPark in Sierksdorf

Der große Freizeitpark nördlich von Lübeck liegt direkt an der Ostsee und ist seit Jahrzehnten beliebt bei Groß und Klein. Jede Show und andere Attraktion ist eingebettet in elf räumlich getrennte Themenwelten, wie etwa die Wikinger-Welt, die Hanse, Bonanza City oder den alten Jahrmarkt. Manch Enthusiast verbringt mit seinen Kindern den ganzen Urlaub hier.
hansapark.de

Links oben: Den Plöner See erkundet man am besten vom Wasser aus.

Links unten: Die Schwentine bietet 55 Kilometer Paddelspaß.

Unten: Historisches Rathaus am Markt in Lübeck.

VORPOMMERN
UND RÜGEN

Hansestädte, Seebäder, und Künstlerkolonien

Vorpommerns Küste ist Boddenküste – starke Strömungen lagerten über Jahrtausende jenen Sand ab, der Meeresbuchten von der Ostsee abtrennte. In diesen seichten Lagunen, hier Bodden genannt, herrschen einzigartige Lebensbedingungen für Tiere und Pflanzen. Auf den sandigen Nehrungen wächst heute Kiefernwald. Schon immer hat die Küste die Künstler fasziniert – hier »erfand« der tief religiös fühlende Caspar David Friedrich im 19. Jahrhundert die Romantik in der deutschen Malerei. In Ahrenshoop entstand eine berühmte Malerkolonie, und auch heute inspiriert das einzigartige Licht viele dazu Berufene zu immer neuen kreativen Ausdrucksformen. Ganz im Osten, zwischen Greifswald und Stettiner Haff, ändert sich die Küste: Die Wälder reichen jetzt noch näher ans Ufer heran, die Dörfer werden kleiner, auch die Menschen gelten als stiller, weniger hektisch.

Es heißt, Rügen sei keine Insel, es sei vielmehr ein Lebensgefühl, ein Synonym für Sommerfrische, Seebad und Landidylle. Zehnmal größer als Sylt, weist Rügen stolze 574 Kilometer Küstenlinie auf. Zwischen Kreidefelsen, Boddengewässern und Fischerdörfern finden die zahlreichen Besucher eine große Bandbreite unterschiedlichster Entspannungsmöglichkeiten vor: einzigartige Naturreservate, illustre Kuranlagen, zauberhafte Städtchen und wildromantische Strände.

Die nach historischem Vorbild wiedererrichtete Seebrücke Sellin ragt knapp 400 Meter ins Wasser. Abends wird der Landungssteg stimmungsvoll beleuchtet.

Marielyst
Bøtø By
ARK
Gedser
Putgarten
Altenkirchen
Dranske
Tromper Wiek
Nationalpark Jasmund
Wieker Bodden
Wiek
Nardevitz
Königsstuhl 117
Hiddensee
Vitter Bodden
Glowe
Sagard
Sassnitz
Trent
Großer Jasmunder Bodden
Fährhafen Sassnitz
Nationalpark Vorpommersche Boddenlandschaft
Schaproder Bodden
Haflingerzucht auf Ummanz
Ummanz
Wohnmobiloase Prora
Meißner's Sonnencamp
Tour zum Leuchtturm
Bunte Häuserpracht
Draßwald
Prerow
Wassersportkurse
Fotoexkursion
Bock
Surfen und Kiten
Waase
Rügen
Kleiner Jasmunder Bodden
Sandskulpturen-festival
Künstlerkolonie Ahrenshoop
Darß
Zingst
Gingst
Bergen
Ahrenshoop
Wieck
Klausdorf
Bodden Radtour
Born
Zeesboote
Grabow
Barth
Vögel beobachten in Groß Mohrdorf
Binz
Sellin
Selliner See
Sundische Wiese und Hohe Düne
Prohn
Rambin
Samtens
Putbus
Rasender Roland
Göhren
Dierhagen
Saaler Bodden
Barth
Saal
Löbnitz
STRALSUND
Gorch Fock
Garz
Vilm
Wohnmobilstellplatz Gänsewiese
Rügens Süden
Biosphärenreservat Südost-Rügen
Freilichtmuseum Klockenhagen
Damgarten
Wohnmobilstellplatz Stralsund
Zudar
Thiessow
Rostocker Heide
Ribnitz-
Ahrenshagen
Velgast
Brandshagen
Warnemünde
Hanse Sail
Gelbensande
Richtenberg
Steinhagen
Reinberg
Greifswalder Bodden
Ruden
Rövershagen
Semlow
Miltzow
Marlow
Franzburg
Wittenhagen
Schiffbau- und Schifffahrtsmuseum
Recknitz
Neuenkirchen
Peenemünde
Bentwisch
Bad Sülze
Grimmen
Lubmin
Kröslin
Doberan
Broderstorf
Dettmannsdorf
Tribsees
GREIFSWALD
Wusterhusen
Karlshagen
ROSTOCK
Sanitz
Kemnitz
Tessin
Thelkow
Poggendorf
Leven-hagen
Wolgast
Bölkow
Behren-Lübchin
Grammendorf
Rakow
Kavelstorf
Dummerstorf
Sassen
Dersekow
Groß Kiesow
Lühmanns-dorf
Glewitz
Goritz
Basse
Nehringen
Görmin
Züssow
Wehrland
Schwaan
Gnoien
Loitz
Zemitz
Nossendorf
Naturpark
Gützkow
Karlsburg
Rubkow
Laage
Selow
Hohen Sprenz
Altkalen
Dargun
Demmin
Tutow
Jarmen
Flusslandschaft
Lassan
Bützow
Jördenstorf
Peenetal
Murchin
Kummerower See
Verchen
Völschow
Liepen
Ziethen
Tollense
Krien
10 km
Thürkow
Beggerow
Hohenmocker
Güstrow

In der Marina Boltenhagen laufen die Fischer mit ihren Kuttern ein und aus und liefern frischen Fisch. Ein besonderes Erlebnis ist ein frühmorgendlicher Ausflug mit einem Küstenfischer.

Banana Jack Wohnmobilhafen

Ein Stellplatz mit Cocktailbar ist schon außergewöhnlich. Der Platz ist mit allen notwendigen Ver- und Entsorgungseinrichtungen sowie einem modernen, neu gestalteten Sanitärbereich ausgestattet. Bis zum Ostseestrand sind es nur 150 Meter.

Ostseeallee 58b
23946 Ostseebad Boltenhagen
GPS: N53.98092 E11.21922

1 Reiterhof Boltenhagen

Der Reiterhof in Boltenhagen bietet die ganze Palette der Urlaubsvernügen rund um das Pferd an: Ausritte am Strand, Reitunterricht, Ponyreiten für Kinder, Ferienangebote und Unterkunft für Gastpferde.
reiterhof-boltenhagen.de

2 Schmetterlingspark Klütz

Tropische Schmetterlinge mit bis zu 30 Zentimetern Spannweite lassen sich in der Freiflughalle des Schmetterlingsparks in Klütz inmitten der entsprechenden Pflanzenwelt bewundern. Übrigens: Besucher in bunter Kleidung ziehen besonders viele der schönen Flieger an. April bis Ende Oktober.
schmetterlingswelt.de

3 Verwunschener Garten

Das kleine Schloss Kalkhorst ist ein besonders malerisches Beispiel für ein Herrenhaus aus dem 19. Jahrhundert. Eine Übernachtung dort lohnt sich auch wegen des alten Schlossgartens. Dieser ist sonst nur zu bestimmten Zeiten zugänglich.
schlosskalkhorst.com

4 Steinzeitdorf Kussow

Steinzeit ist Steinzeit. Oder doch nicht? Im Steinzeitdorf Kussow wird der Unterschied der Epochen sehr deutlich. Denn hier sind sowohl ein Hüttenlager mittelsteinzeitlicher Jäger als auch ein Dorf jungsteinzeitlicher Bauern zu erleben. Dazu werden oft auch Aktivitäten wie Töpfern, Flechten oder Bogenschießen angeboten.
steinzeitdorf-kussow.de

5 Besondere Stadtführungen

Wer sich für die historische Vergangenheit der Hansestadt Wismar interessiert, sollte sich einer allgemeinen Stadtführung (täglich um 10.30 Uhr), dem Nachtwächter, gerüstet mit Hellebarde und Laterne oder dem Piraten Klaus Störtebeker, der lange Zeit in Wismar lebte, anvertrauen.

Wohnmobilstellplatz Gänsewiese

Dieser kreisrund angelegte Stellplatz bietet 50 Wohnmobilen Platz. Der Saaler Bodden ist in Sichtweite, die Therme befindet sich in 400 Meter Entfernung, und bis zur Stadtmitte von Ribnitz sind es nur 700 Meter. Der gebührenpflichtige Platz verfügt über alle notwendigen Ver- und Entsorgungseinrichtungen und ist ganzjährig geöffnet.

Am See 51
18311 Ribnitz-Damgarten
GPS: N54.24500 E12.43168°

1 Freilichtmuseum Klockenhagen

Auf 60 000 Quadratmetern gibt es in dem bekannten Freilichtmuseum

Bei der Hanse Sail in Rostock jedes Jahr im August treffen sich die meisten Traditionssegler weltweit. Die wichtigsten Schauplätze sind der Stadthafen, der Marinestützpunkt Hohe Düne sowie der Facht- und Fischereihafen.

viel zu entdecken. Aus 18 Dörfern Mecklenburg-Vorpommerns stammen die Häuser und Scheunen, die aus 300 Jahren landwirtschaftlichen Lebens erzählen. Darunter eine Mühle von 1795, die bis 1950 im Dienst war, eine Dorfkirche, eine Bäckerei und ein Dorfladen, selbst ein Friseurgeschäft aus den 1920er-Jahren. Man kann sich hier als Schmied versuchen, Wäsche auf dem Waschbrett scheuern, Spinnen, Filzen oder Flechten lernen und frisches Brot im Holzofen backen.
freilichtmuseum-klockenhagen.de

2 Ausflug mit der Molli

Zwischen Kühlungsborn und Bad Doberan fährt man mit dem Dampfzug. Denn hier ist die historische Bäderbahn Molli unterwegs. Außer einer regelmäßigen Verbindung zwischen beiden Orten – auch mit Fahrradtransport – werden mit der Molli Erlebnisfahrten angeboten:so etwa Touren inklusive einem Raubüberfall, Schatzsuche für Kinder, Werkstattbesichtigung, Fotostopp oder Nachtwächterführung in Bad Doberan. Auch gibt es die Möglichkeit, gegen Aufpreis und Voranmeldung im Führerstand mitzufahren.
molli-bahn.de

3 Gespensterwald

Die Steilküste zwischen Kühlungsborn und Warnemünde erkundet man am besten zu Fuß oder mit dem Fahrrad. Ein besonders schönes Stück führt auf dem Europäischen Fernwanderweg E9 von Warnemünde nach Heiligendamm. Dabei kommt man durch das Naturschutzgebiet Stoltera und den einmaligen »Gespensterwald« bei Nienhagen. Zurück gelangt man über Bad Doberan (mit der Bäderbahn Molli) in etwa 1,5 Stunden.
nienhagen.m-vp.de/
gespensterwald-nienhagen

4 Schiffbau- und Schifffahrtsmuseum

Das Museum in Rostock befindet sich natürlich passenderweise auf einem Schiff, genauer auf dem Frach-

Das Freilichtmuseum Klockenhagen lässt alte Zeiten lebendig werden.

MIT DEM BIKE

Ostseeküsten-Radweg

Wer an die Ostsee kommt, möchte natürlich möglichst viel vom Meer sehen. Deshalb empfiehlt sich für Fahrradtouren insbesondere der 425 Kilometer lange, gut ausgeschilderte Ostseeküsten-Radweg von Lübeck nach Ahlbeck auf Usedom, dessen Etappen man auch einzeln angehen kann. Für den Rückweg lassen sich dann oft reizvolle Alternativen durch das Hinterland finden.
ostsee-schleswig-holstein.de/ostseekuesten-radweg

Fahrradtour mit Fähre

Für Fahrradfahrer rund um das Salzhaff ist der Mittwoch ein wichtiger Tag. Dann fährt nämlich von Ende Juni bis Anfang September eine Fahrradfähre von Rerik über das Haff nach Gollwitz auf der Insel Poel und wieder zurück. So lassen sich zwei Fliegen mit einer Klappe schlagen: Zum einen kommt man in den Genuss einer schönen Bootstour, zum anderen erschließen sich durch die verkürzte Anfahrt neue Regionen für ausgiebige Radtouren.
ms-ostseebad-rerik.de

Rostocker Heide

Zwischen Rostock und Graal-Müritz erstreckt sich mit der Rostocker Heide der größte zusammenhängende Küstenwald Deutschlands. Am besten erkundet man diesen mit dem Fahrrad und nimmt das sehenswerte Freilichtmuesum Klockenhagen auch noch mit. Die 40 Kilometer lange Runde führt von der Seebrücke über den Rhododendronpark nach Klein Müritz, von dort über Neu Hirschberg nach Klockenhagen und über Altheide, Rostocker Wulfshagen und Gelbensande zurück.

Bodden-Radtour

Dass die Gegend neben Natur auch Kunst und Kultur zu bieten hat, kann man auf einer rund 25 Kilometer langen Rundtour über die Halbinsel Darß erleben. Start und Ziel ist das Ostseebad Ahrenshoop, genauer der Althäger Hafen. Über den Boddenweg geht es nach Born, wo die Häuser Reetdächer tragen und sich mit besonders hübschen Haustüren schmücken. Sowohl die Fischerkirche in Born als auch die Schifferkirche in Ahrenshoop, wohin es nach Durchqueren des Darßer Waldes geht, sollte man sich unbedingt ansehen.
fischland-darss-zingst.net

Sundische Wiese und Hohe Düne

Wer auf der Suche nach absoluter Ruhe und beeindruckender Natur ist, sollte sich auf den Weg zum Aussichtsturm von Pramort machen. Mit dem Rad geht es vom Zingster Hafen auf dem Deich entlang. Der Blick auf die Boddenlandschaft ist absolut lohnend. Am Informationszentrum Sundische Wiese sollte man eine kurze Rast einplanen. Hier erfährt man einiges über die wechselvolle Geschichte des Landstriches, die von bäuerlicher Nutzung bis zum Schieß- und Bombenabwurfübungsplatz reicht. Weiter geht es in Richtung Hohe Düne, die bis zu 13 Meter hoch ist. Das letzte Stück muss man zu Fuß gehen. Vom hölzernen Turm hat man einen guten Blick auf die Insel Werder und das Windwatt. So nennt man den Bodden, der aufgrund der Windverhältnisse ab und zu trocken fällt, als gäbe es hier Ebbe und Flut.

Rügens Süden

Den idyllischen Süden von Rügen mit seinen kleinen Dörfern und schönen Alleen nehmen die meisten Besucher der Insel nur auf der Anfahrt mit dem Auto flüchtig wahr. Am besten entdeckt man ihn ganz entspannt per Fahrrad, zum Beispiel mit einer 32 Kilometer langen Runde von Gustow nach Poseritz und dann im großen Bogen über Datzow und Götemitz zurück.

Den Leuchtturm am Darßer Ort kann man nur zu Fuß, mit dem Rad oder mit der Kutsche erreichen.

ter »Dresden«. Die Geschichte des Schiffbaus an der Ostsee steht im Mittelpunkt der umfangreichen Ausstellung. Dazu gibt es eine historische Bootswerft, ein Offshore-Infocenter, ein Modellbootbecken und über 90 weitere Objekte – vom Schwimmkran über eine Slipanlage bis zum Dampfschlepper.
schifffahrtsmuseum-rostock.de

5 Hanse Sail

Die Rostocker Hanse Sail, die fünf Tage dauert und stets am zweiten Sonntag im August endet, ist eine der größten maritimen Veranstaltungen im Ostseeraum und zugleich Mecklenburg-Vorpommerns größtes Volksfest. Erstmals wurde sie im Juli 1991 kurz nach der Wende gefeiert. Traditionell beginnt sie am Mittwoch um 10 Uhr an der Ostmole von Warnemünde, wo die Schützengesellschaft »Concordia« alle einlaufenden Gastschiffe mit Salut begrüßt. Am Donnerstag ab 10 Uhr ist dann sowohl in Warnemünde als auch am Rostocker Stadthafen entlang der Kais, an denen die Segler liegen, Festtreiben mit Fahrgeschäften, Schaustellern und einem vielfältigen Angebot an Imbissständen. Eigene Areale haben die Nachbarländer Brandenburg und Polen. Zudem findet am Museumshafen ein mittelalterliches Markttreiben statt, während rund um die Silos am Stadthafen das Leben zur Hansezeit nachempfunden werden kann.
hansesail.com

Meißner's Sonnencamp

Idyllisch unter Bäumen liegt der Naturplatz am Strand von Prerow auf dem Darß. Sieben Stellplätze mit Stromanschluss stehen für Wohnwagen und Camper zur Verfügung, ebenso Zeltplätze, Mietwohnwagen und Ferienhäuser, Sanitärgebäude, Waschmaschine und Trockner. Geöffnet April bis Ende Oktober.
Villenstraße 3, 18375 Prerow
meissners-sonnencamp.de
GPS: N54.44972 E12.56006

1 Bunte Häuserpracht

Ein Fremder kreierte einst die Darßer Türenmode: Wie in Ahrenshoop hatten sich zu Beginn der 20. Jahrhunderts auch anderswo auf dem Darß Künstler eingefunden, die von den wechselnden Farben an Ostsee- und Boddenküste begeistert waren. Der Maler Theodor Schultze-Jasmer bezog im Jahr 1921 ein altes Fischerhaus in Prerow, das er zum Atelier umbaute. Als 1931 ein neues Gemeindehaus gebaut wurde, bat der Prerower Bürgermeister den Künstler, die Gestaltung zu übernehmen. Schultze-Jasmer nahm den Auftrag an und malte das hölzerne Eingangsportal quietschbunt an. Der farbenfrohe Schmuck kam gut an und breitete sich auf dem ganzen Darß aus. Ornamente in den Türen dienten schon früher zum Schutz des Hauses vor Bösem und Naturgewalten: die aufgehende Sonne gegen Dunkelheit, der Lebensbaum gegen den Tod und das Kreuz gegen Dämonen. Später kamen Schmuckbilder wie Möwen, Blumen oder Leuchttürme dazu.

2 Tour zum Leuchtturm

Am Leuchtturm muss man einfach gewesen sein: Die wahrscheinlich schönste Wanderung auf dem Darß geht von Prerow am Strand entlang zum Darßer Ort, der zerklüfteten Nordspitze von Fischland-Darß, und dann am Weststrand entlang zum Leuchtturm. Allein der herrliche Ausblick vom Turm lohnt den Weg. Doch daneben informiert auch noch das Natureum, ein Ableger des Meeresmuseums in Stralsund, über das Leben in und am Meer. Zurück geht es dann über den alten Leuchtturmweg. Die ganze Tour ist etwa 13 Kilometer lang, wird aber teils auch als Kutschfahrt angeboten.

3 Darßwald

Der 58 Quadratkilometer große Darßwald, auch Darßer Urwald genannt, beansprucht den größten Teil der Halbinsel, die ihm den Namen gab. Über 30 Wanderwege kreuzen sich hier. Wer auf ihnen unterwegs ist, kann sich kaum vorstellen, dass die Gegend einst intensiv bewirtschaftet wurde. Nachdem viele Bäume geschlagen wurden, überwog Heidelandschaft. Förster haben dann Douglasien, Fichten und Europäische Lärchen gepflanzt. Lange wurde hier gejagt. Dafür eigens angesiedelte Wisente sind inzwischen wieder ver-

Oben: Ausstellungen, Lesungen und Konzerte veranstaltet der Kunstkaten in Ahrenshoop.

Mitte: Die Vorpommersche Boddenlandschaft zählt zu den wichtigsten Rastplätzen für Kraniche.

Unten: Imposante Bauten der Backsteingotik wie Jakobikirche und Nikolaikirche bestimmen das Stadtbild der Hansestadt Stralsund.

Stralsund

Noch heute spiegelt sich die einstige Bedeutung der Hansestadt Stralsund in ihrem Stadtbild wider: Der Ort besitzt ein Netz hübscher mittelalterlicher Straßenzüge, in denen allerorts gotische Stilelemente aus Backstein zu bewundern sind. Viele Bürgerhäuser stammen aus der Zeit zwischen dem 15. und 19. Jahrhundert. Das »Venedig des Nordens« liegt am Strelasund, einer Meerenge zwischen dem Festland und Rügen. Im Mittelpunkt der von der UNESCO zum Weltkulturerbe gekürten Stadt erhebt sich auf dem Alten Markt das Rathaus mit gotischer Prunkfront. Gleich daneben steht der monumentale Sakralbau der Nikolaikirche, der ältesten Kirche der Stadt. Sie gilt als eines der schönsten Gotteshäuser im Ostseeraum. Die spätgotische Marienkirche wurde nach 1384 errichtet, die Jakobuskirche in der ersten Hälfte des 14. Jahrhunderts. Heute hat Stralsund als Knotenpunkt für den Transitverkehr nach Skandinavien eine besondere Bedeutung. Zudem ist es der Ausgangspunkt für einen Ausflug nach Hiddensee, der lang gestreckten Ostseeinsel vor der Westküste von Rügen mit steilufrigem Moränenkern und Sandstrand.

schwunden. Heute hat das Rot- und Schwarzwild nichts mehr zu befürchten. Am besten lässt sich der Wald auf dem Rundweg über Holzbohlen erleben. An einigen Orten des Nationalparks Vorpommersche Boddenlandschaft gibt es spezielle Reitwege. So kann man den Darßer Urwald auch zu Pferd erkunden.
ostseebad-prerow.de

4 Zeesboote

Typisch für die Boddenlandschaft sind Boote mit braunen Segeln, »Zeesboote« genannt. Sie wurden früher für eine spezielle Art des Treibnetzfischens genutzt. Bei einer Tour mit einem solchen Schiff vom Hafen Althagen kann man die Bodden-Idylle genießen.
ostseebad-ahrenshoop.de

5 Künstlerkolonie Ahrenshoop

Ende des 19. Jahrhunderts zogen die Künstler scharenweise ins Ostseebad Ahrenshoop. Unter anderem waren auch Mitglieder der »Brücke« und des »Blauen Reiters« hier. Heute gibt es dort ein Kunstmuseum und diverse Galerien, die alte und neue Kunst, Grafiken und Fotografien zeigen. Durch Ausstellungen schlendern, Töpfereien besuchen, Klangexperimenten lauschen, Lichtinstallationen bestaunen, sich von Tanzperformances verzaubern lassen: All das ist Bestandteil der Langen Nacht der Kunst im Galerienort Ahrenshoop an einem Samstagabend im August.
ostseebad-ahrenshoop.de

Wohnmobilstellplatz Stralsund

Der kostenpflichtige Platz bietet 35 Stellplätze auch für größere Fahrzeuge bis zehn Meter. Zentrale Wasserver- und Entsorgung, Duschen und Strom gegen extra Gebühr. Der Platz liegt vier Kilometer vom Stadtzentrum entfernt, Busverbindung vor Ort. Von März bis Ende Oktober geöffnet.

Boddenweg 3, 18439 Stralsund
wohnmobilstellplatz-stralsund.de
GPS: N54.27590 E13.10927

1 Gorch Fock I

Einmal einen Blick in die Offiziersmesse oder in den Kapitänssalon zu werfen ist auf der »Gorch Fock I« möglich, die seit 2003 in Stralsund im Hafen liegt – nicht zu verwechseln mit dem gleichnamigen Schulschiff der deutschen Marine. Mehr über die wechselvolle Geschichte des Schiffes erfährt man im Bordmuseum.
gorchfock1.de

2 Vögel beobachten in Groß Mohrdorf

Mit der Ruhe ist es vorbei in der Vorpommerischen Boddenlandschaft, wenn jeden Herbst Zehntausende von Kranichen einfallen, auf den abgeernteten Feldern nach Nahrung suchen und abends in schier endlosen Ketten zu ihren Schlafplätzen am Bodden zurückkehren. Mit ihnen kommen die Vogelliebhaber. Die Reedereien bieten Fahrten zu den Schlafplätzen an und das NABU-Informationszentrum startet eine Kranichwoche mit vielfältigen Angeboten. Auch den Rest des Jahres über bietet es Exkursionen und Ausstellungen für Vogelliebhaber.
kraniche.de

3 Barth

»Vineta-Stadt« nennt sich die Stadt an der Küste, die durch den Barther Bodden von Zingst getrennt wird. Der Legende nach soll hier der sagenumwobene, mächtige Ort Vineta im Schlamm versunken sein, weil seine Bewohner hochmütig und niederträchtig waren. An schönen Tagen hört man angeblich noch die Glocken der versunkenen Türme läuten. Heutzutage gibt es hier jedoch einen kleinen Hafen mit netten Restaurants, gemütlichen Cafés und äußerst gastfreundlichen Bewohnern.

4 Fotoexkursionen

Sind die Urlaubsbilder zu Hause lange nicht so schön wie die Erinnerung? Dann kann vielleicht die Fotoschule Zingst Abhilfe schaffen. Hier gibt es regelmäßige Kurse und Workshops in Tier- und Naturfotografie. Hierbei lernt man zum Beispiel, wie man Landschaften bei besonderen Lichtverhältnissen fotografiert. Was die Profis können, wird jedes Jahr im Juni beim großen Umweltfotofestival »horizonte zingst« gezeigt.
zingst.de/fotoschule-zingst

AUSFLUGSZIELE

Wismar

Wismar ist ein Freilichtmuseum aus der Hansezeit: Nicht nur viele Kirchen, Bürgerhäuser und der Marktplatz stammen von damals, auch das Hafenbecken und die »Grube«, ein künstlicher Wasserweg zum Schweriner See, sind seit jener Zeit nahezu unverändert. Damals liefen hier bauchige Koggen ein und aus. Ein Nachbau ist die 31 Meter lange »Wissemara«, die im Hafen liegt. Nach der Hanse- kam die Schwedenzeit: 250 Jahre gehörte Wismar politisch zu den Skandinaviern, woran einige Gebäude erinnern, wie etwa das barocke Zeughaus von 1701 oder das »Baumhaus«, das die Hafeneinfahrt sicherte. Die hohen Türme der Stadtkirchen St. Marien und St. Nikolai bezeugen, dass die Stadt, heute Teil des UNESCO-Weltkulturerbes, zum Meer hin orientiert war: Sie dienten den Seefahrern als Orientierung.

5 Wassersportkurse

Sich auf einem Surfbrett stehend mit einem langen Paddel über das Wasser zu bewegen, ist von einem Trend zu einer beliebten Freizeitbetätigung geworden. Lernen kann man Stand-Up-Paddling im Wassersportzentrum Zingst. Daneben gibt es auch noch Kurse in Surfen, Kitesurfen und Katamaransegeln. Weitere Surf- und Kiteschulen gibt es auf dem Darß und in Saal, während in Barth Surfen, Segeln und Kanutouren angeboten werden.

Wohnmobiloase Prora

Der kostenpflichtige Platz grenzt an ein Naturschutzgebiet mit den einzigartigen Feuersteinfeldern und weist 150 durch Büsche und Bäume gegliederte Parkzellen auf. Er ist sehr komfortabel ausgestattet und verfügt neben den üblichen Einrichtungen über einen gut sortierten Hofladen, WLAN und über eine Werkstatt für kleinere Reparaturen. Auch ein Gasflaschentausch ist möglich. Der Strand ist nah, bis nach Binz oder zum Königsstuhl sind es nur wenige Kilometer. Von Anfang April bis Ende Oktober ist die Anlage geöffnet.

Proraer Chaussee 60
18609 Binz/OT Prora
wohnmobiloase-ruegen.de
GPS: N54.27590 E13.10927

1 Sandskulpturenfestival

Faszinierende Welten präsentieren Sandkünstler aus aller Welt in einer Glashalle in Prora. Jedes Jahr gibt es ein anderes Motto, etwa die Welt des Mittelalters. Bis zu acht Meter Höhe erreichen die Sandskulpturen. Geöffnet von Februar bis November täglich von 10 bis 16.30 Uhr.
sandfest-ruegen.de

2 Selliner See

Nur wenige Schritte von den Touristenzentren entfernt liegt der Selliner See, ein Kleinod der Stille. Ein Teil des 0,85 Kilometer breiten und 1,8 Kilometer langen Sees gehört zum Naturschutzgebiet Westufer Selliner See. Das Gewässer ist leicht salzhaltig, was an der Verbindung zur Having liegt, einer kleinen Bucht im Rügischen Bodden. Es ist in weiten Teilen von Schilfröhricht eingerahmt. Wasservögel können sich hier ideal verstecken und ihre Jungen aufziehen.

3 Rasender Roland

Er schnauft und tutet und macht ordentlich Dreck. Dennoch gehört der »Rasende Roland«, wie die historische, mit Dampf betriebene Schmalspurbahn auf Rügen genannt wird, zum Biosphärenreservat dazu. Jeden Tag verkehrt die Kleinbahn mit gemütlichen 30 Stundenkilometern von Putbus über Binz, Sellin und Baabe nach Göhren.
ruegensche-baederbahn.de

4 Haflingerzucht auf Ummanz

Die kleine Insel Ummanz – sie misst gerade einmal 20 Quadratkilometer – liegt westlich von Rügen im Schaproder Bodden. Sie mag so manchem Besucher wie eine kleine Kopie des ursprünglichen Rügen erscheinen. Noch immer fahren Fischer in aller Frühe raus, noch immer leben ihre Bewohner von Landwirtschaft, Promenaden, an denen sich ein Café an das andere reiht, gibt es nicht. Und in Waase, gleich hinter der Brücke nach Rügen, schlagen die Herzen vieler Pferdefreunde höher: Dort werden seit 1974 Haflinger gezüchtet. Die robusten Kleinpferde gehören offiziell zu den Ponyrassen. Die sympathischen Tiere werden auf Ummanz nicht nur gezüchtet. Besucher sind willkommen, mit ihnen reiten zu lernen, Ausritte am Wasser und über die Insel oder Kutsch- und Kremserfahrten zu unternehmen.
haflingerzucht-ruegen.de

5 Surfen und Kiten

Zwischen den Inseln Hiddensee und Ummanz liegt eines der beliebtesten Surf- und Kitereviere der gesamten Region. In Suhrendorf kann man sich Material leihen oder auch Kurse belegen, um die ersten Versuche zu unternehmen und die Theorie kennenzulernen. Ziel ist die Lizenz des Verbandes Deutscher Windsurfing und Wassersportschulen (VDWS).
ummai.de
Berliner-Kiteschule.de

Oben links: Ein Wahrzeichen von Wismar, die Wasserkunst, beherrscht den Marktplatz.

Unten links: Der Selliner See lädt zu einer Ruderpartie ein.

Rechts: Eher gemütlich schnauft der Rasende Roland zu den Seebädern auf Rügen.

MECKLENBURGISCHE SEENPLATTE UND UCKERMARK

Von einem See zum nächsten

Die Seenplatte im Mecklenburgischen Binnenland erstreckt sich zwischen Schwerin im Westen und der Uckermark im Osten. Die vielen kleinen, oft versteckt gelegenen und von Schilfgürteln umgebenen Wasserflächen sind Teil einer herrlichen Natur, die uns, wie auch an anderen Orten in Norddeutschland, die letzte Eiszeit beschert hat. Die größten Gewässer der Seenplatte sind die Müritz und der Schweriner See. Besonders stark häufen sich die Seen im Bereich des Schweriner Sees sowie im Gebiet zwischen Sternberg und Krakow. Nach Südosten schließen sich daran zwischen Plau und Waren die »Großen Seen« an: der Plauer See, der Fleesensee, der Kölpinsee und schließlich die Müritz. Nach Osten setzt sich das Gewässerband in den Kleinseen rund um Neustrelitz und in den Feldberg-Lychener Seen fort. Auch der Tollensesee bei Neubrandenburg und die Ückerseen in der Uckermark werden noch zur Mecklenburgischen Seenplatte gezählt. Diese fantastische Naturlandschaft fordert regelrecht dazu heraus, vom Wasser aus erkundet zu werden. Es ist spannend, einmal auf ein Hausboot umzusteigen und über die Seen und durch die Kanäle zu schippern. Dabei lassen sich rund um den Nationalpark Müritz viele Fisch- und Seeadler beobachten.

Die kleine Stadt Röbel an der Müritz, die früher aus zwei Teilen bestand, ist heute ein beliebtes touristisches Zentrum. Mit dem Bau der frühgotischen Marienkirche wurde 1235 begonnen. Sie ist eine der ältesten Hallenbacksteinkirchen des Bundeslandes. Von der 68 Meter hohen Turmplattform aus genießt man einen herrlichen Blick über Stadt und Land.

Anklam
Teterow
Ueckermünde
Kummerower See
Naturpark
Mecklenburgische
Schweiz und
Kummerower See
Stavenhagen
Altentreptow
Friedland
Neubrandenburg
Radtour um den Tollensesee
Tollensesee
Burg Stargard
Radtour zur Burg Stargard
Strasburg
Pasewalk
SZCZECIN
Waren
Radtour um den Tiefwarensee
Müritz-Nationalpark-Weg
Nationalpark-Radtour
Nationalpark
Müritz
Mecklenburgische
Seenplatte
Campingplatz "Pappelbucht"
Neustrelitz
Kanutour nach Wesenberg
Großer Fürstenseer See
Neustrelitzer Seengebiet
Fahrt im Glasbodenkajak
Wesenberg
Kneippen in der Feldberger Seenlandschaft
Wandern auf dem Märkischen Weg
Schnorcheln im Schmalen Luzin
Feldberger Seenlandschaft
Naturpark
Uckermärkische Seen
Apfelhof Lichtenhain
Prenzlau
Naturerlebnis Uckermark
Campingplatz Sonnenkap
Wohnmobilstellplatz Marina Fürstenberg
Fürstenberg
Lychen
Paddeln auf den Uckermärkischen Seen
Großer Lychensee
Großer Stechlinsee
Seen-Rundfahrt
Ruppiner Land
Rheinsberg
Templin
Biosphärenreservat
Schorfheide-Chorin
Uckermark
Nationalpark
Unteres Odertal
SCHWEDT
Stellplatz für Wohnmobile
Kremserfahrt
Angermünde
Buchenwald Grumsin
Ziegeleipark Mildenberg
Zehdenick
Kletterwald und Wildpark Schorfheide
Wanderung zum Askanierturm
Kloster Chorin
Joachimsthal
EBERSWALDE
POLEN
Neuruppin
Kyritz
Wittstock/Dosse
Pritzwalk
Malchow
Agroneum Alt-Schwerin
Nossentiner/Schwinzer Heide
Krakow am See
Plau am See

Die Sternberger Seenlandschaft ist ein herrliches Ziel für eine mehrtägige Kanuwanderung. Bootsverleiher und geführte Touren erleichtern die Planung.

Camping Sternberger Seenland

Direkt am Luckower See befindet sich dieser von April bis Oktober geöffnete Stellplatz. Neben der Lage machen die große Rasenflächen seinen Reiz aus, die Sanitäreinrichtungen des benachbarten Campingplatzes können genutzt werden. Stromanschlüsse sowie eine Ver- und Entsorgungsstation sind vorhanden.
Maikamp 11, 19406 Sternberg
camping-sternberg.de
GPS: N53.71316 E11.80992

1 Wasserwandern auf der Warnow

Eine mehrtägige Kanuwanderung führt vom Sternberger See zur Ostsee. Informationen über geführte Touren und Kanuverleih bieten Kanuvermietungen in der Umgebung.
camping-sternberg.de/kanu-und-kajak-fahren

2 Archäologisches Freilichtmuseum Groß-Raden

Eine Attraktion für die ganze Familie ist das nordöstlich von Sternberg gelegene Archäologische Freilichtmuseum Groß-Raden. Nachgebaut wurden Wohnhäuser, Tempel, Werkstätten und Wehranlagen einer slawischen Siedlung aus dem 9. Jahrhundert.
freilichtmuseum-gross-raden.de

3 Naturpark Nossentiner/Schwinzer Heide

Zwei Flüsse, die Nebel und die Mildenitz, 60 Seen und große Waldgebiete bestimmen das Bild des nördlich vom Plauer See, Fleesen- und Kölpinsee gelegenen Naturparks. Weites flaches Land, ausgedehnte Kiefernforste und große Wasserflächen sind die dominierenden Landschaftsformen. Eingestreut sind versteckte Seen, geheimnisvolle Moore, artenreiche Trockenrasen, Bäche und kleine Flüsse. Zahlreiche Wasservögel leben in diesem Gebiet. Am Plauer See befinden sich alte Torfstiche, die allmählich verlanden. Die einzelnen Phasen der Verlandung von der offenen Wasserfläche über Schwingrasen bis hin zum Moorwald mit den darin vorkommenden typischen Pflanzen und Tieren können hier eindrucksvoll beobachtet werden. Ein außergewöhnliches Naturerlebnis hat das Naturschutzgebiet Damerower Werder zu bieten: Auf einer Halbinsel mit altem Baumbestand wurde ein Freigehege für Wisente eingerichtet.
naturpark-nossentiner-schwinzer-heide.de

4 Agroneum Alt-Schwerin

Die Ortschaft Alt-Schwerin am Nordende des Plauer Sees ist beispielhaft für viele der Gutsdörfer, wie sie in Mecklenburg allerorts zu finden sind. Das Freilichtmuseum Agroneum dokumentiert die Entwicklung der Landwirtschaft und des Landlebens in Mecklenburg. Eine typische Gutsanlage mit dazugehörigen Tagelöhner- und Landarbeiterhäusern sowie eine Dorfschule aus der Zeit um 1910 können besichtigt werden. Die Holländerwindmühle mit ihren 22 Meter langen Holzflügeln und weitere zahlreiche Gegenstände geben einen Einblick in die technische Entwicklung landwirtschaftlicher Produktion.
agroneum-altschwerin.de

Oben: Weitläufige Wasserflächen bestimmen das Bild des Naturparks Nossentiner/Schwinzer Heide.
Unten: Das prächtige Schloss Schwerin zieht alle Blicke auf sich.

5 Paddeltour nach Lübz

Eine rund 20 Kilometer lange Paddeltour führt auf einem Teilabschnitt der Alten Müritz-Elde-Wasserstraße von Plau am Plauer See nach Lübz. Die Tour führt auf Kanälen durch mehrere Schleusen, vorbei an einer reizvollen Landschaft. Auf dem Weg bieten sich diverse Gasthöfe am Ufer sowie eine ganze Reihe von Rastplätzen als willkommener Zwischenstopp an. Kanuverleih in Plau. plau.de

AUSFLUGSZIELE

Schwerin

Die alte Residenz der mecklenburgischen Herzöge ist die Landeshauptstadt Mecklenburg-Vorpommerns und durch ihre hübsch restaurierte historische Altstadt, aber auch wegen ihrer Lage inmitten einer idyllischen Seenlandschaft ein touristischer Anziehungspunkt. Um zu erkennen, dass hier die Großherzöge von Mecklenburg-Schwerin residierten, bedarf es keiner ausschweifenden Fantasie. Schon das in einem der sieben Seen gelegene prachtvolle Schloss zeugt davon. Wo einst die slawische Burg Zuarin stand, präsentiert sich das dominanteste Gebäude der Stadt romantisch-verspielt, als sei es gerade von einem Zuckerbäcker fertiggestellt worden. Schon im 16. Jahrhundert hat man mit seinem Bau begonnen. Der um einen Innenhof angelegte Schlossbau erhielt sein heutiges Aussehen Mitte des 19. Jahrhunderts nach dem Vorbild des französischen Chambord-Schlosses. Die malerische Lage auf der kleinen Insel sowie die vielen Türme und Giebel verleihen dem Bau ein geradezu märchenhaftes Aussehen.

Campingplatz Pappelbucht

Schöner ruhiger Platz am Westufer des Müritzer Binnensees. Der Badesteg ist nur wenige Meter vom Stellplatz entfernt. Der Platz ist ganzjährig nutzbar und verfügt über alle notwendigen Einrichtungen, inklusive einer Waschmaschine und eines Trockners. März bis Ende Oktober.

Seebadstr. 38a
17207 Röbel/Müritz
mueritztherme.com
GPS: N53.39334 E12.62313

1 Müritz-Nationalpark-Weg

Mit 165 Kilometern ist er der längste Wanderweg, der durch einen deutschen Nationalpark führt. Er ist nicht besonders anspruchsvoll, nicht steil und daher auch für wenig trainierte Personen geeignet, wenn er in Etappen aufgeteilt wird. Start und Ziel befinden sich im Stadthafen von Waren an der Müritz. Er ist mit einem blauen »M« ausgeschildert. Praktisch alle Sehenswürdigkeiten des Parks, von den Seen über den Buchenwald bis hin zu Aussichtspunkten und Informationszentren, liegen auf der Strecke.
wildganz.com

2 Kanutour nach Wesenberg

Eine angenehme, etwa 14 Kilometer lange Kanutour führt von Neustrelitz nach Wesenberg. Die Tour startet im Hafen von Neustrelitz und geht über den Zierker See. Nach der Schleuse Vosswinkel verläuft die Route weiter durch den Kammerkanal zum Woblitzsee, wo sich der Camping- und Ferienpark Havelberge mit seinen Lokalen für eine Pause anbietet. Anschließend paddelt man auf dem Woblitzsee weiter bis zum Hafen von Wesenberg. Hier kann man die Burganlage besichtigen, einen Bummel durch die Altstadt machen oder in einem Café einkehren. Zurück nach Neustrelitz mit dem Zug oder am nächsten Tag mit dem Kanu.

3 Großer Fürstenseer See

Im Osten des Nationalparks Müritz zwischen Fürstensee und Herzwolde befindet sich einer der schönsten Badeseen der Region, der Große Fürstenseer See. Das Wasser ist klar, der Sand teilweise so fein, dass man den Eindruck hat, in einer besonders schönen Ostsee-Bucht zu sein. Außer in Fürstensee, wo sich die wohl beliebteste Badestelle befindet, sind die Ufergebiete bewaldet. Bis zu 25 Meter ist das von der Halbinsel Pankower Ort geteilte Gewässer tief. Angler schätzen das Revier wegen seines Fischreichtums. Die am häufigsten vorkommenden Fischarten sind Barsch, Hecht, Zander und auch Aal. Um den See herum ist eine interessante Fauna zu finden. Biber und Fischotter lieben die feuchten Uferzonen, lassen sich Menschen gegenüber jedoch kaum sehen.
mueritz-nationalpark.m-vp.de/grosser-fuerstenseer-see

4 Neustrelitzer Seengebiet

Als nahezu unberührte Seenlandschaft erstreckt sich das Neustrelitzer Seengebiet mit seinen über 300 Gewässern zwischen der Müritz im Nordwesten und der Lychen-Templiner Seenplatte im Südosten. In dem größtenteils von Wald bedeckten Hügelland liegen Talrinnen mit kleinen Seen, Heidelandschaften und kiefernbestandene Talsandflächen. Dünen wechseln mit Laubwäldern. Nur kleine Flächen werden landwirtschaftlich genutzt.

Oben: Von einem See zum anderen auf der Kanutour von Neustrelitz nach Wesenberg.

Unten: Im Müritz-Nationalpark bei Serrahn gibt es noch alte Buchenwälder.

Radtour um den Tiefwarensee

Mit dem Rad lässt sich eine gut 9,5 Kilometer lange Runde um den Tiefwarensee bewältigen. Die Tour beginnt am Müritz-Museum und führt in Richtung See zum See-Hotel, wo man vom Cafè und vom anliegenden Schaugarten einen Blick auf Waren genießen kann. Der Weg geht weiter am Freilichtmuseum und um den Mühlenberg herum und dann am Ufer entlang bis ans Nordende des Sees zur »Klinik Amsee«. Anschließend folgt man dem Eiszeit-Lehrpfad, der in eine Waldzone und schließlich zu einem Rastplatz führt. Von hier aus geht es wieder am Ufer entlang zurück. Im letzten Abschnitt laden einige Aussichtsplattformen zum Verweilen ein. An den Bahngleisen angekommen führt die Tour wieder zum Müritz-Museum zurück.

Nationalpark-Radtour

Von Mai bis September wird die Nationalpark-Radtour angeboten, bei der man in Begleitung eines Führers die Höhepunkte der Region kennenlernen kann. Die 25 Kilometer lange Strecke führt zum Warnker See, durch Moorgebiete und zu dem einen oder anderen Vogelbeobachtungspunkt.
nationalpark-service.de

Radtour um den Tollensesee

Viele Radtouren in und in der Umgebung von Neubrandenburg haben den Tollensesee als Etappe. Die Umrundung des Sees ist etwa 35 Kilometer lang und führt vom Radeltreff in Neubrandenburg über Klein Nemerow, Usadel, Prillwitz, Alt-Rehse und Broda wieder zurück nach Neubrandenburg. Man fährt auf asphaltierten und befestigten Wegen sowie auf verkehrsberuhigten Nebenstraßen. An einigen Stellen sind hügelige Passagen zu bewältigen. Die Tour verläuft teils am Seeufer, teils durch herrliche Landschaft und Alleen sowie auch durch schöne Dörfer mit Fachwerkhäusern. Zwischen Usadel und Prillwitz kommt man an der Lieps, einem See mit Kormorankolonie, vorbei. Auf der Route laden einige Aussichtstürme zum Aufstieg ein. Gute Einkehrmöglichkeiten gibt es in Klein Nemerow, im Jagdschloss Prillwitz, in Alt Rehse sowie im großen Strandbad Broda, das außerdem diverse Freizeit- und Sportangebote bereithält.

Radtour zur Burg Stargard

Die einstige Hofburg des Markgrafen von Brandenburg wurde zwischen 1236 und 1260 erbaut und ist heute die einzige erhaltene mittelalterliche Höhenburg in Norddeutschland. Neben der Burg können Besucher einen Blick in die Gewandschneiderei werfen: Die mittelalterlichen Gewänder können nicht nur besichtigt, sondern auch ausgeliehen werden. Eine gut 26 Kilometer lange Radtour führt zur Burg Stagard. Vom Radeltreff Neubrandenburg geht es auf guten, aber unbefestigten Wegen sowie auf beruhigten Nebenstraßen über das Lindetal mit seinen Wiesen und Wäldern an den Resten einer alten Papiermühlevorbei ins Dorf Hinterste Mühle mit Freizeitzentrum, Kleintierzoo und Findlingsgarten. Anschließend geht es weiter nach Stagard und auf den Hügel zur Burg, von deren Bergfried man den Ausblick auf die Umgebung genießen kann. Nach einem weiteren Anstieg geht es abwärts über Rowa zum Ufer des Tollensesees. Über Klein Nemerow gelangt man wieder zurück nach Neubrandenburg.

Treidelweg

Der Finowkanal gehört zu den ältesten Wasserstraßen Deutschlands. Auf dem sogenannten Treidelweg zogen früher Pferde die beladenen Kähne. Heute kann man dort Rad fahren oder wandern. Auf dem Weg liegen mehrere historische Schleusen.
finowkanal.info

5 Fahrt im Glasbodenkajak

Die Unterwasserwelt der Gewässer am Müritz-Nationalpark erleben, ohne dabei nass zu werden, gelingt mit einer Fahrt im Glasbodenboot: Spezielle Kajaks ermöglichen einen ganz besonderen Blick in die Tiefe. Die Tour ist für Erwachsene und Kinder geeignet.
kanu-muehle.de

Stellplatz Marina Fürstenberg

Dieser Stellplatz am Nordrand des Schwedtsees ist komplett ausgestattet und von April bis Mitte Oktober geöffnet. An diesem Platz kann man bestens auf ein Hausboot umsteigen und die Mecklenburgische Seenplatte vom Wasser aus erkunden. Die Mietstation ist nur wenige Meter vom Stellplatz entfernt.
Ravensbrücker Dorfstr. 26b
16798 Fürstenberg an der Havel
GPS: N53.39370 E12.62515

1 Großer Lychensee

Inmitten von sieben Seen, dem sogenannten Lychener Seenkreuz, liegt die Flößerstadt Lychen. In ihrem Herzen befindet sich das Strandbad des knapp 20 Meter tiefen Großen Lychensees. Vorbei an drei Inselchen gelangt man von hier aus über den Haussee in die Obere Havel-Wasserstraße. Vielleicht kommen deshalb viele Wasserwanderer hierher, die am Strandbad einen Liegeplatz und Übernachtungsmöglichkeiten vorfinden. Außer an den Badestellen ist das Seeufer meist bewaldet.
tourismus-lychen.de

2 Paddeln auf den Uckermärkischen Seen

Es empfiehlt sich, die Uckermärkischen Seen vom Wasser aus zu erkunden. Besonders gut eignet sich die 60 Kilometer umfassende Rundtour Naturpark Uckermärkische Seen. Start und Ziel ist der Große Lychensee. Neben mehreren Seen wird

Links: Paddeln auf den Uckermärkischen Seen, fast wie in Kanada.

Unten: Rund um den Großen Stechlinsee führt ein 14 Kilometer langer Wanderweg.

Rechts: Der Schmale Luzin im Naturpark Feldberger Seenlandschaft lockt mit einer einzigartigen Unterwasserwelt.

die Havel befahren, sieben Schleusen liegen auf dem Weg, einmal wird ein Shuttle benötigt.
uckermaerkische-seen-naturpark.de

3 Großer Stechlinsee

Der Große Stechlinsee, kurz »der Stechlin« genannt, ist einer der wichtigsten Klarwasserseen Norddeutschlands. Das bedeutet: Er ist besonders sauber und ermöglicht einen Blick weit in die teilweise türkis schimmernde Tiefe. Was liegt näher, als dort auf Tauchstation zu gehen und Barsch und Hecht ganz nah zu kommen? Erlaubt ist das ausschließlich bei Neuglobsow, wo auch eine Tauchbasis ansässig ist. In der Bucht von Neuglobsow gibt es zudem eine Badestelle mit Einstiegshilfe für Menschen, die in ihrer Beweglichkeit eingeschränkt sind.
Wer den See umrunden will, benötigt etwas Kondition für die 14 Kilometer lange Strecke. Ein durchgehender Wanderweg ist vorhanden. Im Stechlin sind zwei Lebewesen beheimatet, die es nirgends sonst auf der Welt gibt: die 2000 als eigene Art entdeckte kleine Stechlin-Maräne, zu Ehren Fontanes Coregonus fontanae genannt, und eine spezielle Kieselalge.
reiseland-brandenburg.de
tauchbasis-stechlinsee.de

4 Seen-Rundfahrt

Urlaub in einer Seenlandschaft bedeutet für Menschen mit Rollstuhl fast immer, dass sie nur vom Ufer auf das Wasser blicken können, weil Ausflugsschiffe für sie nicht oder nur umständlich zu besteigen sind. Anders bei der Reederei Halbeck: Die MS Remus bietet dank Plattformlift einen barrierefreien Zustieg und verfügt über entsprechende Toiletten. So steht einer Fahrt über den Rheinsberger See nichts mehr im Wege.
schiffahrt-rheinsberg.de.

5 Ziegeleipark Mildenberg

Bei Zehdenick liegt die sogenannte Tonstichlandschaft. Anfang des 20. Jahrhunderts wurden hier große Tonvorkommen im Tagebau abgetragen. Zurück blieben 60 Gräben, die begrünt wurden und sich mit Grundwasser gefüllt haben. Das ehemalige Ziegeleiwerk Mildenberg ist heute ein Museum und Erlebnispark. Ein Highlight ist der Erwerb des Ziegeleibahn-Führerscheins.
ziegeleipark.de

Campingplatz Sonnenkap

Auf dem Platz am Uckersee findet jeder einen passenden Stellplatz, ob premium, basis oder für kurze Zeit, im Glamping-Zelt, Tinyhaus oder in der Radlerhütte. Sauna und Salzgrotte sind nicht nur bei schlechtem Wetter ein Genuss. Bistro und Shop sorgen für das leibliche Wohl. Kostenlose Nutzung des ÖPNV. Geöffnet April bis Ende Oktober.
Uckerpromenade 85
17291 Prenzlau
sonnenkap-camping.de
GPS: N53.29340 E13.87217

1 Naturerlebnis Uckermark

Sowohl große als auch kleine Besucher können im Naturerlebnis Uckermark einen abwechslungsreichen und entspannten Tag erleben. Ziegen und Schafe, Hühner und Enten bevölkern den Haustierpark. Eingebettet in eine zauberhafte Gartenlandschaft, gibt es außerdem einen Sinneslehrpfad, eine Streuobstwiese, einen traditionellen Holzbackofen und ganz viel zum Staunen und Lernen.
naturerlebnis-uckermark.de

2 Kneippen in der Feldberger Seenlandschaft

Wo könnte man besser etwas für seine Gesundheit tun als in einer üppigen Natur mit sauberer Luft? Schon Ende des 19. Jahrhunderts lockte eine Wasserheilanstalt erholungsbedürftige Menschen in die

Feldberger Seenlandschaft. Und schon damals setzte man die Erkenntnis von Pfarrer Kneipp ein – eine Heilmethode, die auf dem Zusammenspiel der fünf Elemente Wasser, Ernährung, Bewegung, Kräuter und innere Ordnung aufgebaut ist. Die Wirksamkeit seiner Therapie ist längst wissenschaftlich nachgewiesen. Neben den Kneipp-Anlagen sind im Feldberger Kurpark ein Barfußpfad und Gräserlabyrinth, ein Fitness-Parcours und fünf Nordic-Walking-Strecken integriert worden.
feldberger-seenlandschaft.de

3 Wandern auf dem Märkischen Weg

Auf dem Märkischen Landweg geht es auf zehn Etappen von Feldberg bis Mescherin einmal quer durch die eiszeitlich geprägte Landschaft der Uckermark. Der 217 Kilometer lange Wanderweg führt dabei durch drei Naturlandschaften: den Naturpark Uckermärkische Seen, das Biosphärenreservat Schorfheide-Chorin und den Nationalpark Unteres Odertal. Wer mit offenen Augen durch die ursprüngliche, wenig besiedelte Natur im Norden von Brandenburg wandert, findet schnell zurück zu den wesentlichen Dingen des Lebens. Der Märkische Landweg wurde vom Deutschen Wanderverband mit dem Prädikat »Qualitätsweg Wanderbares Deutschland« ausgezeichnet.
wanderbares-deutschland.de

4 Schnorcheln im Schmalen Luzin

Oft kommt es nicht vor, dass ein Ort in Mecklenburg-Vorpommern mit exotischen Destinationen in Thailand, Ägypten oder Panama im gleichen Atemzug genannt wird. Doch beim Schmalen Luzin inmitten der Mecklenburgischen Seenplatte geraten Schnorchelfans weltweit ins Schwärmen. Seine Unterwasserwelt hält dem Vergleich mit bekannten Hotspots mühelos stand. Und das nicht nur, weil im glasklaren Wasser des Sees die »Korallen des Nordens« in sehenswerter Pracht gedeihen.
Der Schmale Luzin befindet sich in der ursprünglichen Natur der Feldberger Seenlandschaft. An seiner breitesten Stelle misst der flussartige Rinnensee lediglich 300 Meter, schlängelt sich dafür aber sieben Kilometer lang vom Breiten Luzin aus gen Süden. Das Befahren ist nur mit Elektrobooten erlaubt. Beim Örtchen Hullerbusch lässt es sich mit einer der letzten handbetriebenen Seilfähren Europas trockenen Fußes übersetzen. Schnorchler wie Taucher jedoch zieht es geradezu magisch hinein ins türkis glitzernde Nass, um die einzigartige Unterwasserwelt zu erkunden. Ein Highlight des Schmalen Luzin befindet sich in der sogenannten Hechtbucht, nahe am Ufer und in geringer Wassertiefe: Kaltwasserkorallen. Die sensiblen Süßwasserschwämme, auch als »Korallen des Nordens« bekannt, finden dort an den zahlreichen ins Wasser gefallenen Bäumen optimalen Lebensraum. Hechte lassen sich ebenso wie Aale, Zander und Schleie bei Sichtweiten von bis zu zehn Metern mit Schnorchel und Tauchermaske beobachten.

5 Apfelhof Lichtenhain

In der Gegend um den Naturpark Uckermärkische Seen sind Äpfel so besonders wie kein anderes Obst. Ein Genuss ist der Besuch von Apfelhof, -café und -mosterei Lichtenhain. Man kann auf dem Gut inmitten blühender oder bereits schwer tragender Bäume Urlaub machen oder im Hofladen alles rund um den Apfel probieren und kaufen. Auf Anfrage gibt es eine Hofführung.
haus-lichtenstein.de

Stellplatz für Wohnmobile

Der kostenpflichtige Platz am Wassersportzentrum bietet allen notwendigen Komfort. Er befindet sich am Ortsrand, am kleinen Jachthafen. November bis März geschlossen.
Regattastr. 1, 16303 Schwedt/Oder
GPS: N53.05740 E14.29779

1 Kremserfahrt

Wer die reizvollen Naturlandschaften im nordöstlichen Brandenburg einmal bequem erkunden möchte, für den kann eine Fahrt in einem Kremser ein ganz besonderes Erlebnis werden. Im 19. Jahrhundert wurden Kremser, Planwagen mit seitlichen Längsbänken, in Berlin als sog. Pferdeomnibusse eingesetzt. Heutzutage fährt man damit lieber durch die Wälder und Heidelandschaften der brandenburgischen Naturparks und entdeckt dabei bedrohte Tier- und Pflanzenarten wie Seeadler und Fischotter, Biber oder Huteeichen.

2 Buchenwald Grumsin

2011 wurde der Buchenforst Grumsin in die Liste des UNESCO-Welterbes aufgenommen. Es ist einer der größten zusammenhängenden Tiefland-Buchenwälder weltweit. Betreten ist teilweise verboten, doch von einer alten Kopfsteinpflasterstraße aus hat man einen guten Einblick in die Welt der knorrigen Baumgestalten und verwunschenen Moore. Eine geführte Wanderung beginnt am Informationszentrum Geopark.
weltnaturerbe-grumsin.de

3 Kloster Chorin

Ora et labora – Bete und arbeite. Zumindest das Beten, die spirituelle Einkehr, ist im ehemaligen Zisterzienserkloster Chorin auch für die Besucher ein Möglichkeit, die einzigartige Atmosphäre des heiligen Ortes wahrzunehmen. Neben zwei Dauerausstellungen und einem informativen Film über die Historie und den Alltag der Mönche bietet das Kloster Kapellenkonzerte, eine Stille Stunde und das Choriner Morgengebet an.
kloster-chorin.org

4 Wanderung zum Askanierturm

Eine empfehlenswerte Wanderung zu dem zwölf Meter hohen Aussichtsturm beginnt in Eichhorst. Im Café Wildau direkt am Werbellinkanal holt man sich den Schlüssel (kleine Gebühr) und startet immer am Kanal entlang. Wo einmal eine Askanierburg gestanden haben soll, ließ Prinz Carl von Preußen (1801–1883) den Feldsteinturm mit Balkon errichten. Tatsächlich hat man bei Ausgrabungen Waffen und Mauerreste aus dem 12. Jahrhundert entdeckt.
schorfheide.de

5 Kletterwald und Wildpark Schorfheide

Obwohl Wölfe, Wollschweine, Wisente und Elche im Biosphärenreservat Schorfheide-Chorin leben, trifft man sie nicht leicht an. Wer sie beobachten möchte, fährt in den Wildpark Schorfheide. Auf sieben Kilometern kann man an ihren Gehegen vorbeistreifen. Ein besonderes Erlebnis sind die Wolfsnächte bei Vollmond inklusive Fütterung und Fackelwanderung (www.wildpark-schorfheide.de). Unweit des Wildparks gibt es seit 2012 einen Kletterwald. Seile, Netze und Holzsprossen oder -stufen führen in verschiedenen Höhen durch das Gelände. Hier gilt es, Körperbeherrschung und Gleichgewichtssinn zu trainieren.
kletterwald-schorfheide.de

Links: Kloster Chorin bietet jedes Jahr ein umfangreiches Veranstaltungsprogramm an.

Rechts oben: Gemütliche Kremserfahrt durch die Natur.

Rechts unten: Der Buchenwald Grumsin ist streng geschützt.

HARZ

Mystische Bergwelt

Schroff und oft ein wenig düster, aber auch unglaublich vielfältig und faszinierend präsentiert sich Norddeutschlands höchstes Mittelgebirge. Es wurde seit alters her durch seine reichen Vorräte an Silber und anderen wertvollen Erzen geprägt. Während an den Rändern ein dichter Ring reicher Fachwerkstädte entstand, sind die Siedlungen im Inneren durch den Bergbau und eine einzigartige Wasserwirtschaft gekennzeichnet, die es zum UNESCO-Weltkulturerbe gebracht hat. Gleichzeitig zog die schöne Berglandschaft schon früh Touristen und Erholungsuchende an, sodass ein faszinierendes Nebeneinander von teils mondänem Kurbetrieb und harter Arbeit unter Tage entstand. Auch heute noch lebt der Tourismus im Harz von dieser besonderen Mischung aus viel idyllischer Natur auf der einen und vielfältigen Sehenswürdigkeiten auf der anderen Seite.

Aus dem Felsgebirge des Teufelsmauer bei Timmenrode im nördlichen Harz ragen drei Felsnadeln heraus. Ihre Bezeichnung Hamburger Wappen geht auf ihre Ähnlichkeit mit den drei Türmen im Wappen der Hansestadt zurück.

Bockenem
Wallmoden
Lamspringe
Lutter a.Barenberge
Liebenburg
Schladen
Hornburg
Hessen
Dedeleben
Schlanstedt
Oschersleben
Wanzleben
Klein Oschersleben
Langelsheim
Vienenburg
Osterwieck
Dardesheim
Badersleben
Hordorf
Hadmersleben
Bad Gandersheim
Seesen
Goslar
Goslar
Bad Harzburg
Zilly
Dingelstedt
Aspenstedt
Groß Quenstedt
Schwanebeck
Westeregeln
Kroppenstedt
Egeln
1
Bergwerk Rammelsberg
2
3
Wanderung Großer Burgberg
Langeln
Halberstadt
Gröningen
Unseburg
Naturpark
Wohnmobilstellplatz Sole-Therme
Wanderung Grünes Band
Ilsenburg
Derenburg
Wegeleben
Schneidlingen
Wildemann
4
5
Klostergarten Drübeck
Harsleben
Cochstedt
Bergbauernmarkt
Okertalsperre
Hedersleben
Oberharzer Bergwerksmuseum
2
1
Kräuterpark Altenau
Wanderung Brocken
Wernigerode
Königsaue
Hecklingen
Clausthal-Zellerfeld
Brocken
Wester-hausen
Volksbank Arena Harz
4
3
1
1142
2
Harzer Schmalspurbahn
Blankenburg
1
Quedlinburg
Winningen
Campingplatz Eulenburg
Discgolf Altenau
Nationalpark
Harz
Schierke
3
Löwenzahn-Entdeckerpfad
Timmenrode
Quedlinburg
Frose
Schlossparkplatz Quedlinburg
Osterode
Monsterroller Wurmberg
4
Rübeland
Hüttenrode
3
Harzer Hexenstieg
Sose-stausee
Rappbode-Talsperre
Thale
Bad Suderode
Gernrode
Reinstedt
Katlenburg-
Harz
Skilanglauf
5
Braunlage
Harz Camping am Schierker Stern
Ballenstedt
Aschersleben
St.Andreasberg
Tanne
4
5
Harzköhlerei Sternberghaus
Ermsleben
Wulften
Hörden
Herzberg
-Lindau
Naturpark
Hasselfelde
Rappbodetalsperre
Sylda
Quenstedt
Hattorf
Oder
Oder-Talsperre
Benneckenstein
Friedrichsbrunn
Einhornhöhle
5
Selke
Rhume
Eulenwelt-Falkenhof
Bilshausen
Gieboldehausen
Bad Lauterberg
Stiege
2
Harzgerode
Hettstedt
Harz
Bad Sachsa
Sülzhayn
1
Naturpark Südharz
Walkenried
Naturpark
Seeburg
Rollshausen
Rhumspringe
Naturpark
Straßberg
Königerode
Harz-
Mansfeld
Ellrich
Ilfeld
2
Stollberg
Wipperia Funpark
3
Mansfelder Land
Seulingen
Südharz
Klostermansfeld
Weißenborn-Lüderode
Niedersachswerfen
Wippra
Duderstadt
Lutherstadt Eisleben
Gleichen
Helme
Rotha
Karstwanderweg
4
Brehme
Holungen
Nordhausen
Rottleberode
Teistungen
Großbodungen
Uftrungen
Biosphärenreservat
Blankenheim
Berlingerode
Neustadt
Karstlandschaft Südharz
Wipperdorf
Sundhausen
Stellplatz An der Probstmühle
Hundeshagen
-Worbis
Bleicherode
Werther
Berga
Sangerhausen
Nohra
Roßla
Bennungen
Rothenschirmbach
Holdenstedt
Windleite
Kelbra
Gebra
Leinefelde-
Wipper
Oberröblingen
Sollstedt
Großlohra
Wolkramshausen
Auleben
5
Tilleda
Heiligenstadt
Beuren
Naturpark
Kyffhäuser
Kyffhäuser-Denkmal
Wolferstedt
Niederorschel
Großfurra
Birkungen
Ringleben
Allstedt
Querfurt
Geisleden
Sondershausen
Dingelstädt
Hüpstedt
Deuna
Göllingen
Bad Frankenhausen
Holzthaleben
Unstrut-Radweg Etappe 5
10 km
Schernberg
Menteroda
Kyffhäuser
Schmon

Goslars Altstadtgassen werden von prächtigen Fachwerkhäusern gesäumt. Durch den Silberbergbau hat es die Stadt einst zu großem Reichtum gebracht.

Bad Harzburger Sole-Therme

Bis zu 80 Reisemobile können auf dem kostenpflichtigen, ganzjährig geöffneten Stellplatz an der Sole-Therme in Bad Harzburg parken. Der Platz ist nahezu komplett ausgestattet. Erholsam ist die Therme mit ihrer Sauna-Erlebniswelt.
Nordhäuser Straße 10
38667 Bad Harzburg
bad-harzburg.de
GPS: N51.86828N E10.55780

Das Bergwerk Rammelsberg wurde über 1000 Jahre lang betrieben.

1 Goslar

Goslar kann man als heimliche Hauptstadt des Harzes bezeichnen. Mit rund 41 000 Einwohnern ist es nicht nur der größte Ort des Gebirges, sondern gleichzeitig ein besonders geschichtsträchtiger: Man sieht es an den von prächtigen Fachwerkhäusern gesäumten Gassen des über tausend Jahre alten Ortskerns, besonders aber an der Kaiserpfalz, dem gut 950 Jahre alten Palast des Salierkaisers Heinrich III. Beinahe ebenso alt ist die vor der Pfalz stehende Domvorhalle mit dem Kaiserthron – der 1056 geweihte Dom selbst wurde um 1829 abgebrochen. Zu dieser Zeit war der Glanz Goslars längst Geschichte. Der einstige Reichtum der Stadt beruhte auf dem Silberbergbau, ehe die Erlöse daraus im 16. Jahrhundert an Braunschweig fielen. Bei einem Bummel durch die Gassen zum Marktplatz sollte man das Figurenspiel an der Kämmerei gegenüber dem Rathaus nicht versäumen. Seit 1999 stehen die Altstadt und das Bergwerk auf der UNESCO-Liste.
goslar.de

2 Bergwerk Rammelsberg

Im Jahr 968 wurde der Rammelsberg bei Goslar, in dem man schon zu Zeiten der Römer Erz abbaute, erstmals schriftlich erwähnt. Kaiser Heinrich II. ließ in der Nähe der reichen Silber- und Kupfervorkommen die mächtige Pfalz anlegen. Um 1100 mit Stadtrechten versehen und Sitz einer Reichsvogtei, entwickelte sich Goslar zu einer blühenden Reichsstadt und einem geistigen Zentrum des Landes. Erst 1988, nach über 1000 Jahren Abbau von Silber, Kupfer, Zink

Kloster Drübeck bei Ilsenburg bietet ein umfangreiches Veranstaltungsprogramm sowie Führungen durch die nach alten Vorbildern angelegten Gärten.

und Blei, wurde das Bergwerk Rammelsberg stillgelegt. Heute können Besucher dort die verschiedenen Epochen der Bergbaugeschichte vom Mittelalter bis zur Moderne nacherleben.
rammelsberg.de

3 Wanderung Großer Burgberg

Vom Kurpark in Bad Harzburg führt ein gemütlicher Spaziergang in rund 60 Minuten hinauf auf den Hausberg der Kurstadt, den Großen Burgberg (483 Meter) mit den Ruinen der Harzburg. Ein historischer Rundwanderweg mit zwölf Informationstafeln lässt die Geschichte um die Harzburg sowie von Heinrich IV. und Otto IV. lebendig werden. Zurück geht es zu Fuß oder bequem mit der Burgberg-Seilbahn nach Bad Harzburg.
bad-harzburg.de

4 Radtour Grünes Band

Das Gebiet zwischen Hornburg, Vienenburg, Bad Harzburg, Ilsenburg und Wernigerode lädt zu einer rund 70 Kilometer langen Radtour entlang des Grünen Bandes ein, das die ehemalige innerdeutsche Grenze nachgezeichnet. An den Resten ehemaliger Grenzanlagen und an den Kreuzungspunkten mit dem ehemaligen Grenzverlauf sind Hinweistafeln zu Sehenswürdigkeiten oder zur Fauna und Flora aufgestellt. Die Streckenkennzeichnung erfolgt mit der Markierung Grünes Band. Der Start ist in Ilsenburg bei der Tourismusinformation.
harzinfo.de

5 Klostergarten Drübeck

Das Benediktinerinnenkloster bei Ilsenburg hat nicht nur eine eindrucksvolle romanische Kirche zu bieten, sondern auch mehrere Klostergärten, die nach historischen Vorbildern gestaltet wurden. Sie sind im Rahmen von Führungen zu besichtigen. Das Kloster verfügt auch über Gästezimmer und bietet ein umfangreiches Veranstaltungsprogramm, das von spirituellen Angeboten über Wanderungen bis hin zu kulinarischen Einladungen in Klostercafé und Weinstube oder in den Souvenirladen reicht.
kloster-druebeck.de

Campingplatz Eulenburg

Der großzügige Platz an der Söse und unweit des Harzer Hexenstiegs verfügt über ein Schwimmbad, Grillhütten und Biergarten sowie ein Heu- und Campinghotel.
Scheerenberger Str. 100
37520 Osterode am Harz
eulenburg-campingplatz.de
GPS: N51.86828 E10.55780

1 Bergbauernmarkt in Clausthal-Zellerfeld

Ein besonderes Einkaufserlebnis unter freiem Himmel ist der Bergbauernmarkt von Mai bis Oktober. Immer donnerstags lädt die Bornhardtstraße zwischen 18 und 22 Uhr als »Grüne Meile« zum Bummeln, Shoppen und vor allem zum Schlemmen verschiedenster saisonaler Harzer Delikatessen ein.
oberharz.de

2 Oberharzer Bergwerksmuseum

Das Museum bietet Kindern und der ganzen Familie ein tolles Erlebnis im

MIT DEM BIKE

Volksbank Arena Harz

Der Harz ist keine Region für einfache und familiengeeignete Radtouren. Mountainbiker finden aber eine große Auswahl an Strecken aller Schwierigkeitsgrade, wo sie in schöner Natur einige Höhenmeter hinter sich bringen können. Zurzeit bietet der Harz 74 ausgeschilderte Mountainbike-Rundrouten mit etwa 2300 Kilometer Länge. Weitere Informationen und Angebote von geführten Touren: ***volksbank-arena-harz.de*** und ***mtb-harz.de***

Etappe 5 des Unstrut-Radwegs

Die 35 Kilometer lange Etappe von Artern nach Nebra ist leicht zu bewältigen. Das zunächst weite Unstruttal verengt sich immer mehr, ab Memleben beginnt das Weinanbaugebiet Saale-Unstrut. Bei Wangen wurde 1999 die bedeutsame Himmelsscheibe von Nebra gefunden, das Erlebniscenter Arche Nebra zeigt sehr anschaulich die Geschichte des Fundes.
unstrutradweg.de/etappe-5.php

Rahmen einer Wanderung mit dem elektronischen Emil. Im Museum kann man einen kleinen Computer ausleihen. Spannendes, Wissenswertes und auch Rätselhaftes über die Geschichte, die Spuren des Bergbaus und des UNESCO-Welterbes Oberharzer Wasserwirtschaft liefert Emil, der kompetente Landschaftsdetektiv-Computer. Drei interessante Rundgänge werden angeboten: das Freigelände des Museums, die Ringer Halde (eine Einführung in die Oberharzer Wasserwirtschaft) und der Kaiser-Wilhelm-Schacht II.
oberharzerbergwerksmuseum.de

3 Kräuterpark Altenau

Rund 1000 heimische und exotische Gewürzpflanzen können im größten Kräutergarten Deutschlands in dem kleinen Kurort Altenau besichtigt werden. Anfassen, Riechen und Schmecken sind natürlich erlaubt. Angeschlossen ist eine Kräutergalerie, wo nicht nur die Erzeugnisse des Gartens verkauft werden, sondern auch Gewürze aus aller Welt, vor allem selber hergestellte Mischungen. Regelmäßig findet auch ein Schaurösten statt.

4 Discgolf Altenau

Beim DiscGolf findet zusammen, was zusammengehört: Golf und Frisbee. Auf einem Kurs mit neun oder 18 Bahnen fliegen in Altenau statt Golfbällen Frisbeescheiben durch die Luft und müssen mit möglichst wenig Versuchen von der Abwurfzone in den Fangkorb gelangen. Die Wurfdistanz an den verschiedenen Stationen bewegt sich zwischen rund 50 und 100 Metern. Trifft die Scheibe nicht auf Anhieb das Ziel, geht es von ihrem Landepunkt aus weiter. Von Bahn zu Bahn spaziert man entspannt durch die idyllische Natur des Oberharz wie beim klassischen Golf.
discgolf-altenau.de

5 Einhornhöhle

Benannt wurde die vor über drei Millionen Jahren entstandene Höhle wegen zahlreicher Knochenfunde, die man bis ins 17. Jahrhundert für Einhornknochen hielt, aber fossile Überreste von Höhlenbären, -löwen und Wölfen sind. Sie ist die größte begehbare Höhle im Westharz und kann selbst mit Kinderwagen und Rollstuhl erkundet werden.
einhornhoehle.de

Harz Camping am Schierker Stern

Von diesem Platz hat man den Brocken im Blick, den man in einer ca. zweistündigen Wanderung erklimmen kann. Bequemer ist es, die mehr als 600 Meter Höhenunterschied mit der Brockenbahn zu überwinden. Der Bahnhof ist einen Kilometer entfernt. Der gebührenpflichtige Platz verfügt über alle notwendigen Ver- und Entsorgungseinrichtungen, Waschmaschinen und Trockner. Er ist ganzjährig geöffnet und bietet 40 Fahrzeugen Platz.
Am Stern 1, 38875 Elend
harz-camping.com,
GPS: N51.75694 E10.68442

1 Wanderung Brocken: Goetheweg

Die »klassischste« Harz-Wanderroute verläuft von Torfhaus (Start am Nationalparkdenkmal am Großparkplatz) an der B4 nördlich von Braunlage aus auf den Spuren Goethes auf dem nach ihm benannten Goetheweg zum Brocken (hin und zurück 16 Kilometer). Auf Waldwegen mit teilweise schöner Aussicht, aber auch über Holzbohlen und in Teilstrecken auch entlang eines alten

Kolonnenweges, führt der mit »Brocken« ausgeschilderte Weg über den Quitschenberg zum Rastplatz am Eckersprung, der Quelle der Ecker; und weiter über den sogenannten Neuen Goetheweg zum Brockengipfel in 1141 Meter Höhe. Wer nach einer Rast oder Einkehr am Brockengipfel vor dem Rückweg noch eine rund einstündige leichte Wanderung unternehmen will, der genießt die Ausblicke und die Sehenswürdigkeiten entlang des ausgeschilderten Brockenrundwanderweges, u. a. mit dem Brockengarten, dem Hexenaltar, dem Brockengipfel und dem Brockenmuseum.
oberharz.de

2 Harzer Schmalspurbahn

Wenn sich die alten Dampflokomotiven der Harzer Schmalspurbahn rauchend und fauchend auf den Brocken winden, dann schlägt das Herz vieler Eisenbahnfans höher. Auch die Orte Wernigerode, Nordhausen, Hasselfelde, Harzgerode und Quedlinburg können mit nostalgischen Zügen erreicht werden. Mit 140 Kilometern verfügen die Harzer Schmalspurbahnen über das größte dampfbetriebene Bahnnetz Europas. Das heutige Schmalspurbahnnetz ist durch die Verbindung von ursprünglich getrennten Bahnlinien entstanden, die zwei verschiedenen Bahngesellschaften gehörten. Die spektakuläre Landschaft sowie über 400 Brücken und Tunnel lassen die Fahrt zu einem ganz besonderen

Oben: Der Brocken ist mit 1141 Metern der höchste Berg im Harz.

Mitte: Die Einhornhöhle war vor über 100 000 Jahren von Neandertalern bewohnt.

Unten: Landschaft bei Clausthal-Zellerfeld.

Links: Im Harz warten rund 500 Kilometer Loipen für jedes Niveau auf Wintersportler.

Mitte: Die Stiftskirche St. Servatius überragt die Weltkulturerbestadt Quedlinburg.

Unten: Hinauf zum Brocken geht es mit einer Dampfeisenbahn.

Erlebnis werden. Neben ihrer historischen Bedeutung sind die Züge der Harzer Schmalspurbahn mit ihrem ganzjährigen Fahrplan auch ein wichtiges öffentliches Verkehrsmittel im Harz. Zum Einsatz kommen 25 verschiedene Dampflokomotiven von der zierlichen Mallet-Gelenklok aus dem Jahr 1897 bis hin zum mächtigen »Harzbullen«. Während auf der viel befahrenen Brockenstrecke nur mit Dampf gefahren wird, verkehren auf den anderen Routen auch Diesellloks und Dieseltriebwägen. Neben dem Normalverkehr werden zahlreiche Sonderfahrten, Werkstattbesichtigungen und sogar Schnupperkurse als »Dampflok-Führer« angeboten.
hsb-wr.de

3 Löwenzahn-Entdeckerpfad

Für Familien mit Kindern lohnt ein Besuch des Löwenzahn-Entdeckerpfades. In der Nähe des Brockenbahn-Bahnhofs in Drei Annen Hohne weist ein Tor mit zwei Löwenzahnblüten und -blättern den weiteren Weg. An sieben Stationen kann die Natur mit allen Sinnen erlebt werden. Die Stationen lauten u. a. »Spurensuche im Wald«, »Geheimnisvolles Leben im toten Holz«, »Im Körper der Eule« oder »Barfuß die Natur spüren« – ein riesiger Spaß verbunden mit Naturerkundung. Dauer: etwa zwei Stunden.
oberharz.de

4 Monsterroller Wurmberg

Am Wurmberg bietet sich Wagemutigen in den Sommermonaten ein spaßig-sportliches Highlight: Am Großparkplatz in Braunlage kann man sogenannte Monsterroller ausleihen. Das sind äußerst stabile Tretroller mit perfekten Scheibenbremsen und breiten Stollenreifen. Hinauf geht es per Bergbahn auf den Wurmberg. Der Fahrpreis ist im Ausleihpreis inbegriffen. Oben angekommen, wird der Helm, der zur Ausrüstung gehört, aufgesetzt, und dann geht es über 400 Höhenmeter eine fast fünf Kilometer lange, naturbelassene Strecke hinab zum Ausgangspunkt. Für Kinder ab zehn Jahren.
monsterroller.de

5 Skilanglauf

Ob nun Vollprofi oder Amateur: Der Harz eignet sich für jeden Langläufer. Über 500 Kilometer Loipen warten auf die Ausdauersportler. Dabei reicht die Bandbreite von dem für Anfänger gut geeigneten Rundkurs Mühlenbergloipe bei Altenau bis hin zur für Fortgeschrittene ausgelegten, sechs Kilometer langen Oderbergloipe bei Sankt Andreasberg. Die Streckennetze ziehen sich durch den Nationalpark Harz, aber auch über das Oberharzer Plateau sowie durch die Landschaft des Südharzes.
wintersport.harzinfo.de

Schlossparkplatz Quedlinburg

Nicht so lauschig wie am Schierker Stern ist die Stellplatzsituation in Quedlinburg. Hier ist es eher laut, dafür ist der Platz aber ideal für einen Besuch der Altstadt, die man bequem zu Fuß erreichen kann. Der gebührenpflichtige Platz verfügt über alle notwendigen Ver- und Entsorgungseinrichtungen, bietet zehn Wohnmobilen eine Abstellmöglichkeit und ist ganzjährig geöffnet.
Wipertistraße 10
06484 Quedlinburg
GPS: N51.78716 E11.13400

1 Quedlinburg

Die Stadt Heinrichs I. – des ersten deutschen Königs – und seiner Frau Mathilde blickt auf eine mehr als 1000-jährige Geschichte zurück und ist ein kunsthistorischer Höhepunkt auf der Strecke. Tausende Fachwerkhäuser und bedeutende Kirchen prägen das Stadtbild, das vom Schlossberg mit der Kirche St. Servatius aus dem 12. Jahrhundert überragt wird. Die romanische Basilika und das benachbarte, mehrfach umgebaute Schloss (10.–18. Jahrhundert) sind Teile des mächtigen Damenstifts, das hier im Jahr 936 von Mathilde gegründet wurde und bis 1803 die Stadt beherrschte. Nicht viel jünger als die Stiftskirche ist St. Nikolai in der Neustadt, dessen 72 Meter hohe Doppeltürme weithin zu sehen sind. Vor allem aber lohnt sich ein ausführlicher Bummel durch die Altstadt zwischen Schlossberg und Kornmarkt. In der Straße Finkenherd nahe dem Schlossberg steht das Geburtshaus des Dichters Friedrich Gottlieb Klopstock (1724–1803). Die Adresse Wordgasse 3 verweist auf das älteste Fachwerkhaus der Harzregion; der urtümliche Ständerbau beherbergt heute ein Museum.
quedlinburg.de

2 Eulenwelt-Falkenhof-Harz

In dem kleinen Ort Güntersberge können Besucher bei den Flugschauen nicht nur Falken, sondern auch Bussarde, Geier, Adler und sogar Eulen hautnah erleben. Unter fachlicher Anleitung dürfen einige der Tiere auch gefüttert oder getragen werden. Ostern bis Ende Oktober.
falkenhof-harz.de

3 Harzer Hexenstieg

Im Harz gibt es mehrere Fernwanderwege. Einer, der Harzer Hexen-Stieg, zählt zu den schönsten Wanderwegen Deutschlands. Die Wanderung führt von Thale in Sachsen-Anhalt über rund 95 Kilometer nach Osterode in Niedersachsen (oder in umgekehrter Richtung). Wer die gesamte Strecke wandert, legt dabei über 3000 Höhenmeter zurück und sollte den Weg in fünf Tagesetappen einteilen. Die abwechslungsreiche Route präsentiert die vielfältigen Facetten quer durch das nördlichste Mittelgebirge Deutschlands: die faszinierende Berglandschaft des Nationalparks Harz mit dem Brocken, alte Hochmoore, felsige Schluchten, steile Klippen, mittelalterliche Fachwerkstädtchen und Zeugen der mehr als tausendjährigen Bergbaugeschichte der Region. Der Weg ist mit der Harz-Hexe mit dem Schriftzug Harzer-Hexen-Stieg gut beschildert. Wer sich den Aufstieg zum Brocken ersparen möchte, der wandert von Königshütte nach Braunlage und an St. Andreasberg vorbei nach Torfhaus. Die gesamte Tour erfordert eine gute Kondition und entsprechende Ausrüstung.
hexenstieg.de

4 Adrenalinkicks an der Rappbodetalsperre

Mit 106 Meter Höhe besitzt die Rappbodetalsperre die höchste Staumauer Deutschlands. Nicht nur der Ausblick lockt Touristen an, sondern vor allem die Aktivitäten, die für Adrenalinkicks sorgen: Megazipline, Gigaswing und Wallrunning. Ein ganzer Kilometer pures Adrenalin! Mit diesem fetzigen Slogan wirbt der Harz für Europas längste Doppelseilrutsche. Ihr Startturm steht im Rappbodetal, zwischen den Orten Hasselfelde und Elbingerode. In rasantem Tempo sausen Mutige von diesem Punkt aus im Fluggeschirr, ausgerüstet mit Helm und Brille und sicher eingeklinkt in die Lenkseile, durch die Lüfte. Nach dem Start wird zunächst Europas längste Hängeseilbrücke »überflogen«, dann schweben die Flying Foxler gut 100 Meter über dem Abgrund der Rappbode-Talsperre – mit einer Geschwindigkeit von bis zu 85 Stundenkilometern. An der Talsperre steht seit dem Jahr 2017 außerdem die mit 458,50 Metern längste Hängebrücke der Welt, die »Titan RT«. In luftiger Höhe von 100 Metern können Fußgänger hier den Harz und den Stausee von oben bestaunen. Noch Wagemutigere unternehmen unterhalb der Brücke einen Pendelsprung oder versuchen sich als Wallrunner an der Staumauer. Für beide Unternehmungen braucht es einen Sicherheitsgurt und ein Seil. Während es beim Gigaswing im Gurt sitzend wie bei einer riesigen Schaukel 100 Meter abwärts und mit Schwung übers Bodetal geht, spazieren Wallrunner die 43 Meter hohe Staumauer Schritt für Schritt in Richtung Zielplattform – und zwar mit Füßen an der Wand, Knien durchgedrückt und Augen geradeaus. Sag noch einer, im Harz ginge es beschaulich zu!
harztourist.de

5 Harzköhlerei Stemberghaus

In der Köhlerei in Hasselfelde wird noch Holzkohle nach traditioneller Art hergestellt. Besucher können den Köhlern bei der Arbeit zusehen und sich im angeschlossenen Museum über die Geschichte des Handwerks informieren. Von Hasselfelde aus erreicht man die Köhlerei über einen sechs Kilometer langen Wanderweg mit Info-Stationen.
harzkoehlerei.de

Links: Die Staumauer der Rappbodetalsperre bietet nicht nur herrliche Ausblicke, sondern auch Abenteuer mit Adrenalinkick.

Unten: Das monumentale, 81 Meter hohe Kyffhäuser-Denkmal thront über dem gleichnamigen Gebirge. Es erinnert an Kaiser Wilhelm I. und die Reichseinigung im Jahr 1871.

Lutherstadt Eisleben
Das Marktrecht und der Bergbau bescherten Martin Luthers Geburtsstadt im östlichen Harzvorland schon früh großen Reichtum, den man der Stadt heute noch ansieht. Fachwerk allerdings sucht man hier vergebens. Nach mehreren großen Bränden wurde die Stadt im 16. Jahrhundert nahezu komplett aus Stein neu aufgebaut. Die größten Sehenswürdigkeiten sind natürlich die Luther-Gedenkstätten, vor allem sein Geburtshaus, in dem Besucher nicht nur über den Reformator informiert werden, sondern auch nachempfinden können, wie eine Bergmannsfamilie im 16. Jahrhundert lebte. Der Eisleber Wiesenmarkt Mitte September ist das größte Volksfest Mitteldeutschlands.
eisleben.eu

Stellplatz an der Probstmühle (P7)

Sehr geräumig und innenstadtnah ist der Stellplatz für 30 Mobile an der Probstmühle in Sangerhausen. Er verfügt allerdings über keinerlei Versorgungseinrichtungen für Wohnmobile. Die Ver- und Entsorgungssäule befindet sich am Haupteingang des Europa-Rosariums in ca. 800 Meter Entfernung.
An der Probstmühle
06526 Sangerhausen
GPS: N51.47896 E11.30681

1 Naturpark Südharz
Auf einem Gebiet von 267 Quadratkilometern vereinen sich im Naturpark Südharz gleich zwei Naturräume: zum einen die südlichen Randhöhen des Harzes, in denen Buchenwälder, Blumenwiesen sowie ein steter Wechsel aus felsigen Klippen und Tallandschaften zu finden sind, und zum anderen die dem Gebirge vorgelegene Südharzer Karstlandschaft.
Seit 1964 gilt die Region als Naturpark und konnte seither eine artenreiche Flora und Fauna erhalten. Hier blühen einheimische Orchideen wie das Knabenkraut, und zu den Tieren, die sich im Südharz wohlfühlen, gehören neben Uhu, Schwarzstorch, Siebenschläfer, Haselmaus und Feuersalamander auch andere bedrohte Arten. So konnten Wildkatzen und Luchse in der Region wieder heimisch werden, und auch die seltene Mopsfledermaus sucht sich im Südharzer Wald ein Plätzchen für den Winter.
naturpark-suedharz.de

2 Stolberg (Harz)
Das sich in waldgesäumten Tälern erstreckende Stolberg ist ein wahres Schmuckstück. Alles ist hier seit zwei bis sieben Jahrhunderten original erhalten: die in Fachwerk errichteten Wohnhäuser (besonders schön ist das Haus Niedergasse 19 mit dem Heimatmuseum), der Saigerturm aus dem 13. Jahrhundert, das prächtige Rathaus mit dem Denkmal für den in Stolberg geborenen Bauernführer Thomas Müntzer, die Martinikirche, ein Stadttor und das Renaissanceschloss auf der Höhe. Übrigens wurden die letzten beiden Hexen 1657 vor dem Rathaus verbrannt. Den besten Blick auf Schloss und Stadt genießt man von der Lutherbuche am gegenüberliegenden Hang.
stadt-stolberg.de

3 Wipperia Funpark
Das absolute Highlight des Funparks ist die 1000 Meter lange Sommerrodelbahn. Mit bis zu 45 Stundenkilometern geht es rasant durch zehn Steilkurven und zwei S-Bögen 150 Höhenmeter den Hügel hinunter. Im Kletterwald kann man in sieben Parcours seine Kletterkünste testen.
wipperia-funpark.de

4 Karstwanderweg
Typische Merkmale einer Karstlandschaft wie Höhlen, Dolinen, Karstquellen, Bachschwinden und Flussversinkungen, Karstkegel, Schlotten, oder geologische Orgeln sind die Besonderheiten des 265 Kilometer langen Karstwanderwegs Südharz. Es werden auch geführte Touren angeboten.
karstwanderweg.de

5 Kyffhäuser-Denkmal
Auf dem Kyffhäuser, einem Höhenzug südlich vom Harz, stand zur Zeit Kaiser Friedrichs I. »Barbarossa« (1122–1190) die größte Burg des deutschen Mittelalters. Zur Verherrlichung des deutschen Kaisertums entstand hier 1892 bis 1896 ein 81 Meter hohes monumentales Denkmal. Das Denkmal, das auf Betreiben des Deutschen Kriegerbundes errichtet wurde, hatte den Zweck, den zwei Jahre zuvor verstorbenen Kaiser Wilhelm I. in eine historische Reihe mit Friedrich Barbarossa zu stellen und das Deutsche Kaiserreich der Hohenzollern zum legitimen Erben des mittelalterlichen Kaiserreichs der Staufer zu erklären. So zeigt der Bildschmuck im Sockel bereich des Denkmals den schlafenden Barbarossa – ein Motiv aus der Kyffhäuser-Sage – und darüber ein imposantes Reiterstandbild Kaiser Wilhelms I. Der in einer stilisierten Kaiserkrone endende Turm des Kyffhäuserdenkmals kann über 247 Stufen bestiegen werden und bietet einen fantastischen Ausblick über die Goldene Aue und das Thüringer Becken. Ein kleines Museum informiert über die Kyffhäuser-Sage und die Geschichte des Denkmals, aber auch über die Reichsburg, die im Mittelalter auf dem Plateau stand. Reste von ihr sind noch zu besichtigen, ein Teil aber wurde 1890 durch Bauarbeiten zerstört. Nicht am Denkmal, sondern auf der Südseite des Kyffhäusers bei Rottleben liegt die Barbarossa-Höhle, eines von weltweit nur zwei zugänglichen Gipshöhlensystemen.
kyffhaeuser-denkmal.de

Labyrinth aus Sandsteinfelsen

Wenige Landschaften haben die Romantiker des 19. Jahrhunderts so begeistert wie die Sächsische Schweiz: ein idyllisches Flusstal, gesäumt von den ebenso malerischen wie bizarren Felsformationen des Elbsandsteingebirges, in denen oft der Nebel hängt. Geformt wurde diese Landschaft durch die Erosion, die im Verlauf von Millionen von Jahren dem weichen Sandstein zusetzte. Der Nationalpark umfasst die schönsten Gebiete am nördlichen Elbufer. Ein Teil erstreckt sich westlich von Bad Schandau rund um die Bastei bis Stadt Wehlen, der andere reicht östlich von Bad Schandau bis zur tschechischen Grenze und geht dort in den Nationalpark Böhmische Schweiz über. Die zerklüfteten Felsregionen wurden aber nicht nur wegen ihrer Schönheit unter Schutz gestellt, sondern auch, weil sich durch die starke Gliederung der Landschaft eine Vielzahl kleiner Lebensräume ergibt, in denen sich Pflanzen mit speziellen Bedürfnissen ansiedeln konnten. Die große geschlossene Waldfläche im westlichen Teil des Nationalparks dient zudem vielen seltenen Tierarten als Rückzugsraum. Hier findet man 16 der 18 in Deutschland heimischen Fledermausarten, Eulen und Habichte, Wanderfalken, Kolkraben, Schwarzstörche sowie Gämsen, Mufflons und Luchse, die hier schon einmal ausgestorben waren.

Die Festung Königstein blickt auf eine fast 800-jährige Geschichte zurück.

Radeburg
Elstra
Ottendorf-
Okrilla
Pulsnitz
Niederau
Weinböhla
Göda
Bautzen
Meißen
Moritzburg
Weixdorf
Großröhrsdorf
Bretnig-
Hauswalde
Bischofswerda
Gaußig
Coswig
Radebeul
Großharthau
Großpostwitz
Radeberg
Neukirch
Wilthen
Cunewalde
Wohnmobilstellplatz
Wiesentorstraße
Schmölln-
Putzkau
Kirschau
Schirgiswalde
Wilsdruff
Gemäldegalerie
Alte Meister
Dresden
DRESDEN
Dürrröhrsdorf-
Dittersbach
Stolpen
Berthelsdorf
Steinigt-
wolmsdorf
Oppach
Kesselsdorf
Elbe-Radweg
Klettergarten
Plauenscher Grund
Deutsches
Hygiene-Museum
Palmenhaus
Schlosspark Pillnitz
Radweg um
die Bastei
Neustadt
Neusalza-
Spremberg
Freital
Bannewitz
Graupa
Malerweg
Felsenbühne
Rathen
Šluknov
Tharandt
Camping Pirna
Sächsischer
Weinwanderweg
Felsenburg
Neurathen
Nationalpark
Sächsische
Schweiz
Possendorf
Heidenau
Sebnitz
Barockgarten
Großsedlitz
Bastei
Rathen
Drei-Teiche-Tour
Touristikzentrum
Sebnitz
Rabenau
Kreischa
Dohna
Pirna
Schlauchboot/
Kanu fahren
Lilienstein
Schloss
Weesenstein
Caravanplatz
Zum Liliensteinblick
Bad
Schandau
Lichtenhainer Wasserfall
Müglitztal
Tour ins Pirnaer Hinterland
Kletterwald Königstein
Wanderung mit Kahnfahrt
Boofen im Nationalpark
Dippoldiswalde
Königstein
Kletterstiege
Radtour um den Königstein
Pretzschendorf
Reinhardts-
grimma
Felsenlabyrinth
Langenhennersdorf
Rosenthal-
Bielatal
Schrammsteine
Národní park
České Švýcarsko
Hřensko
Glashütte
Camping Königstein
Bad Gottleuba
Kanu Aktiv Tours
Dolní
Chřibská
Schmiedeberg
Sächsische Dampfschifffahrt
Flößersteig
TSCHECHISCHE REPUBLIK
Bärenstein
Frauenstein
Petrovice
6 km
Altenberg
Geising
Česká
Kamenice
Jílové
Děčín
Libouchec

Dresden gilt zu Recht als eine der schönsten Städte Europas. Berühmt ist das Stadtpanorama mit Elbe, Augustusbrücke, Frauenkirche, Ständehaus und Rathausturm.

Wiesentorstraße

Um Dresden einen Besuch abzustatten, ist dieser ganzjährig geöffnete und gebührenpflichtige Platz ideal. Er ist mit allem ausgestattet, was für einen Wohnmobilisten notwendig ist, und befindet sich auf der rechten Seite der Elbe. Über die Augustusbrücke gelangt man zu Fuß in etwa zehn Minuten zur Frauenkirche.

Wiesentorstraße, 01097 Dresden
mein-contipark.de
GPS: N51.05693 E13.74336

1 Dresden

Über das »Florenz an der Elbe« muss man eigentlich keine Worte verlieren. Die sächsische Landeshauptstadt gilt zu Recht als eine der schönsten Städte Europas. Dabei gibt es noch viel mehr zu entdecken als Frauenkirche, Zwinger und Semperoper. Dresdens Stern ging im Jahr 1485 auf. Die Brüder Ernst und Albrecht III. von Sachsen beschlossen, das Herzogtum zu teilen, und Albrecht, der den Südosten erhielt, brauchte nun eine neue Residenzstadt. Die Wahl fiel auf das unbedeutende Dresden. Seinen wahren Glanz und viel seiner heutigen Gestalt erhielt es unter Kurfürst August dem Starken. Der scheute keine Kosten und Mühen, Dresden zu einer der schönsten Städte Europas auszubauen. Im Gegensatz zu dem französischen Sonnenkönig Ludwig XIV. aber, der das gigantische Schloss Versailles zum absoluten Mittelpunkt seines Reiches machte, ließ August eine Vielzahl kleinerer Gebäude errichten, darunter auch die ersten öffentlichen Museen. Die Bomben des Zweiten Weltkriegs richteten dann im Zentrum großen Schaden an, inzwischen aber erstrahlen die meisten wichtigen Gebäude in altem Glanz.
dresden.de

2 Gemäldegalerie Alte Meister in Dresden

Die Galerie zählt zu den renommiertesten Gemäldesammlungen der Welt. Hier kann man Raffaels Sixtinische Madonna«, Canalettos Stadtansichten und Werke von Correggio, Dürer, Rembrandt, Rubens, Tizian, van Eyck und Vermeer bewundern.

3 Deutsches Hygiene Museum in Dresden

Die einzigartige Ausstellung über die Geschichte der Gesundheitsvorsorge wurde 1912 von dem Odol-Fabrikanten Karl August Linger ins Leben gerufen und seitdem immer wieder modernisiert. Dem Namen zum Trotz geht es in dem Museum nicht (nur) ums Zähneputzen und Händewaschen, es werden interaktiv und anschaulich eine Vielzahl an Themenbereichen rund um den menschlichen Körper, Ernährung, Gesundheit, Sexualität, Wahrnehmung und vieles mehr präsentiert. Für jedes Alter ist hier etwas zum Bestaunen und/oder Ausprobieren dabei!

4 Klettergarten Plauenscher Grund

Plauenscher Grund, so heißt das schmale Kerbtal der Weißeritz zwischen Dresden-Plauen und Freital. Oben auf dem Fels thront die Begerburg, eine trutzige Villa aus dem 19. Jahrhundert. Darunter fallen die Felsen steil ab, teils auf natürliche Weise, teils sind die schroffen Felswände auf den heute stillgelegten

Schloss Albrechtsberg ist eines der drei Märchenschlösser am rechten Elbufer von Loschwitz. Es wird heute als Schule sowie für besondere Veranstaltungen genutzt.

ehemaligen Ratssteinbruch zurückzuführen. Auf jeden Fall sind sie ein Mekka für Kletterer, die Wege sind schwierig bis extrem schwierig und erfordern einiges an Können.
klettersteigcamp-dresden.de

5 Palmenhaus im Schlosspark Pillnitz

Der Schlosspark von Pillnitz beherbergt eine exotische Schönheit: das Palmenhaus. Es wurde bereits 1859 erbaut und galt als das größte aus Gusseisen bestehende Gewächshaus seiner Zeit. Vorbild für den Bau waren die einige Jahre zuvor in Birmingham erbauten Gewächshäuser sowie der Kristallpalast in London. Nach dem Zweiten Weltkrieg konnte das Haus nicht mehr genutzt werden und wurde zunächst dem Verfall überlassen. Nach einer umfangreichen Sanierung ab den 1990er-Jahren ist das Palmenhaus seit 2009 erneut für Besucher geöffnet.
schlosspillnitz.de

Camping Pirna

Urlauber mit Wohnmobil oder Zelt finden auf dem Platz alles, was sie brauchen: Strom, teilweise Wasser- und Abwasseranschluss am Platz, neue Sanitäranlagen sowie einen Natursee. Es werden auch Bungalows vermietet. Im Sommer wird Kinderbetreuung angeboten.Drei Kilometer sind es bis zur Pirnaer Altstadt. Geöffnet April bis November.

AUSFLUGSZIELE

Elbhangschlösser

Der Anblick ist märchenhaft: Am Loschwitzer Elbhang stehen hoch über dem Fluss drei Schlösser. Mitte des 19. Jahrhunderts entwarf Adolph Lohse, ein Schüler Schinkels, Schloss Albrechtsberg für Prinz Albrecht von Preußen sowie die benachbarte Villa Stockhausen für den Kammerherrn des Prinzen. Letztere ging später in den Besitz des Odol-Fabrikanten Karl August Lingner über und wurde so zum Lingnerschloss. Lingner hinterließ seinen feudalen Wohnsitz der Stadt »zum Besten der Bevölkerung«. Er selbst ruht in einem Mausoleum im Weinberg des Schlosses. Auf Schloss Albrechtsberg residieren heute die »Jugend&KunstSchule« sowie eine Hotel- und Gaststättenschule. Beide Schlösser dienen zudem als extravagante Veranstaltungsorte. Das für den Großkaufmann Johann Daniel Souchay errichtete Schloss Eckberg beherbergt ein Luxushotel. Vom linken Elbufer oder vom Dampfer der Sächsischen Schifffahrt lässt sich das einer römischen Renaissancevilla nachempfundene Schloss Albrechtsberg in seiner ganzen Pracht erleben.

Äußere Pillnitzer Str. 19
01796 Pirna
camping-pirna.de
GPS: N50.98222 E13.92448

1 Graupa

In der reizendsten Gegend der Sächsischen Schweiz sei er und finge an, als Mensch und Künstler aufzuatmen, schrieb der Komponist Richard Wagner 1846 von seinem Urlaub in Graupa. Heute heißt das Bauerngut, in dem er an seinem »Lohengrin« schrieb, nach der Oper. Das alte Jagdschloss enthält ein Wagner-Museum und einen Konzertsaal, in dem nicht nur Wagner erklingt. Dazu gibt es einen Kulturweg auf den Spuren des Meisters. Sehenswert sind auch die von dem Dresdner Architekten Emil Rudolf Kolbe errichtete Kirche und Sternwarte.
graupa-online.de

2 Malerweg

Der Fernwanderweg folgt den Spuren der romantischen Maler und führt vom Liebethaler Grund bei Pirna über die Bastei und den Lichtenhainer Wasserfall an die tschechische Grenze und von dort südlich der Elbe über Königstein wieder zurück nach Pirna. Entlang der insgesamt 112 Kilometer langen Strecke finden sich ausgewiesene »wandererfreundliche Unterkünfte«, die auf Etappenwanderer spezialisiert sind und teils Lunchpakete oder Gepäcktransfer anbieten. Daneben gibt es auch Pauschalangebote für »Wandern ohne Gepäck«. Als besonders kinderfreundlich gilt die Etappe von Stadt Wehlen über die Bastei zur Felsenbühne Rathen. Der Amselsee lädt zu Bootstouren ein.
saechsische-schweiz.de/malerweg

3 Sächsischer Weinwanderweg

Seit 2004 besteht der rechtselbische Weinwanderweg, der teils am Fluss, teils auf halber Höhe an steilen Weinhängen entlangführt. In sechs Tagesetappen von jeweils 15 bis 18 Kilometern können die insgesamt 90 Kilometer von Pirna nach Diesbar-Seußlitz gut bewältigt werden. Die unzähligen Strauß- und Besenwirtschaften, in denen man sich mit kleinen Appetithappen stärken und den Wein des Hauses verkosten kann, sind nicht nur willkommene

Links: Als »Sachsens Versailles« wird der Barockgarten Großsedlitz bezeichnet.

Unten: In Pirna lohnen die nahezu originalgetreu erhaltene Altstadt, die spätgotische Hallenkirche St. Marien und Schloss Sonnenstein einen Besuch.

MIT DEM BIKE

Elbe-Radweg

Als einer der reizvollsten und vielseitigsten Radwanderwege Europas gilt der etwa 1300 Kilometer lange Elbe-Radweg. Nicht ohne Grund wurde er vom ADFC mehrfach als Deutschlands beliebtester Radfernweg gekürt. Der Abschnitt O führt durch das reizvolle Elbsandsteingebirge, 51 Kilometer geht es von Schmilka an der tschechischen Grenze bis nach Dresden an der Elbe entlang und an zahlreichen sehenswerten Orten und Burgen vorbei.
elberadweg.de

Tour um den Königstein

Die knapp 20 Kilometer lange, aussichtsreiche Radtour beginnt und endet in Königstein. Am Schloss Thürmsdorf mit seinem Schlosspark lohnt sich ein kurzer Rundgang. Vom Biedermannschen Mausoleum bietet sich ein herrlicher Blick auf das Elbtal. Für den Besuch der Feste Königstein sollte man zwei Stunden einplanen. Unterwegs gibt es eine Einkehrmöglichkeit.
saechsische-schweiz.de/wanderungen/rund-um-den-koenigstein

Drei-Teiche-Tour

Start und Ziel der Radltour ist der Nationalparkbahnhof in Bad Schandau. Auf knapp 39 Kilometern sind rund 500 Höhenmeter zu überwinden. Man sollte sich rund vier Stunden Zeit nehmen.
saechsische-schweiz.de/wanderungen/drei-teiche-tour

Tour ins Pirnaer Hinterland

20 Kilometer, weitgehend autofreie Strecke und wenige Höhenmeter kennzeichnen die Tour ab Bahnhof Pirna. Unterwegs passiert man die Herrenleite, wo einst Sandstein abgebaut wurde. In der »Kleinen Sächsischen Schweiz« in Wehlen sind Bauwerke und Felsformationen der Region im Miniformat nachgebaut worden. Mit der Fähre gelangt man auf die linke Elbseite und radelt flussabwärts wieder nach Pirna.
saechsische-schweiz.de/wanderungen/tour-ins-pirnaer-hinterland

Tour um die Bastei

Trotz ihrer Kürze (fünf Kilometer) ist die Tour vom Basteiparkplatz bis zum Marktplatz in Wehlen sehr abwechslungsreich.Sie ist besonders für Anfänger und Genießer geeignet.
saechsische-schweiz.de/wanderungen/um-die-bastei-herum

Tipp: Fahrradbusse

Von Anfang April bis Ende Oktober verkehren auf ausgewählten Strecken im Elbland, der Sächsischen Schweiz und in der Oberlausitz Busse mit Fahrradanhängern, teilweise täglich bzw. an Wochenenden und Feiertagen.16 Fahrräder können transportiert werden, man benötigt dafür nur eine Fahrradtageskarte.
vvo-online.de/de/freizeit/fahrrad/fahrradbus-189.cshtml

Rastplätze, sondern neben der Landschaft die Hauptakteure der Strecke. Hier herrschen ursächsische Gemütlichkeit und herzliche Gastfreundschaft. Das weinrote Traubensymbol mit einem »S« darüber kennzeichnet die Wege.
weinwandern-sachsen.de

4 Barockgarten Großsedlitz
Hier erfreut ein fast unverändertes spätbarockes Gartenkunstwerk das Auge. Mit all den Terrassen, Treppen, Orangerien, Skulpturen, Brunnen und Wasserspielen wird der Park auch gern »Sachsens Versailles« genannt. August der Starke hatte 1723 das Areal von seinen besten Architekten gestalten lassen.
barockgarten-grosssedlitz.de

5 Schloss Weesenstein
Sachsens eigenwilligstes Schloss wurde von oben nach unten gebaut. Ältester Teil ist der Turm an der Spitze eines Bergkegels. Es folgten weitere Anbauten, u. a. eine prachtvolle Barockkapelle.
schloss-weesenstein.de

Caravanplatz Zum Liliensteinblick

Der familiäre Campingplatz am linken Ufer der Elbe bietet 15 Stellplätze sowie Strom, Dusche und WCs. Vom Fahrzeug aus genießt man den Blick auf das markante Sandsteinmassiv der Basteifelsen und den für die Sächsische Schweiz typischen Tafelberg Lilienstein. Direkt am Stellplatz vorbei verläuft der Elbradweg.
Elbweg 52, 01824 Kurort Rathen
caravanplatz-zum-liliensteinblick.de
GPS: N50.94415 E14.07977

1 Schlauchboot fahren
Ein Abenteuer mit viel Spaß und herrlichen Natureindrücken bietet eine Bootsfahrt auf der Elbe mit dem Schlauchboot. Schlauchboote mit und ohne Motor sowie Schwimmwesten kann man sich in der Stadt Wehlen mieten. Die Boote sind unsinkbar und für Binnenwasserstraßen zugelassen. An einigen Stationen an der Elbe werden auch Kajaks und Kanus vermietet.
elbe-adventure.de

2 Felsenbühne Rathen
Inmitten der Felsen des Elbsandsteingebirges liegt eine der schönsten Naturbühnen Europas. Das Repertoire bewegt sich zwischen Oper, Operette, Musical und Schauspiel. Highlights sind immer wieder die Karl-May-Stücke und »Der Freischütz« von Carl Maria von Weber.
landesbuehnen-sachsen.de

3 Felsenburg Neurathen
Über die Basteibrücke erreicht man die Relikte einer einstigen Burganlage, die spätestens im 13. Jahrhundert in die steilen Felsen hineingebaut wurde und wohl die Mark Meißen vor dem Heer der Böhmen sichern sollte. Beeindruckend ist vor allem die exponierte Lage. Von den Gebäuden selbst sind nur Fundamente erhalten, da Burg und Burgturm aus Holz und Fachwerk bestanden. Ein Wanderpfad führt an der Befestigungsanlage vorbei ins Tal; etwas länger, dafür aber romantischer und wilder ist der Weg durch die sogenannten Schwedenlöcher.
lohmen-sachsen.de

4 Bastei
Die fast 200 Meter hohe Felsformation gehört zu den größten Attraktionen der Sächsischen Schweiz. Von außen hat sie – wie ihr Name nahelegt – Festungscharakter, während sich im Inneren ein wahres Schluchtenlabyrinth auftut. Während man vom Gipfel des Felsens aus einen atemberaubenden Blick auf das Elbtal hat, bewegt man sich zu ihren Füßen in einer verwunschenen Welt. Entdeckt wurde diese Schönheit zu Beginn des 19. Jahrhunderts durch romantische Maler wie Caspar David Friedrich, die über den immer noch bestehenden Malerweg zur Bastei aufstiegen. Bereits 1826 errichtete man die erste hölzerne Brücke, die in rund 40 Meter Höhe die Kluft zwischen Bastei und Neurathener Felsentor überwindet. 1851 wurde sie durch die Sandsteinbrücke mit ihren sieben Bögen ersetzt.
saechsische-schweiz.de

5 Kletterwald Königstein
Direkt an der Festung Königstein lockt ein abwechslungsreicher Hochseilgarten. Acht Parcours mit 80 Kletterelementen in unterschiedlichen Höhen bis 15 Meter bieten verschiedenste Schwierigkeitsgrade. Bereits Kinder ab fünf Jahren können ihre Kletterfertigkeit testen. Geöffnet von April bis Ende Oktober.
kletterwald-koenigstein.de

Camping Königstein

Eine wunderbare Aussicht auf die Elblandschaft im Herzen der Sächsischen Schweiz bietet der Campingplatz in Königstein. Er ist ganzjährig geöffnet. Für eine Wanderung zur Bastei sind acht Kilometer zurückzulegen, die mit der S-Bahn um mehr als einen Kilometer verkürzt werden können.

Festung Königstein

Die Festung auf dem Königstein oberhalb des gleichnamigen Städtchens hat eine fast 800-jährige Geschichte aufzuweisen. Eine zunächst errichtete mittelalterliche Burg ging 1408 aus böhmischem Besitz in den der Wettiner Herrscher über. Ab 1589 erfolgte der Ausbau zur Sächsischen Landesfestung. In den folgenden Jahrhunderten entstanden Kasernen, Zeughäuser sowie Kasematten und sogar eine Garnisonkirche. Die Festung war Verteidigungsanlage und Zuflucht für die sächsischen Landesherren in Krisenzeiten, Kriegsgefangenenlager und Staatsgefängnis für Gefangene wie Johann Friedrich Böttger, Michael Bakunin und August Bebel. Seit 1955 ist das gesamte Areal ein militärhistorisches Freilichtmuseum. Heute wird die nie bezwungene Festung täglich von Touristen erobert. ***festung-koenigstein.de***

Rechts: Verschiedene Etappen auf der Elbe bieten sich auch zum Paddeln an.

Unten: Spektakulär ist der Blick von der Felsenburg Neurathen zur Basteibrücke und zum Lilienstein.

Mitte: Ausblick vom Lilienstein auf das Elbtal.

Unten: Die stark zerklüftete Felsgruppe der Schrammsteine erstreckt sich östlich von Bad Schandau.

Rechts: Regelmäßig wird das Wehr des Lichtenhainer Dorfbachs hochgezogen, um einen Wasserfall zu erzeugen.

Am Alten Sägewerk 1
01824 Königstein
camping-koenigstein.de
GPS: N50.92266 E14.08890

1 Lilienstein

Der 415 Meter hohe Gipfel, der zwischen Rathen und Bad Schandau in einer Elbschleife liegt, gilt als das Wahrzeichen der Sächsischen Schweiz. Das bewaldete Plateau, von dem aus man eine großartige Rundsicht hat, war vermutlich schon in der Bronzezeit besiedelt und trug später eine Burg. Heute ist die Westseite des Felsens ein beliebtes Klettergebiet, während an der Ostseite wieder Wanderfalken angesiedelt wurden. Wanderer können den Gipfel sowohl von der Fähre Halbestadt im Süden wie von Norden her erklimmen. Neulingen in Sachen Klettern sei die renommierte Kletterschule Lilienstein ans Herz gelegt, die von Grund- und Aufbaukursen, anspruchsvollen Höhlendurchsteigungen, Stiegentouren bis hin zu sicherungstechnischer Betreuung und Verleih von Ausrüstung alles bietet.
kletterschule-lilienstein.de

2 Kanu Aktiv Tours

Kanu Aktiv Tours in Königstein bietet Familien und Gruppen nicht nur

die Gelegenheit, mit Schlauch- oder Paddelboot, Kanadier oder Kajak die Elbe zu befahren, sondern auch per Leihrad auf Entdeckungstour zu gehen, Floß- und Bootspartys zu feiern oder Felshöhlen zu erkunden. Sport, Spaß und Abenteuer – jede Wette!
kanu-aktiv-tours.de

3 Felsenlabyrinth Langenhennersdorf

Von der Festung Königstein führt ein Forstweg zu einem Felsenlabyrinth, das Kindern (ab vier Jahren) ungetrübtes Klettervergnügen ohne Gefahren bietet. Die an den Wegrändern angebrachten Zahlen helfen bei der Orientierung. Für sehr große und kräftige Erwachsene können die Höhlen, Durchschlupfe und Felsspalten allerdings ein sehr enges Nadelöhr darstellen.

4 Sächsische Dampfschifffahrt

Mit ihrer größten und ältesten Raddampferflotte der Welt lädt die Sächsische Dampfschifffahrt zu Fahrten durch die Landschaft der südlichen Elbe ein. Neue (z. B. Heiraten an Bord), aber auch bewährte Angebote (Jazz- und Dixielandfahrten, Operettenfahrten, Seniorenfahrten, Sommernachtsfahrten mit Tanz und Büfett) sowie Linienfahrten werden auf der Flussstrecke zwischen Tetschen in Tschechien und Seußlitz angeboten.
saechsische-dampfschiffahrt.de

5 Flößersteig

Für Wanderer gibt es in der Sächsischen Schweiz ausreichend Touren unterschiedlicher Schwierigkeitsgrade, abwechslungsreiche Kurz-, Halb- und Ganztageswanderungen sowie barrierefreie Strecken für Rollstuhlfahrer. Eine lohnende Tour ist der Flößersteig: Wissenwertes über die Geschichte der Flößer sowie die Geologie des Elbsandsteingebirges erfährt man auf dem Lehrpfad »Flößersteig«, einer 16 Kilometer langen, nicht besonders anspruchsvollen Wanderstrecke von Bad Schandau nach Neumannsmühle entlang der Kirnitzsch.

Stellplatz Touristikzentrum Sebnitz

In direkter Waldnähe liegt dieser Campingplatz mit Wasch- und Duschmöglichkeiten und Naturbad.
Albert-Kunze-Weg 36
01855 Sebnitz
touristikzentrum-sebnitz.de
GPS: N50.94415 E14.07977

1 Schrammsteine

Zu den malerischsten Formationen des Nationalparks gehören die zerklüfteten Schrammsteine, die vor allem im Herbst durch den bunten Wald an ihrer Basis herrlich zur Geltung kommen. Der höchste der Gipfel ist mit 425 Meter der Hohe Torstein. Die Schrammsteine sind ein Paradies für Kletterer. Es gibt jedoch auch Wanderwege, etwa auf die Schrammsteinaussicht und über den Grat, die allerdings wegen der steilen, teils mit Leitern und Steigen gesicherten Aufstiege Trittsicherheit und Schwindelfreiheit erfordern.

2 Kletterstiege

Neben den klassischen Klettergipfeln gibt es in der Sächsischen Schweiz etliche Steige, mit deren Hilfe man beeindruckende Höhenunterschiede überwinden kann. Man sollte allerdings trittsicher und schwindelfrei sein und auch bergsteigerische Erfahrung mitbringen, um die Metalltritte, Griffe und Leitern im Stein souverän übersteigen zu können. Klettersteigausrüstung ist ratsam. Die Rotkehlchenstiege (150 Höhenmeter), die Häntzschelstiege (160 Höhenmeter) oder die 903 Stufen zählende Heilige Stiege (190 Höhenmeter) sind die beliebtesten.

3 Lichtenhainer Wasserfall

Das romantische Kirnitzschtal windet sich von Bad Schandau aus bergan. Mit einer solarbetriebenen Straßenbahn kann man bis zum Lichtenhainer Wasserfall fahren. Von dort aus führen weitere Wanderwege zu interessanten Felsformationen wie dem Kuhstall, den Affensteinen oder dem Großen Winterberg.

4 Boofen im Nationalpark

»Boofen« – noch nie gehört? Abgeleitet vom umgangssprachlichen Begriff »poofen«, bezeichnen vornehmlich Bergsportler und Kletterer so eine Übernachtung im Freien, und zwar ohne Zelt. Im Nationalpark Sächsische Schweiz gibt es 57 offiziell zugelassene Stellen, an denen es sich Frischluftfans mit Schlafsack und Isomatte unter dem Sternenhimmel bequem machen können.
saechsische-schweiz.info/elbsandsteingebirge/boofen.html

5 Wanderung mit Kahnfahrt

Von Hinterhermsdorf führt ein fünf Kilometer langer Wanderweg zur Oberen Schleuse, wo man von Mai und Oktober mit dem Kahn durch die Kirnitzschklamm fahren kann.
hinterhermsdorf.de/obere-schleuse.html

Schlösser, Burgen und Märchenwelten

Das Schaumburger Land bildet den nördlichsten Teil des Weserberglandes, das sich beiderseits der Weser bis nach Hannoversch Münden erstreckt. Schon früh besiedelt, hat sich hier eine reiche Kulturlandschaft entwickelt und erhalten. Neben gelebten Traditionen wie Trachten- und Handwerksfesten sind es vor allem die steinernen Zeugen der Vergangenheit, die einen Besuch der Region so reizvoll machen. Mühlen aller Art, Burgen, Schlösser, Klöster, Herrenhäuser und der für die Gegend so typische Baustil der Weserrenaissance prägen den Landstrich. 1975 wurde der Naturpark Weserbergland Schaumburg-Hameln gegründet, der rund 50 Kilometer südwestlich der Landeshauptstadt Hannover liegt. Verschiedenste Landschaftsformen treffen hier direkt aufeinander. Da gibt es das Naturschutzgebiet Hohenstein mit seiner 40 Meter in die Höhe ragenden Kalksteinwand, Bergzüge, die zum Klettern und Wandern sowie zum Wintersport einladen, Schlösser und Burgen, Deutschlands nördlichste Tropfsteinhöhle, Bergbaustollen und ausgedehnte Laubwälder, die sich im Herbst in einem farbenprächtigen Kleid präsentieren. Von 55 Metern geht es bis auf 441 Meter hinauf, die norddeutsche Tiefebene wird hier allmählich zur Mittelgebirgsregion. Auf Wander-, Rad- und Reitwegen kann der gesamte Naturpark Weserbergland wunderbar durchquert werden.

Der alte Weserstein markiert den Zusammenfluss von Fulda und Werra bei Hannoversch Münden, hier entspringt die Weser.

Espelkamp
Storchenrunde
Petershagen
Pollhagen
Sachsenhagen
Wunstorf
Garbsen
Seelze
Wiedensahl
Lindhorst
Haste
Hille
Lübbecke
Niedernwöhren
HANNOVER
Aue
Beckedorf
Suthfeld
Kanal-Kreuzfahrt 1
Helpsen
Stadthagen
Rodenberg
Ronnenberg
Hüllhorst
MINDEN
Kanzlers Weide
Offene Pforte Schaumburg 4
5 Naturerlebnispfad Alter Steinbruch Liekwegen
Barsinghausen
Gehrden
Schloss Bückeburg 3
Obernkirchen
Apelern
Lauenau
Kirchlengern
Porta Westfalica 2
Porta Westfalica
Bückeburg
Jahrtausendblick 5
Aue
Hülsede
Nienstädt
Deister
Wennigsen
Löhne
Bad Oeynhausen
Erholungsgebiet Doktorsee
Wohnmobilstellplatz Rinteln
Bad Münder
Springe
Wasserski und Wakeboard Kalletal 2
1
Rinteln
Hessisch Oldendorf
4 Süntel
3 Unterer Eisenhammer
Naturpark
Vlotho
HERFORD
Silixen
Waldbaden-Pfad Kalletal 4
Weserbergland,
Weserbergland-Wanderweg
Kalletal
Extertal
Campingplatz Hameln 1
3
Coppenbrügge
Osterwald
Schaumburg-
5 Ith-Hils-Weg
BAD SALZUFLEN
Rund um den Klüt
2 HAMELN
Hochzeitshaus
Hameln
Lüdenhausen
Leopoldshöhe
Lemgo
Dörentrup
Aerzen
Salzhemmendorf
Eime
Hämelschenburg 1
Weser
Marienhagen
Lage
Ith
Barntrup
Emmerthal
Duingen
Oerlinghausen
Donop
Draisine Bodenwerder 2
Halle
Reisemobilhafen in den Emmerauen
Bad Pyrmont
DETMOLD
Hehlen
Blomberg
Lügde
Bodenwerder
3 Münchhausen-Museum
Weser-Radweg
Kirchbrak
Eschershausen
Augustdorf
Bad Meinberg
Schieder
Vogler
Polle
4 Burg Polle
Lenne
Horn
Steinheim
Schwalenberg
Golmbach
Stadtoldendorf
Heinsen
5 Wanderung zur Orchideenwiese
Bevern
Deensen
Schlangen
Naturpark Eggegebirge
Holzminden
Heinade
Weserbergland
Nieheim
Marienmünster
Bad Lippspringe
Kloster Corvey
Dassel
Höxter 1
Naturpark
Altenbeken
Bellersen
Solling Funpark
PADERBORN
Stellplatz an der Freizeitanlage Höxter 2 Flusswandern
Solling
Lauenberg
Bad Driburg
und südlicher
Boffzen
Neuhaus
Solling-
Fürstenberg
3 Schloss Fürstenberg
Vogler
Brakel
Amelunxen
Großer Steinberg 491
Borchen
Ahle
Siddessen
Barockhafen Bad Karlshafen
Lauenförde
Uslar
Altenau
Willebadessen
4
Beverungen
Bad Karlshafen
Lichtenau
Nethe
Haarbrück
Bodenfelde
Teutoburger Wald
Kleinenberg
Bramwald
Borgentreich
Trendelburg
Oberweser
Adelebsen
Weser
Reinhardswald 5
Sindfeld
Daseburg
Diemel
Aachtalsperre
Warburg
Hofgeismar
Reinhardswald
Marsberg
Diemelstadt
Liebenau
Reinhardshagen
Dransfeld
Niemetal
6 km
Grebenstein
Gahrenberg 472
Scheden

Am Hang des Wittekindsberges thront das Kaiser-Wilhelm-Denkmal, Wahrzeichen der Stadt Porta Westfalica. Von hier eröffnet sich ein herrlicher Ausblick auf das Wesertal.

Kanzlers Weide

Mehr als 70 Plätze stehen auf diesem kostengünstigen Areal an der Weser zur Verfügung. Der Stellplatz verfügt über alle notwendigen Ver- und Entsorgungseinrichtungen und ist zu jeder Zeit anfahrbar. Er hat allerdings nur zwölf Stromanschlüsse. Über eine Fußgängerbrücke ist die Innenstadt von Minden in wenigen Minuten zu erreichen.

Hausberger Straße
32423 Minden
minden-erleben.de
GPS: N52.28948 E8.92659

1 Kanal-Kreuzfahrt

Eine gute Gelegenheit, das größte Wasserstraßenkreuz der Welt »auf der Durchreise« zu besichtigen: Die Fahrt führt über die Kanalbrücken des Wasserstraßenkreuzes auf dem Mittellandkanal über die Weser und in die Mindener Hafenanlagen. Dabei werden die Schachtschleuse, das Pumpwerk, die Kanalbrücke und der Südabstieg erläutert.
mifa.com

Minden blickt auf 1200 Jahre Geschichte zurück.

2 Porta Westfalica

Südlich von Minden durchbricht die Weser das Weserbergland und macht sich auf den Weg durch das Norddeutsche Tiefland in Richtung Nordsee. Hier überragt der 270 Meter hohe Wittekindsberg den Fluss, auf dessen Gipfel das monumentale Kaiser-Wilhelm-Denkmal thront. Von hier aus bietet sich ein grandioser Ausblick auf das Wesertal und hinaus in die Norddeutsche Tiefebene.

3 Schloss Bückeburg

Ein Triumphtor, ein goldener Saal mit Götterpforte – der Beiname Klein-Versailles scheint für das über 700 Jahre alte Residenzschloss nicht zu hoch gegriffen. Noch heute lebt Alexander Prinz zu Schaumburg-Lippe im Schloss, das neben historischen Prunksälen und traumhaften Gärten auch die Fürstliche Hofreitschule beherbergt.
schloss-bueckeburg.de

Rund um den Marktplatz von Rinteln reihen sich prächtige Fachwerkhäuser mit Erkern und Ornamenten. Die Altstadt gilt als Kleinod der Weserrenaissance.

4 Offene Pforte Schaumburg

Jedes Jahr öffnen mehr als 60 Gartenbesitzer im Schaumburger Land die Pforten zu ihren persönlichen Gartenparadiesen. Besucher können zu den angebotenen Terminen nicht nur die Gärten durchstreifen, sondern sich auch gleich noch mit Tipps rund um Pflanzen, Pflege und Gartengestaltung versorgen. Damit aus der Fülle der offenen Pforten diejenigen ausgewählt werden können, die den eigenen Interessen am ehesten entsprechen, steht jeder Garten unter einem Motto (z. B. Rosengarten, Stauden und Gehölze oder Sinnesgarten).
offene-pforte-schaumburg.de

5 Naturerlebnispfad Alter Steinbruch Liekwegen

Der ehemalige Sandsteinbruch in den nördlichen Bückebergen wurde wegen seiner Pflanzen- und Tiervielfalt zum Naturschutzgebiet erklärt. Auf einem 2,4 Kilometer langen Spazierweg sieht man hier im Sommer seltene Schmetterlinge wie den Schwalbenschwanz oder hört die Laute der Gelbbauchunke.
schaumburgerland-tourismus.de

Wohnmobilstellplatz Rinteln

Einen idyllischen Platz mit 40 Stellflächen am nördlichen Weserufer bietet die Stadt Rinteln ganzjährig für Reisemobilisten an. Der kostenpflichtige Platz ist sehr ruhig, dabei aber vorbildlich ausgestattet und weniger

AUSFLUGSZIELE

Westfälische Mühlenstraße

Sie mahlten Getreide für das tägliche Brot, Gerste für den abendlichen Humpen Bier und Flachs, um Öl zu gewinnen. Sie nutzten die Kraft von Wind, Wasser und Pferden. Mühlen als technisches Faszinosum, romantisch und doch bodenständig – das bietet die Westfälische Mühlenstraße, die in mehreren Routenvarianten rund um Minden auf 320 Kilometern zu 42 dieser Denkmäler führt. In Bad Oeynhausen steht die Hofwassermühle von 1772. In Hüllhorst warten eine Wassermühle, eine Windmühle sowie eine Rossmühle von 1797. Eine Fachwerk-Wassermühle von 1880 dreht sich in Preußisch Oldendorf. Vollständig restauriert präsentiert sich die Bockwindmühle von 1705 in Oppenwehe. Im Museumshof in Rahden ist eine Rossmühle, in der Nähe die älteste Bockwindmühle der Route (um 1650) zu sehen. Die Hochzeitsmühle Tonnenheide bietet sich als Standesamt an.
muehlenkreis.de

Oben: In Hameln dreht sich alles um den Rattenfänger wie hier beim Brunnen vor dem alten Postamt.

Unten: Am Ith-Hills-Weg bei Coppenbrügge ragen ganz unvermittelt die beiden Sandsteinfelsen Adam und Eva auf.

als einen Kilometer vom Zentrum entfernt.

Dankerser Straße 6
31737 Rinteln
weserdorf.de
GPS: N52.19348 E9.07693

1 Erholungsgebiet Doktorsee

Baden, angeln und Tretboot fahren – all das ist möglich am schönen Freizeitgelände Doktorsee bei Rinteln. Die große Wasserrutsche zieht vor allem junge Besucher an, während Erwachsene gern in der ausgedehnten Saunalandschaft »SeeSa« entspannen.
doktorsee.de

2 Wasserski und Wakeboard Kalletal

Wasserskiläufer, Trickski- und Wakeboard-Fahrer schätzen die 800 Meter lange Fünf-Mast-Anlage. Das Equipment kann ausgeliehen werden. April bis Ende Oktober.
wasserski-kalletal.de

3 Industriemuseum Unterer Eisenhammer

Von 1710 bis zum Beginn der Industrialisierung wurden in den Rintelern Eisenfabriken Bestecke und Scheren geschmiedet. Die Werkstatt im »Unteren Eisenhammer« produzierte noch bis 2004. Heute ist sie ein Museum und kann von April bis Oktober besichtigt werden.
heimatverein-exten.de

4 Waldbaden-Pfad Kalletal

Einmal den Wald mit allen Sinnen genießen, die Natur intensiv erleben – das kann man auf dem Waldbaden-Pfad Kalletal. Er verbindet den Waldspaziergang mit verschiedenen Übungen, die an zehn Stationen näher erläutert werden. Neben Entspannung, Stressabbau und Stärkung des Immunsystems und des allgemeinen Wohlbefindens bietet der Pfad auch Infos zum Ökosystem Wald und zum Thema Nachhaltigkeit.
teutoburgerwald.de

5 Jahrtausendblick

Auf dem ehemaligen Gelände der Erlebniswelt Steinzeichen wurde anlässlich der EXPO 2000 die Aussichtsplattform Jahrtausendblick erbaut. Hat man die 156 Stufen einmal überwunden, eröffnet sich ein herrlicher Ausblick über das Weserbergland. Das Gelände dient jetzt als Wanderpark, ein Biergarten lädt zur Einkehr ein.
jahrtausendblick.de

Campingplatz Hameln an der Weser

Mit ein wenig Glück findet sich hier ein Platz mit freiem Blick auf die Weser. Stromanschlüsse sowie eine Ver- und Entsorgungsstation vervollständigen die Anlage. Angeschlossen ist ein Restaurant mit spanischer Küche.
Uferstr. 80, 31787 Hameln
campingplatz-hameln.de
GPS: N52.10934 E9.34747

1 Hameln

Wer »Hameln« hört, denkt unweigerlich an den berühmten Rattenfänger. Dabei hat die hübsche Stadt inmitten der Natur des Weserberglandes so viel mehr zu bieten. Zum Beispiel eine malerische Altstadt und einige Schmuckstücke der Weserrenaissance. Auf das Pflaster gemalte Ratten leiten den Besucher zu den Sehenswürdigkeiten der Altstadt. Dazu gehören die Garnisonskirche und zwei Türme, Überreste der mittelalterlichen Stadtbefestigung. Das Rattenfängerhaus wurde im Stil der Weserrenaissance Anfang des 17. Jahrhunderts erbaut. Rund 300 Jahre später bekam es seinen Namen, nachdem man eine Inschrift fand. Diese kann durchaus als Augenzeugenbericht des Verschwindens der Hamelner Kinder aus der Stadt gedeutet werden.
hameln.de

2 Hochzeitshaus Hameln

Der bedeutende, reich geschmückte Weserrenaissancebau diente früher als Festhaus der Bürger. Mit dem Einzug des Standesamts wird hier jetzt auch geheiratet.

3 Weserbergland-Wanderweg

Der äußerst reizvolle »Weserbergland-Wanderweg« führt vom Geburtsort der Weser in Hannoversch Münden bis zur Porta Westfalica (etwa 225 Kilometer). Man benötigt dazu etwa zehn Tage. Freilich kann man auch kürzere Strecken wählen, etwa die 11. Etappe, die von Hameln nach Rohdental durch wunderschöne Natur führt. Ein Highlight auf dieser Strecke sind dank der grandiosen

MIT DEM BIKE

Rund um den Klüt

Der Naturpark ist für Radfahrer bestens erschlossen. Vier Rundwege widmen sich je einem Schwerpunktthema. So zum Beispiel die etwa 33 Kilometer lange Route »Rund um den Klüt«: Sie beginnt in Hameln und umrundet den 258 Meter hohen Hausberg der Stadt. Über Groß und Klein Berkel geht es zurück nach Hameln.
weserbergland-tourismus.de

Weser-Radweg

Der 500 Kilometer lange Radweg führt von Hannoversch Münden bis Cuxhafen und zählt zu den beliebtesten Radwanderwegen in Deutschland. Er verläuft meist abseits der Hauptverkehrsstraßen und bietet eine vielfältige Flusslandschaft mit Burgen und Schlössern, Märchen- und Sagengestalten und historischen Altstädten.
weserradweg.de

Solling Funpark

Der Park ist ein Mountainbike-Paradies. 760 Kilometer ausgewiesene Strecken sprechen für sich. Verschiedene Touren stehen zur Wahl, darunter die 60,5 Kilometer lange Route »Drei-Länder-Blick«. Adrenalin pur verspricht ein Besuch im Solling Funpark mit Downhill- und Rennstrecken.
ddmc-solling.de

Storchenroute

Die Stadt Petershagen nennt sich stolz »Storchen-Hauptstadt« und arbeitet unermüdlich daran, den Lebensraum von Meister Adebar zu erhalten und zu verbessern. Mehrere Storchenpaare entlang der Weser nisten in ihren Horsten; der Fahrradweg Storchenroute führt an den Standorten vorbei und informiert über die Vögel.
reiseland-niedersachsen.de/erleben/radfahren/radfernwege-und-radtouren/storchenroute

Aussicht die Hohenstein Klippen. Mit 27 Kilometern ist diese Etappe des Weserbergland-Wanderwegs nicht gerade kurz, aber lohnt sich auf jeden Fall.
weserbergland.com

4 Süntel

Bis zu 440 Meter ragt der Mittelgebirgsstock namens Süntel im Weserbergland in die Höhe. Während Wanderer die gut beschilderten Wege mit Ausblicken auf Wildbäche, Wasserfälle oder Schluchten schätzen, haben es Kletterern die schroffen Felshänge angetan. Zwei bedeutende Höhlen, die Riesenberghöhle und die Schillat-Höhle, durchziehen den Berg. In mehreren Steinbrüchen wird Süntelsandstein abgebaut. In der Schillat-Schauhöhle in Hessisch-Oldendorf vergeht die Zeit wie im Flug: Ein gläserner Aufzug bringt Besucher der Höhle in 45 Meter Tiefe, während die passierenden Gesteinsschichten die Geschichte der Erdzeitalter verraten.
westliches-weserbergland.de

5 Ith-Hils-Weg

Im östlichen Weserbergland wartet eine sportliche Herausforderung, die neben einer guten Kondition auch festes Schuhwerk und Trittsicherheit erfordert. Der Wanderer wird aber dafür mit spektakulären Weitblicken, Bergkämmen, Felsformationen, Seenlandschaften und Tropfsteinhöhlen belohnt. Der komplette Ith-Hils-Rundweg ist 82 Kilometer lang, gut beschildert und bietet ausreichend Übernachtungsmöglichkeiten. Start und Ende ist in Coppenbrügge. Man kann Pauschaltouren über die gesamte Strecke buchen oder sich die sieben Etappen auf eigene Faust erschließen.
ith-hils-weg.de

Links: Bodenwerder war der Geburtsort und langjährige Wohnsitz des Freiherrn von Münchhausen.

Links unten: Blick über den Schlossteich zum Schloss Hämelschenburg.

Rechts: Das 822 gegründete Kloster Corvey gehört zum Weltkulturerbe.

Reisemobilhafen in den Emmerauen

In unmittelbarer Nähe zum Tierpark befindet sich dieser in den Sommermonaten mit Palmen bestückte Stellplatz für 65 Fahrzeuge. Mit gelegentlichem Löwengebrüll und Affengeschrei im Hintergrund ist das Safarigefühl gleich da. Der kostenpflichtige, ganzjährig nutzbare Platz ist vorbildlich eingerichtet. Mit der Entrichtung einer Stellplatzgebühr erhält man kostenlosen Eintritt ins Freibad, in die Therme und ins Museum.

Hauptmann-Boelcke-Weg
31812 Bad Pyrmont
badpyrmont.de
GPS: N51.98046 E9.25247

1 Schloss Hämelschenburg

Das Renaissanceschloss Hämelschenburg ist seit dem 15. Jahrhundert in Privatbesitz. Es ist mit Wirtschaftsgebäuden, Kapelle und Gartenanlagen Teil eines Rittergutes, das bis heute von der Familie von Klencke bewirtschaftet wird. Äußerlich ist das Wasserschloss seit seiner Errichtung nahezu unverändert. Im Inneren haben Generationen von Klenckes wertvolle Möbel und Gemälde aus mehreren Jahrhunderten zusammengetragen. Sie können im Rahmen einer Führung besichtigt werden.
schloss-haemelschenburg.de

2 Draisinentour Bodenwerder

Draisinenfahrer müssen über ordentlich Muskelkraft verfügen, denn die Draisine will auf der 5 Kilometer langen Strecke von Bodenwerder nach Dielmissen ordentlich »gepumpt« werden – vier haben die Arbeit, acht können entspannt die Fahrt entlang der Lenne genießen.
3sine.net

3 Münchhausen-Museum

Wer die weltberühmten Geschichten des Barons Hieronymus von Münchhausen nochmals nachlesen will, kann das in den 1400 Buchausgaben des Museums Bodenwerder in 48 Sprachen tun. Jedes Jahr von Mai bis Oktober (erster Sonntag im Monat um 15 Uhr) erwacht der unvergleichliche Baron Münchhausen in Bodenwerder beim Münchhausen-Freilichtspiel zu neuem Leben. Der Spielort ist vor dem Rathaus.
weserbergland.com

4 Burg Polle

Auf Burg Polle ist die Märchenfigur Aschenputtel offiziell zu Hause und besitzt hier sogar ein eigenes Zimmer. Nach vorheriger Anmeldung sind Führungen durch die Burg möglich, bei der neben märchenhaften auch historische Fakten vermittelt werden. Außerdem bleibt genug Zeit, um die herrliche Aussicht zu genießen.
polle-weser.de

5 Wanderung zur Orchideenwiese

Nirgendwo sonst in Norddeutschland sind so viele »Frauenschuhe« zu finden wie auf den Wiesen am Burgberg. Gemeint ist eine Orchideenart. Auf einem 4,5 Kilometer langen Rundweg lassen sich die zauberhaften Blumen, die hier ideale Wachstumsbedingungen vorfinden, im Frühsommer betrachten. Man startet am besten auf dem Wanderparkplatz »Schullenhufe« an der B64 zwischen Negenborn und Bevern.

Links: Schloss Fürstenberg hoch über der Weser ist für seine Porzellanmanufaktur berühmt.

Links unten: Schon Goethe war von der Fachwerkstadt Hannoversch Münden begeistert.

Rechts: Das ehemalige Lagerhaus am historischen Hafenbecken ist heute das Rathaus von Bad Karlshafen.

Stellplatz an der Freizeitanlage Höxter

Südlich im Ortsteil Godelheim, befindet sich am Rande einer Freizeitanlage mit einigen Seen ein vorbildlich eingerichteter und relativ großer Reisemobilplatz. Er ist kostenpflichtig und jederzeit anfahrbar.

Godelheimer Straße 33
37671 Höxter
hoexter-tourismus.de
GPS: N51.76049 E9.37699

1 Kloster Corvey

Das im Jahr 822 von Ludwig dem Frommen, dem Sohn und Nachfolger Karls des Großen, im heute nordrhein-westfälischen Höxter an der Weser gegründete Benediktinerkloster Corvey verfügt über das einzige erhaltene Zeugnis des karolingischen Bautyps Westwerk aus dieser Zeit. Ebenfalls zum Weltkulturerbe ernannt wurde die Civitas Corvey – der ehemals befestigte Klosterbezirk und die aus karolingischen Siedlungskernen um ihn herum gewachsene hochmittelalterliche Stadt im Umfeld des Westwerks, auf die bereits eine aus der Gründungszeit des Klosters stammende Inschriftentafel verweist. Noch im Gründungsjahr 822 wurde der Grundstein zur 22 Jahre später, 844, geweihten karolingischen Abteikirche in Corvey gelegt.

2 Flusswandern

Die Weser gilt als einer der beliebtesten Flüsse in Deutschland für Flusswanderungen mit dem Kanu. Ohne Stromschnellen, Wehre und Co. geht es entspannt voran, der sportliche Spaß in der Gruppe ist garantiert. Organisierte Bootstouren und Kanuverleih bietet z. B. Till Merkord.
kanute.de/kanutouren/weser.php

3 Schloss Fürstenberg

Herzog Carl I. von Braunschweig ordnete 1747 an, im Jagdschloss Fürstenberg eine Manufaktur zur Herstellung von Porzellan einzurichten. Drei Jahre später wurde bereits in Serie produziert. Fürstenberger Porzellan entwickelte sich zur Marke, erkennbar seit 1753 an dem blauen »F«. Das »weiße Gold der Weser« kann in der Manufaktur und im Museum Schloss Fürstenberg besichtigt und erworben werden.
fuerstenberg-schloss.com

4 Barockhafen Bad Karlshafen

Im 19. Jahrhundert wurde der historische Binnenhafen der Barockstadt vom Weserzugang abgeschnitten. Seit 2019 macht eine neu gebaute Schleuse die Einfahrt für kleinere Jachten, Sportboote und Kanus in den Hafen wieder möglich.
bad-karlshafen-tourismus.de

5 Reinhardswald

Nordhessen ist Märchenland: Hier lebten die Brüder Grimm und sammelten ihre Geschichten. Wer sich auf die Suche nach den märchenhaften Orten begeben möchte, wird im Reinhardswald, dem »Schatzhaus der europäischen Wälder«, fündig.
naturpark-reinhardswald.de

AUSFLUGSZIELE

Hannoversch Münden

Die Dreiflüssestadt, an der sich Werra und Fulda zur Weser vereinen, heißt aufgrund der häufigen Verwechslungen mit anderen Städten offiziell Hann. Münden. Hier ist der Zusammenfluss der Gewässer seit 1899 mit dem Weserstein markiert, ein 70-Zentner-Brocken mit einer Inschrift. Der Naturforscher Alexander von Humboldt schwärmte von der schönen Fachwerkstadt ebenso wie Goethe. Legendär wurde die Stadt auch durch den barocken Wanderarzt Doktor Eisenbart, der 1727 in der Stadt verstarb. Für die einen war er ein Wunderheiler, für die anderen ein Quacksalber. Ein Glocken- und Figurenspiel vom Giebel des Rathauses gibt dreimal täglich ein Spottlied auf den berühmten Doktor zum Besten.

Immer am Wasser

Die Mecklenburg-Vorpommern, Brandenburg, Berlin und Sachsen-Anhalt durchfließende Havel wird gewöhnlich in drei Abschnitte gegliedert. Oberhalb Berlins ist die Havel eher als Flüsschen denn als Fluss zu bezeichnen. Das verträumt dahinfließende Gewässer gleitet vorbei an so malerischen Orten wie Fürstenberg und Himmelpfort. Zum größten rechtsseitigen Zufluss der Elbe wird die Havel erst mit Aufnahme der Spree, die im Berliner Stadtteil Spandau in die Havel mündet. Die mittlere Havel ist der belebteste und auch bekannteste Teil der Havel. Zwischen Spandau und Brandenburg durchfließt die Havel zahlreiche Becken, die während der letzten Eiszeit durch das Inlandeis geschaffen wurden. Heute reiht sich in diesem Abschnitt ein See an den anderen. Kein Wunder, dass Preußens Könige hier ihr »Arkadien« suchten: Sie errichteten in Potsdam und der Umgebung zahllose Parks und Schlösser, die oft auf die Havel und ihre Seen ausgerichtet wurden. Die mittlere Havel umspült das sogenannte Havelland, das sich nördlich dieses Flussabschnitts erstreckt. An der unteren Havel wird es stiller. Der Schiffsverkehr nimmt ab und der Fluss führt durch naturbelassene Landschaften wie den Naturpark Westhavelland.

Der Spreewald, das beliebteste Ausflugsziel der Berliner, liegt keine Autostunde südöstlich der Stadt auf dem Weg Richtung Cottbus und ist nicht nur für seine sauren Gurken bekannt: Der Spreewald wird von einem 1000 Kilometer langen Netz aus rund 300 Wasserläufen, sogenannten Fließen, durchzogen. 1991 wurde das Gebiet von der UNESCO zum Biosphärenreservat erklärt, um den Lebensraum für rund 18000 Pflanzen- und Tierarten zu schützen.

Die Halbinsel Hermannswerder in der Havel bei Potsdam lässt sich gut mit dem Kanu umrunden.

Naturpark Westhavelland
Friesack
Kremmen
Oranienburg
Wandlitz
Biesenthal
Bad Freienwalde
Mieszkowice
Oderbruch
Rathenow
Schloss Ribbeck
Nauen
Havelland-Radweg
Natur- und Sternenpark Westhavelland
Premnitz
Regattastrecke Beetzsee
Stadtmarina Brendenburg
BRANDENBURG
Baden im Breitlingsee
Velten
Hennigsdorf
Falkensee
Bernau
Werneuchen
Strausberg
Naturpark Märkische Schweiz
Müncheberg
Seelow
BERLIN
Rüdersdorf
Erkner
Panoramaweg Werderobst
Pfaueninsel
Strandbad Wannsee
Werder
POTSDAM
Potsdam
Havel-Radweg
Campingplatz Himmelreich
Dreiseentour per Kanu
Fürstenwalde
FRANKFURT (ODER)
Königs Wusterhausen
Lehnin
Ludwigsfelde
Bad Saarow-Pieskow
Scharmützelsee
Naturpark Hoher Fläming
Beelitz
Zossen
Naturpark Dahme-Heideseen
Beeskow
Bad Belzig
Gläserne Molkerei Münchehofe
Spree-Radweg
Halbinsel Raatsch
Treuenbrietzen
Luckenwalde
Tropical Islands
Jüterbog
Schlemmen im Spreewald
Biosphärenreservat Spreewald
Lübben
Spreewald-Camping Lübben
Holländerwindmühle Straupitz
Naturpark Schlaubetal
Naturpark Fläming
Coswig
LUTHERSTADT WITTENBERG
Freilandmuseum Lehde
Lübbenau
Schwimmen mit Pinguinen
Adventure Minigolf
Arnei- und Gewürzpflanzeng.
Burg
Stand up Paddeling
Eisenhütten- und Fischereimuseum
Slawenburg Raddusch
Gurken-Radweg
COTTBUS
Gräfenhainichen
Naturpark Niederlausitzer Landrücken
Caravanstellplatz Spreeauenpark
Schloss Branitz
Bitterfeld
Finsterwalde
10 km

Die Havel bei Potsdam zählt zu den beliebtesten Revieren für jede Art von Sportbooten. Wasserfreunde schätzen auch Fahrten mit einem Hausboot oder Floß.

Stadtmarina Brandenburg

Am wohl schönsten Stellplatz Brandenburgs sind alle notwendigen Ver- und Entsorgungseinrichtungen vorhanden, inklusive Duschen, Waschmaschinen, Trockner, Küche und WiFi, Grillecke und Zugang zum Badesee. Der ruhige Platz für maximal 30 Wohnmobile ist ganzjährig geöffnet. Es bieten sich Tagesausflüge per Hausboot auf den Havelländischen Seen an.

Am Hafen 7
14770 Brandenburg an der Havel
stadtmarina-brandenburg.de
GPS: N52.42499 E12.55440

1 Regattastrecke Beetzsee

Seit 1969 finden an der Naturregattastrecke an der Havel nationale und internationale Wettkämpfe statt. Besucher haben von mehreren Tribünen aus besten Blick auf die Strecke und können Kanuten, Ruderern oder Motorbootsportlern die Daumen drücken. Aktuelle Informationen zu stattfindenden Veranstaltungen unter www.stadt-brandenburg.de.

2 Baden im Breitlingsee

Der Strand Malge am Breitlingsee ist ein beliebtes Ausflugsziel von Brandenburg. Von Mai bis September verkehrt von der Stadt sogar eine Fähre. Fahrradfahrer erreichen den Naturbadeplatz auf dem Havelradweg sowie auf der 7-Seen-Tour. Es stehen Parkplätze, ein WC und ein Ausflugslokal zur Verfügung. Die Stadt Brandenburg kontrolliert regelmäßig die Wasserqualität.
dein-havelland.de/poi/
strand-malge-am-breitlingsee

3 Natur- und Sternenpark Westhavelland

Dieser Park ist ein Ort der Superlative: Im gesamten westlichen Mitteleuropa findet sich im Binnenland kein größeres zusammenhängendes Feuchtgebiet. Brandenburgs größter Naturpark ist er mit 1315 Quadratkilometern ohnehin. Nur 70 Kilometer vom dicht bevölkerten Berlin entfernt, ist davon hier nichts zu spüren. In großer Zahl trifft man höchstens auf Wat- und Wasservögel, die ein optimales Brutgebiet vorfinden. Zudem darf sich das Westhavelland als erste Region Deutschlands »Sternenpark« nennen. Beste Voraussetzung also für das ungestörte Beobachten des Nachthimmels. Auf der Homepage finden sich viele Tipps dazu und eine Karte mit den besten Beobachtungsplätzen.
sternenpark-westhavelland.de

4 Rathenow

Die fast 800-jährige Stadt war eines der ersten Zentren der optischen Industrie in Deutschland. Zu den Sehenswürdigkeiten der im Krieg stark zerstörten Stadt zählen der wiederaufgebaute Bismarckturm und ein weltweit einzigartiges Großfernrohr.
rathenow.de

5 Schloss Ribbeck

Theodor Fontane selbst war nie in Ribbeck, doch den kleinen Ort hat er mit seiner Ballade über den »Herrn von Ribbeck auf Ribbeck im Havelland« berühmt gemacht. Anlässlich des Fontane-Jahres 2019 wurde ein Museum im neobarocken Schloss eröffnet, das einst der Wohnsitz der Familie Ribbeck war.
schlossribbeck.de

Schloss Sanssouci gehört wie alle anderen 16 Prachtbauten in Potsdam zum UNESCO-Weltkulturerbe. Keine andere Stadt in Deutschland zählt mehr Schlösser pro Einwohner.

Campingplatz Himmelreich

Die schöne Lage auf der Wentorf-Insel zwischen Templiner und Petzinsee sowie die großen Plätze, die sich teilweise direkt am Seeufer befinden, machen den besonderen Reiz dieses Platzes aus. Mit dem Fahrrad ist man schnell in Potsdam, bis zum Schloss Sanssouci sind es nur zehn Kilometer.

Wentorfinsel 38, 14548 Caputh

berlin-potsdam-camping.de
GPS: N52.35399 E12.99132

1 Dreiseentour per Kanu

Mit dem Kanu geht es von Wassersport Bothe in Caputh (siehe auch: boote-caputh.de) aus auf eine Tour in den Schwielowsee und von dort über den Wentorfgraben in den Petzinsee. Ziel der Tour ist der Templiner See.
reiseland-brandenburg.de

Die Altstadt von Rathenow liegt auf einer von der Havel umflossenen Insel.

2 Panoramaweg Werderobst

Ob Baumblüte oder erntereife, dicht behangene Obstbäume – der Panoramaweg Werderobst und die damit verbundenen vielen kleinen Hofläden haben von Frühjahr bis Herbst Saison. So wartet der Obsthof Lindicke zum Beispiel mit einem Selbstpflückangebot und einem Hofladen oder der Lehrpfad mit 80 verschiedenen Rebsorten auf. Die erlesenen Weine werden unter anderem in der Straußenwirtschaft Weintiene (Wachtelwinkel 30, 14542 Werder) auf dem Werderaner Wachtelberg ausgeschenkt. Und wer Lust hat, kann sogar Pate eines der Rebstöcke werden.

Von Werder geht es Richtung Westen bis nach Groß Kreutz, Streckenverlauf und weitere Infos unter havelland-tourismus.de

3 Potsdam

Die Hauptstadt des Landes Brandenburg ist gleichzeitig seine größte touristische Attraktion. Die mehr als 1000 Jahre alte Stadt an den Seen der Havel erlebte ihren Aufschwung, als sich ab 1640 die Hohenzollern dort ihre neben Berlin wichtigste Residenz errichteten. Einzigartig ist die Ensemblewirkung der Parkanlagen, die über Jahrhunderte unter preußischen Kurfürsten, Königen und Kaisern entstanden. Neben den Schlössern und Parks sind es vor allem die barocken Stadtanlagen, das Holländische Viertel, die russische Siedlung Alexandrowka und die hübschen Villenvororte, die Potsdam sein einzigartiges Flair verleihen. In den vergangenen Jahren sind erhebliche Anstrengungen zur Wiederherstellung des alten Glanzes unternommen worden.

Die weltberühmten Schlossbauten und der Park von Sanssouci sind ein außergewöhnliches Ensemble von Architekturschöpfungen und Landschaftsgestaltung des 18./19. Jahrhunderts. Mit seinem plastischen Schmuck und der reichen Ausstattung gilt es als ein Hauptwerk des deutschen Rokoko.
potsdam.de

4 Pfaueninsel

Als UNESCO-Welterbe bewahrt die Pfaueninsel im Berliner Wannsee nicht nur architektonisches Kulturgut, sondern auch eine einzigartige Naturlandschaft. Die mitunter exotische Flora der Insel passt zum historischen Kontext, denn als die Insellandschaft angelegt wurde, waren gerade die Südseeinseln entdeckt worden. Die frei laufenden Pfauen sind auch heute noch spektakulär. Besucher gelangen per Fähre auf die Insel.
pfaueninsel.info

5 Strandbad Wannsee

Das am Ostufer des Großen Wannsees gelegene städtische Strandbad (Frühjahr bis Herbst geöffnet) ist das größte seiner Art in Europa.

Links: Ein Highlight des Strandbads Wannsee ist der 1,2 Kilometer lange und 80 Meter breite Strand.

Unten: Die Pfaueninsel im Wannsee bezaubert durch ihre exotische Flora.

Rechts: Über 100 Seen laden im Naturpark Dahme-Heideseen zur Entdeckung ein.

Wannseebadweg 25, Berlin-Zehlendorf, www.berlinerbaeder.de. Infos zu den Badeseen Brandenburgs: www.brandenburg.de

Halbinsel Raatsch

Idyllisch mitten im Neuendorfer See auf der Halbinsel Raatsch liegt der gleichnamige, 100 000 Quadratmeter große Campingplatz. Zu den Einrichtungen zählen 150 Touristenplätze, Sanitäranlagen, Waschmaschinen, Restaurant und Bootsverleih. Camper sind das ganze Jahr über willkommen.

Raatschweg
15913 Märkische Heide
halbinsel-raatsch.de
GPS: N52.11554 E13.93782

1 Scharmützelsee

Von oben gesehen bildet der Scharmützelsee mit dem Großen Storkower See, mit dem er auch über einen Kanal verbunden ist, ein lang gezogenes V in der Landschaft. Der Rinnensee entstand bereits während der Eiszeit. Besuchern der Region steht ein reichhaltiges Programm an Unternehmungen zur Verfügung, angefangen von Wanderwegen und Radwanderwegen, die rund um den See führen, über vier Fahrgastschiffe, die regelmäßige Touren anbieten, bis hin zu mehreren Häfen und Bootsanlegestellen für aktive Wassersportler. Saunafreunde genießen den Charme des Sees bei einem Besuch des Satama Sauna Resort & Spa direkt am Südufer. Zehn verschiedene Saunen bietet das Resort, das mit Aromatherapie, zahlreichen Ruhebereichen und Entspannungsaufgüssen zu einer wohltuenden Auszeit vom Alltag einlädt. Nach dem Schwitzen kann man im Saunagarten mit Seezugang entspannen und den Seeblick genießen.
satama-saunapark.de

2 Naturpark Dahme-Heideseen

Südöstlich von Berlin liegt der knapp 600 Quadratmeter große Naturpark Dahme-Heideseen. Sein Name ist Programm: Über 100 Seen gehören zu dem Gebiet, dazu Moor- und Sumpflandschaften, Wiesen und Felder und dichte Eichen- sowie Erlenbruchwälder. Nicht zu vergessen die Dahme, ein Nebenfluss der Spree. Das Wappentier des Parks ist der Walker, ein Verwandter des Maikäfers. Sein Zuhause sind Dünen, Kiefernwälder und sandiger Boden. Das alles findet er hier reichlich. Außer ihm gibt es Eisvögel, Fisch- und Seeadler, Kraniche und Fischotter. Reizvoll ist die Kombination aus unberührt scheinender Natur und den Spuren verschiedener Besiedlungsphasen. Frühe Zeugen der Vergangenheit sind die Rundlingsdörfer der Wenden. Später kamen Gutshäuser und Wasserschlösser hinzu.
dahme-heideseen-naturpark.de

3 Gläserne Molkerei Münchehofe

In der Bio-Meierei können Besucher miterleben, wie Butter und Käse hergestellt werden. Führungen mit Voranmeldung. Angeschlossen sind ein Themengarten und ein Hofladen (geöffnet Montag–Freitag 10–17 Uhr, Sa 9–13 Uhr).
glaeserne-molkerei.de

4 Tropical Islands

Entspannen unter Palmen – wer an malerischen Sandstränden lustwandelt, tropische Südsee-Luft einatmet und den Blick über den azurblauen Ozean schweifen lässt, für den rückt

der Alltag schnell in weite Ferne. In exotische Länder mit Traumkulissen zu reisen, ist nicht immer möglich. Deshalb kommt das Tropical Islands Resort im brandenburgischen Krausnick gerade recht. Hier lässt es sich an 365 Tagen im Jahr unter exotischen Palmen relaxen. Mit feinem weißem Sandstrand unter den Füßen und einem Cocktail in der Hand kann man einen Spaziergang durch den größten Indoor-Regenwald mit mehr als 50 000 Pflanzen machen. Man taucht in exotische Welten ein und lässt seine Gedanken in die Ferne schweifen. Oder man entspannt im tropischen Sauna- und Spabereich und regeneriert bei Licht- und Klang-Therapie oder in der Kräuterschwitzhütte.
tropical-islands.de

5 Schlemmen im Spreewald

Das berühmteste Produkt des Spreewaldes sind natürlich die eingelegten Gurken. Sie wurden schon im 19. Jahrhundert in alle Welt exportiert. Mit ihren schwarzen, besonders humusreichen und feuchten Böden ist die Gegend zwischen Schlepzig und Lübbenau besonders gut für den Anbau der anspruchsvollen grünen Kürbisgewächse geeignet. Spreewälder Gurken gelten als besonders knackig. Sie werden zwischen Juni und September laufend in unreifem Zustand geerntet und dann mit einem kochenden Essig-Kräuter-Sud übergossen.
Aal, Barbe, Karpfen, Zander, Hecht, Schlei, Quappe oder Wels – die Gewässer im heutigen Biosphärenreservat Spreewald bieten von alters her aber auch Lebensraum für viele Arten von Fischen. Entsprechend zahlreich sind die Rezepte zur Zubereitung der Flossenträger. Als großer Erlebnismarkt mit Spreewälder und Brandenburger Erzeugnissen präsentiert sich alle Jahre am zweiten Wochenende im August der Gurkentag in Golßen. An über 100 Ständen finden die Besucher auf dem Frischemarkt allerlei Spezialitäten und Köstlichkeiten sowie traditionelles Handwerk und sorbisches Brauchtum. Natürlich darf die Spreewälder Gurke in ihren unterschiedlichen Geschmacksrichtungen ebenso wenig fehlen wie die Krönung des Spreewälder Gurkenkönigspaares.

Oben: Warum in die Ferne reisen, wenn die Tropen so nahe liegen wie im Tropical Islands Resort im Berliner Umland?

Mitte: Die Stadtmauer und einige historische Gebäude zeugen von Lübbens 850-jähriger Geschichte.

Unten: Die Holländerwindmühle Straupitz ist die letzte noch betriebene Dreifachwindmühle Europas.

Spreewald-Camping Lübben

Der von Laubbäumen umgebene Campingplatz liegt am Stadtrand von Lübben, das Zentrum erreicht man in wenigen Gehminuten. Alle 140 Stellplätze verfügen über einen Elektroanschluss. Wer keine Campingausrüstung mitbringt, kann in einer Finnhütte, einem Gurkenfass oder einem Strandcaravan übernachten. Neben modernen Sanitäreinrichtungen gibt es auch Waschmaschinen, Trockner und Küche sowie ein Restaurant. Geöffnet von Mitte März bis Ende Oktober.

Am Burglehn 10, 15907 Lübben
spreewald-camping-luebben.de
GPS: N51.93670 E13.89470

1 Lübben

Die einstige Hauptstadt der Niederlausitz ist das Tor zwischen Ober- und Unterspreewald. Im Schloss aus dem 17. Jahrhundert informiert das Stadt- und Regionalmuseum über die Geschichte des Spreewalds vom Faustkeil bis zur Gewürzgurke. Aber auch die Räumlichkeiten selbst sind einen Besuch wert. Neu gestaltete Parkanlagen wie die Schlossinsel mit Klanggarten und Wasserspielplatz oder die »Spreelagune« dienen als Brücke zur reichen Natur des Spreewaldes, die sich von hier aus gut erkunden lässt.
luebben.de

2 Holländerwindmühle Straupitz

Am Nordrand des Spreewaldes findet sich die letzte noch arbeitende Windmühle mit Dreifachgewerk. Die Mühle von Straupitz kann sägen, Mehl mahlen und Öl pressen, wobei die Produktion von Leinöl heute das Hauptgeschäft ist. Angeschlossen sind eine Gaststube und ein Direktverkauf.

3 Freilandmuseum Lehde

Das Freilandmuseum ist dem Leben im Spreewald des 19. Jahrhunderts gewidmet. Das kleine Inseldorf bei Lübbenau ist heute komplett unter

MIT DEM BIKE

Havel-Radweg

Die Strecke folgt dem Fluss von seinem Ursprung in Mecklenburg-Vorpommern bei Ankershagen bis zur Mündung in die Elbe bei Gnevsdorf. Auf den über 370 Kilometern ist ruhiges Genussradeln angesagt, denn die Havel fließt gemächlich dahin und der Weg bietet immer wieder gute Gelegenheiten, um abzusteigen und Natur oder Kultur zu bestaunen. Der Radweg passiert auch Potsdam, Werder (Havel), Brandenburg an der Havel und Rathenow – man kann also gut eine kleine Etappe von einem dieser Orte planen.
havel-radweg.de

Havelland-Radweg

Vom Naturpark Westhavelland geht es mit dem Fahrrad auf gut 100 Kilometern durch den Regionalpark Krämer Forst bis nach Schönwalde bei Berlin. Der als mittelschwer eingestufte Radwanderweg führt durch die weiten Wiesen und Felder des Havellandes und am Fluss entlang durch die Feuchtgebiete der Unteren Havelniederung. Nähere Informationen zum Streckenverlauf erhält man unter
dein-havelland.de/havelland-radweg

Spree-Radweg

Ein 410 Kilometer langer ausgeschilderter Radweg führt entlang des Flusses von seiner Quelle bis nach Berlin. Alle wichtigen Informationen finden sich unter
spreeradweg.de
fluss-radwege.de/spree-radweg

Gurken-Radweg

Über 260 Kilometer geht es auf dem Gurkenradweg entlang von Kanälen, Feldern und Wiesen durch den Spreewald. Für die Rundtour sollte man fünf Tage einplanen, um auch Abstecher zu den Sehenswürdigkeiten im Biosphärengebiet machen zu können.
spreewald-info.de

Denkmalschutz gestellt. Ein Teil der alten Häuser ist noch bewohnt, der andere ist Teil eines Freilandmuseums. Nebenan im Hotel Starick gibt es ein kleines Gurkenmuseum.
museums-entdecker.de

4 Schwimmen mit Pinguinen

Die »Spreewelten« Lübbenau machen es möglich: Nur durch eine große Plexiglasscheibe getrennt, planschen Mensch und Humboldt-Pinguin um die Wette. Bei der Pinguinfütterung können Badegäste sogar auf Tuchfühlung mit den Tieren gehen. Neben dieser besonderen Attraktion bieten die Spreewelten auch Rutschen, Wellenbad und Strömungskanal sowie Sauna, Massagen, Wellnees-Pakete und Übernachtung im Hotel.
spreewelten.de

5 Slawenburg Raddusch

Mit ihrer kreisrunden Form und den zehn Meter dicken Mauern aus übereinandergeschichteten Stämmen, die mit Lehm verfüllt wurden, ist die Slawenburg heute einzigartig. Im 9. und 10. Jahrhundert entstanden in der Niederlausitz eine Vielzahl solcher Fluchtburgen. Zum Wohnen waren sie nie gedacht. Die Bevölkerung zog sich im Kriegsfall hinter die schützenden Mauern zurück. Heute beherbergt die rekonstruierte Anlage ein Museum, das nicht nur über die Fluchtburgen, sondern auch zu anderen archäologischen Funden in der Niederlausitz informiert.
slawenburg-raddusch.de

Caravanstellplatz Spreeauenpark

12 Reisemobilstellplätze mit Toiletten, Stromanschluss, Frischwasserversorgung und Grauwasserentsorgung bietet der Platz in der Nähe des Cottbussser Tierparks. Auch zur Innenstadt, dem Planetarium und Schloss Branitz ist es nicht weit. Kein WLAN. Geöffnet April bis Oktober, Check-in 9–17 Uhr an der Tierparkkasse.

Kiekebuscher Allee 3
03042 Cottbus
cmt-cottbus.de
GPS: N51.75104 E14.34983

1 Schloss Branitz

Schon zu Lebzeiten im 19. Jahrhundert war Hermann Fürst von Pückler-Muskau eine schillernde Figur, ein weltgewandter Gartenkünstler, Schriftsteller, Frauenheld und Genussmensch. Das Familienschloss Branitz gestaltete er nach seinen Vorstellungen um und ließ seiner Kreativität dabei freien Lauf. Heraus kamen zum Beispiel drei Orientzimmer, ein Musikzimmer und das Speisezimmer, in dem mit großer Wahrscheinlichkeit einst Fürst-Pückler-Eis gereicht wurde.
pueckler-museum.eu

2 Adventure Minigolf

Die mit liebevollen und spreewaldtypischen Gegenständen und Hindernissen ausgestattete 18 Bahnen Minigolfanlage – mitten im Idyll des Spreewaldes bei Burg gelegen – bietet nicht nur Aktivität und Spannung unter freiem Himmel: An jedem Loch erfährt der Spieler zusätzlich eine Sage oder Geschichte aus der Region. Die naturnah gestalteten Bahnen verlaufen über Wasserläufe, durch Loopings, Steilkurven und so-

Kanu und Kahnfahrten im Spreewald

Wer den Spreewald auf eigene Faust entdecken möchte, kann sich ein Kanu mieten. Über Kahn- und Bootsanbieter und vieles andere mehr informiert der ***Tourismusverband Spreewald e. V. 03226 Vetschau ,Tel. 035433/5810; spreewald.de/tourismusverband-spreewald-e-v.***

Wer seine Arme nach dem anstrengenden Kanufahren schonen will, kann sich auf einer Kahnfahrt über die stillen Kanäle des Spreewaldes entspannen. Während der Fährmann oder die Fährfrau einen durch die Lagunenlandschaft stakt, kann man die Natur und die Ruhe des Spreewaldes in vollsten Zügen genießen. Unterschiedliche Themenfahrten zielen dabei auf die verschiedensten Geschmäcker ab: Während die Krimifahrt die Geheimnisse der ZDF-Spreewaldkrimiserie aufdeckt, wird man bei der Frühstücks-, Grill- oder Candle- Light-Dinner-Kahnfahrt kulinarisch verwöhnt. Ob mit der Familie, der Firma oder zu zweit – eine Themenkahnfahrt ist in jedem Fall ein voller Erfolg! Landschaftlich besonders reizvoll ist die Kahnfahrt durch den zur Kernschutzzone 1 gehörenden Hochwald des Biosphärenreservats Spreewald.

gar auf einen Vulkan! Bei dieser innovativen Art des Minigolfspielens wird einem also nicht langweilig, wenn das Einlochen doch einmal länger dauern sollte.
landhotel-burg.de

3 Stand-up-Paddling

Manche können es schon nach 30 Minuten, andere brauchen die doppelte Zeit. Aber spätestens nach dem einstündigen Crashkurs wissen die meisten Wasserfans auch im Spreewald, wie das geht mit dem Paddeln im Stand auf einem surfbrettähnlichen Board. Wie man sich aufrichtet aus dem anfänglichen Fersensitz: mit einem Fuß nach dem anderen und gebeugten Knien! Wie man das Paddel hält und es einsetzen muss: fürs Geradeausfahren ständig von der einen Hand in die andere wechseln und nur bis auf die Höhe der Füße durchziehen; für Kurven das Blatt in einem Halbkreis eintauchen! Außerdem statt aufs Board immer schön nach vorne schauen, das hilft, die Balance zu halten. In den ruhigen Spreefluten ist das sicher einfacher als auf den Wellen von Seen und Meer. Daher lernen bei Burg im Spreewald auch Kinder rasch die grundlegenden Techniken des SUP.
sup-spree.de

4 Arznei- und Gewürzpflanzengarten

Rund 600 alte Heil-, Gewürz- und Nutzpflanzen wie Lein, Saflor und Buchweizen oder alte Kartoffel- und Getreidesorten gedeihen prächtig im Kräutergarten in der Hauptstraße 32 in Dissen-Striesow, dazu etliche Wildpflanzen. Bei Führungen (Mai bis September, nur nach Voranmeldung) erfährt man viel Interessantes über die Verwendung der Pflanzen.
dissen-striesow.de

5 Eisenhütten- und Fischereimuseum Peitz

Im historischen Eisenhüttenwerk sind nicht nur eine noch funktionstüchtige, 1809 errichtete Hochofen- und Gießereihalle zu besichtigen. In der ehemaligen Fischerei wird auch anschaulich über das informiert, was Peitz heute überregional bekannt macht: eine zehn Quadratkilometer große Teichlandschaft, in der Karpfen gezüchtet werden. Die außergewöhnliche Landschaft kann auf einem 2,3 Kilometer langen Lehrpfad erkundet werden. Highlights des Jahres sind das Fischerfest, das jährlich am zweiten Augustwochenende stattfindet, und das Abfischen Ende Oktober.
peitzer-huettenwerk.de

Links: 600 professionelle Fährleute warten im Spreewald darauf, Besuchern in ihren Holzkähnen stakend ein Stück unversehrter Natur näherzubringen.

Rechts: Schloss Branitz gewährt einen guten Einblick in das außergewöhnliche Leben des Fürsten von Pückler-Muskau.

Industriekultur und Wasserburgromantik

Das »schwarze Gold« verwandelte das Land zwischen Ruhr und Lippe vor anderthalb Jahrhunderten in den »Kohlenpott«. Mit Fördertürmen, Hochöfen, Kohlehalden und Gasometern entstanden neue Landmarken. Die Umsicht preußischer Beamter, das Kapital mutiger Unternehmer, der Bau von Eisenbahnlinien und Kanälen und nicht zuletzt der Schweiß von Arbeitern aus vielen Teilen Europas gaben den traditionsreichen Städtchen und Dörfern als »Ruhrrevier« eine neue Identität.

Industriebarone wie Krupp, Thyssen und Hoesch bestimmten den Rhythmus von Leben und Arbeit in Zechen und Werkshallen. An der Wende zum 20. Jahrhundert verschaffte sich die aufstrebende Arbeiterbewegung immer mehr Gehör. Revolution lag in der Luft, als nach dem Ersten Weltkrieg die »rote« Ruhrarmee gegen »weiße« Freikorps kämpfte. Großen Widerstand rief 1923 die Besetzung des Ruhrgebiets durch Franzosen und Belgier hervor. Im Zweiten Weltkrieg wurden die Ruhrgebietsstädte großflächig zerstört.

Mit dem Wirtschaftswunder kamen die Ruhrmetropolen wieder zu Kräften. Kohle- und Stahlkrisen läuteten aber schon bald den Strukturwandel von der Industrie- zur Dienstleistungsgesellschaft ein. Diese Herkulesaufgabe wurde vielerorts erfolgreich gemeistert. Das »neue Ruhrgebiet« ist heute eine vielfältige Gewerbe-, Bildungs-, Kultur- und Erlebnislandschaft. Nicht umsonst wurden Essen und das Ruhrgebiet von der Europäischen Union als »Kulturmetropole 2010« ausgezeichnet.

Burg Blankenstein in Hattingen lädt heute zu einem Restaurantbesuch ein.

Bedburg-Hau
Kalkar
Haldern
Dingden
Naturpark Hohe Mark-
Raesfeld
Westmünsterland
Dülmen
Sendenhorst
Lembeck
Wasserschloss Lembeck
Hamminkeln
Marienbaum
Brünen
Haltern
Halterner Stausee
Lüdinghausen
Ascheberg
Drensteinfurt
Uedem
Xanten
River Lady
Schermbeck
Nordkirchen
Herbern
Weeze
Römerroute
Rhein
WESEL
DORSTEN
Dortmund-Ems-Kanal
Selm
AHLEN
Kevelaer
Sonsbeck
Büderich
Hünxe
Reisemobilhafen An der Lippe
MARL
RECKLING-HAUSEN
Datteln
Werne
HAMM
Kapellen
Alpen
Voerde
Familienattraktionen in Bottrop
HERTEN
Recklinghausen
Wohnmobilstellplatz Bergkamen
Hamm
Geldern
Issum
DINSLAKEN
NiederRheinroute
GLADBECK
Bowltreff Recklinghausen
LÜNEN
Bergkamen
Walbeck
Kamp-Lintfort
BOTTROP
Alpincenter Bottrop
Werksschwimmbad Zeche Zollverein
CASTROP-RAUXEL
Kamen
Bönen
Wanderung nach Alpen
Straelen
Rheurdt
MOERS
OBERHSN.
GELSEN-KIRCHEN
HERNE
Zeche Zollern
UNNA
Kerken
Stellplatz Kaisergarten
Radtour Dortmund
DORTMUND
Werl
Klettersteig Monte Thysso
Wasser-Route
Eislaufen Zeche Zollverein
BOCHUM
Holzwickede
Wachtendonk
Naturlehrpfad längs der Ruhr
ESSEN
Emscher-Weg
Wickede
DUISBURG
Skywalk Phoenix West
Kempen
Stadtwald Krefeld
MÜLHEIM
HATTINGEN
WITTEN
Ruhr
Fröndenberg
Wohnmobilstellplatz Mülheim a. d. Ruhr
Grefrath
Herdecke
Schwerte
Menden
KREFELD
Wanderung am Baldeneysee
Landhaus Grum
Rafting auf der Ruhr
Nettetal
HAGEN
ISERLOHN
RuhrtalBahn
Kemnader See
RATINGEN
VELBERT
VIERSEN
Bergbauwanderweg Muttental
Ruhrtal
Volme-Höhenring
MEERBUSCH
Jetski auf dem Rhein
Nachrodt-Wiblingwerde
Balve
Wülfrath
Schwelm
DÜSSELDORF
Ennepetal
Altena
Kaarst
Weiße Flotte Düsseldorf
Breckerfeld
NEUSS
WUPPERTAL
Neuenrade
MÖNCHENGLADBACH
Werdohl
Haan
LÜDENSCHEID
REMSCHEID
Radevormwald
HILDEN
Plettenberg
Erkelenz
Jüchen
SOLINGEN
Hückeswagen
Halver
LANGENFELD
Herscheid
Finnentrop
Bevertalsperre
Holzweiler
GREVENBROICH
Leichlingen
Wermels-kirchen
Wipperfürth
Kierspe
DORMAGEN
Monheim
Attendorn
Jackerath
Burscheid
Meinerzhagen
Rommerskirchen
Dhünn-Stausee
Titz
Kürten
Marienheide
Biggesee
10 km
Bedburg
PULHEIM
LEVERKUSEN
Lindlar
KÖLN
GUMMERSBACH

Das Wasserschloss Lembeck mit seinem herrlichen Park ist ein beliebtes Ausflugsziel. Einblick in das Schlossinnere gewährt das Schloss- und Heimatmuseum.

Reisemobilhafen an der Lippe

Bei diesem kostenpflichtigen Reisemobilhafen handelt es sich um zwei geschotterte Stellplätze, die durch die Zufahrtsstraße voneinander getrennt sind. Sie liegen zwischen der Lippe und dem Wesel-Datteln-Kanal. Sie verfügen über alle notwendigen Ver- und Entsorgungseinrichtungen. Auch Stromanschlüsse sind vorhanden. Bis zum großen Familien- und Freizeitbad sind es 300 Meter, in die Innenstadt von Dorsten 500 Meter.
Zur Lippe, 46282 Dorsten
GPS: N51.66466 E6.97840

1 Familienattraktionen in Bottrop

Für Familien mit Kindern bietet Bottrop gleich zwei außergewöhnliche Attraktionen: Für kleinere Kinder bestens geeignet ist der kleine Freizeitpark Schloss Beck rund um das spätbarocke Schloss in Bottrop-Kirchhellen (Am Dornbusch 39, 46244 Bottrop, schloss-beck.de, April–Mitte Oktober). Größere Kinder und Jugendliche bevorzugen natürlich die rasanteren Fahrgeschäfte im nahe gelegenen Movie Park (Warner Allee 1, 46244 Bottrop, movieparkgermany.de, geöffnet März–Anfang November).

2 River Lady

Eine reizvolle Art und Weise, um von Wesel aus nach Duisburg oder Düsseldorf oder in die benachbarten Niederlande zu reisen, stellt die Fahrt auf dem Rhein mit einem Fahrgastschiff dar. Anbieter in Wesel ist die River Lady Personenschifffahrt GmbH. Beim namengebenden Schiff, der »River Lady«, handelt es sich um den Nachbau eines Mississippi-Raddampfers.
river-lady.de

3 Wasserschloss Lembeck

Gibt es nur Industriekultur im Ruhrgebiet? Weit gefehlt! Herrliche Wasserburgromantik bietet zum Beispiel das Schloss Lembeck. Die Anlage aus dem 17. Jahrhundert ist heute zu besichtigen. Im Schlossmuseum warten Ritterrüstungen, Gemälde, prachtvolle Gobelins und antike Möbel auf die Besucher. Auf einer Führung kann man noch mehr über die Historie des Anwesens erfahren. Danach lädt der Schlosspark zu einem Spaziergang ein.
schlosslembeck.de

4 Recklinghausen

Mit den Ruhrfestspielen hat sich die einstige Hansestadt in der Nachkriegszeit einen Namen als Kulturstadt gemacht. Darüber hinaus gibt es hier eine bedeutende Ikonensammlung sowie moderne Malerei und Grafik in der Städtischen Kunsthalle zu sehen. Nach einem Bummel im Stadtgarten oder einem Zoobesuch kann man im Planetarium der Volkssternwarte in entfernte Galaxien vordringen.

5 Bowltreff Recklinghausen

Schallt ein erfreutes »Strike« durch den Raum, hat eine Bowlingkugel alle zehn Pins auf einmal abgeräumt. Der amerikanische Volkssport ist bis heute beliebte Freizeitbeschäftigung. Bowling-Center haben dem Spiel, bei dem die Spieler die schweren Kugeln mit reichlich Schwung auf eine

Eine neue Perspektive über das Ruhrgebiet eröffnet der Hochseilparcours im Landschaftspark Duisburg-Nord. Schwindelfreiheit ist auf den wackligen Brettern und wankenden Brücken Voraussetzung.

lange Bahn befördern, mit Licht- und Soundeffekten, Partymusik und allerlei Drumherum einen frischen Anstrich verpasst. Zusätzlich sorgen viele verschiedene Spielvarianten auf den 20 Bahnen in Recklinghausen für Abwechslung. Übrigens ist auch ein »Spare« Anlass zur Freude: Dann hat es mit dem Abräumen beim zweiten Wurf geklappt. Es gibt auch Dart und Billard.
bowltreff-recklinghausen.de

Wohnmobilstellplatz Kaisergarten

Eine grüne Plakette wird auch benötigt, wenn der schöne Stellplatz am Kaisergarten angefahren werden soll. Die Zufahrt ist nur von der Autobahn A42 ohne grüne Umweltplakette gestattet. Der kostenpflichtige Platz bietet 41 Stellflächen und verfügt über alle notwendigen Ver- und Entsorgungseinrichtungen. Bis zur »Neuen Mitte« mit ihren vielen Shopping- und Freizeitmöglichkeiten benötigt man zu Fuß etwa 15 Minuten.

Am Kaisergarten
46049 Oberhausen
stellplatz-kaisergarten.de
GPS: N51.48946, E6.86178

1 Oberhausen

Abgesehen von der Wasserburg Vondern sucht man alte Bauwerke zwar vergeblich, doch die Industriearchitektur an der Essener Straße und die Arbeitersiedlungen aus dem 19. Jahrhundert in Osterfeld sind durchaus akzeptable Entschädigungen. Nach einem Spaziergang durch den Kaisergarten kann man im Schloss die Kunst der DDR besichtigen. Das gigantische CentrO steht für modernes Shopping, und der Revierpark Vonderort ist eine beliebte Freizeitanlage.

2 Klettersteig Monte Thysso

Wer den Monte Thysso erklimmen will, braucht keine Expedition ins Hochgebirge starten, sondern reist ins Ruhrgebiet. Wo bis 1985 in den riesigen Hochöfen des Hüttenwerks

Der Klettersteig Monte Thysso lässt keine Schwierigkeit aus.

MIT DEM BIKE

Römerroute

Fahrräder kannten die Römer zwar noch nicht, doch das hindert natürlich niemanden daran, ihren Spuren in dieser Region auch mit dem Rad zu folgen. Die eigens für Radfahrer ausgewiesene Römerroute führt eigentlich von Xanten quer durch Westfalen bis nach Detmold, aber selbstverständlich sind auch Teilstücke eine Erkundung wert – etwa der Streckenabschnitt von Xanten nach Wesel.

NiederRheinroute

Das flache Gelände am Niederrhein ist für Radtouren wie geschaffen. Erschlossen ist die Radellandschaft durch die NiederRheinroute, mit 2000 Kilometern das längste Radwandernetz in Deutschland. Die gut ausgeschilderte Route über Wald- und Wirtschaftswege oder alte Treidelpfade am Rhein wird man kaum komplett abfahren; interessante Teilstücke sind die Etappen von Dinslaken nach Duisburg oder von Kamp-Lintfort nach Moers.

Wasser-Route

Essen hat einige Radwege ausgewiesen; dazu zählt die Wasser-Route als Verbindung zwischen Emschertal und Ruhrtal. Vom Hafen bei Bergeborbeck führt der 18 Kilometer lange Weg westlich an der Margaretenhöhe entlang über Schuir bis zur Ruhr.

Dortmund-Ems-Kanal

Da Kanäle ohne nennenswertes Gefälle auskommen (und die Landschaft deshalb gelegentlich auf hohen Dämmen durchqueren), eignen sich die Seitenwege von Kanälen besonders gut für familienfreundliche Radtouren. Schön sind zum Beispiel Radtouren am Dortmund-Ems-Kanal. Ein reizvoller Streckenabschnitt führt von der Kanalstadt Datteln am Dortmund-Ems-Kanal entlang ins benachbarte Olfen im Münsterland. Vom Kanaldamm aus genießt man unterwegs einen schönen Blick über Felder und Wiesen. Wählt man für den Hinweg die stillgelegte »Alte Fahrt«, passiert man zwei besondere Attraktionen – große Brücken, auf denen man unterwegs gleich zwei Flüsse überquert: zunächst die Lippe, Grenzfluss zum Münsterland, und dann auf Olfener Stadtgebiet die Stever. Für die Rückfahrt empfiehlt sich in Olfen ein Wechsel zur – weiter östlich gelegenen – »Neuen Fahrt«, die von Schiffen genutzt wird.

Radtour Dortmund

In rund vier Stunden schafft man mit dem Rad die Strecke vom Dortmunder Freizeitpark Fredenbaum vorbei am Schiffshebewerk Henrichenburg zur Talsperre bei Haltern am See.

Ruhrtal

Familienfreundlich und ohne große Steigungen ist die Radtour durchs Tal der Ruhr von Witten bis Herdecke. Ausgangspunkt ist die Ruhr im Stadtteil Bommern; von dort folgt man dem beschilderten Uferweg.

Emscher-Weg

Die Emscher, ein lange vernachlässigter Fluss im Revier, wird mittlerweile durch Uferwege erschlossen und gewinnt ihren Charakter als Naherholungsgebiet zurück. Radtouren führen durch Grünanlagen und Parks, aber auch zu Zeugnissen der Industriekultur. Lohnend ist das 101 Kilometer lange Teilstück des Emscher-Wegs von Dortmund-Holzwickede bis Dinslaken. (Der Emscher-Weg ist nicht identisch mit dem Emscher Park Radweg!)

Duisburg-Meiderich Stahl geschmolzen wurde, befindet sich heute der Landschaftspark Duisburg-Nord. Inmitten dieser einzigartigen Industriekulisse hat der Deutsche Alpenverein Deutschlands größten Kletterpark eingerichtet. An eine der Wände schmiegt sich mit der Nordparkhütte die mit 26 Metern über Normalnull offiziell am tiefsten gelegene Hütte des DAV. Seit dem Jahr 2003 können Gipfelstürmer von der ehemaligen Reparaturwerkstatt frisch und erholt ins Klettervergnügen starten. Bei etwa 400 Routen in verschiedenen Schwierigkeitsgraden und Wandhöhen bis zu zwölf Metern, einem großen Boulderbereich und extra Trainingsflächen ist für jeden Anspruch etwas dabei. Über all dem wacht der Monte Thysso, zu dessen Gipfel ein 530 Meter langer Klettersteig führt.
dav-duisburg.de/Kletteranlage/Klettersteig

3 Alpincenter Bottrop

Freunde des Wintersports kommen auch mitten im Ruhrgebiet, in Bottrop, auf ihre Kosten – und zwar fast das ganze Jahr über. In Bottrop hat nämlich das Alpincenter ein überdachtes Wintersportzentrum eingerichtet – komplett mit 640 Meter langer Piste und Anfängerhang mit Seillift.
alpincenter.com

4 Werksschwimmbad Zeche Zollverein

Achtung, Arschbombenalarm! Wenn im Werksschwimmbad des ehemaligen Steinkohlebergwerks Zeche Zollverein der offizielle Sieger in dieser Disziplin gekürt wird, spritzt es gewaltig. Doch auch abseits des Contests ist der Besuch dieses Bades ein echtes Erlebnis. Im Jahr 2001 entstand das zwölf mal fünf Meter große Becken im Rahmen eines Kunstprojekts. Während der Sommerferien in Nordrhein-Westfalen können sichere Schwimmer vor historischer Industriekulisse planschen. Der Besuch des Bads ist kostenfrei.
zollverein.de

5 Eislaufen Zeche Zollverein

Im Winter erstrahlt die Zeche plötzlich in bunten Farben, in den alten Industrieanlagen befördert ein Riesenrad die Besucher einmal rundum und der Augenblick, auf den Tausende von Schlittschuhläufern im Ruhrpott gewartet haben, ist da: Die Eisbahn im Zollverein hat geöffnet. 1800 Quadratmeter Fläche der 1993 stillgelegten Kokserei wurden unter Wasser gesetzt und vereist. Und sollte das beliebte Spektakel einmal nicht stattfinden können, gibt es eine tolle Alternative: eine Indoor-Rollschuhbahn mit verschiedenen Angeboten wie Disco, Workshops und Skate-Jams.

Wohnmobilstellplatz Mülheim a.d.R

Dieser kostenlose, ganzjährig nutzbare Platz ohne Versorgungseinrichtungen für Reisemobile liegt in der Umweltzone, Fahrzeuge benötigen eine grüne Plakette.
Mintarder Straße 6
45481 Mülheim an der Ruhr
GPS: N51.41408 E6.86956

1 Naturlehrpfad längs der Ruhr

Auf Mülheimer Stadtgebiet verläuft der »Naturlehrpfad längs der Ruhr«. Ausgangspunkt ist das Aquarius-Wassermuseum; der Weg führt durch die sogenannte Brückenlandschaft Ruhraue bis zum Haus Ruhrnatur mit interessantem Museum.

2 Wanderung nach Alpen

Von Kamp-Lintfort nach Alpen lässt es sich wunderschön durch den

Oben: Schwimmen vor Koksöfen im Werksschwimmbad Zeche Zollverein.

Unten: Natur an der Ruhr erleben auf dem Lehrpfad bei Mühlheim.

Links: Auf ausgewiesenen Strecken am Rhein darf man mit dem Jetski über das Wasser düsen.

Mitte: Der Deuß-Tempel im Krefelder Stadtwald erinnert an den Seidenfabrikanten Deuß, der den Wald den Bürgern schenkte.

Unten: Der Baldeneysee im Süden von Essen lädt zum Segeln, Rudern, Surfen oder einfach zum Chillen ein.

Rechts: Beim Raften auf der Ruhr.

Staatsforst Leucht vorbei am Kloster Kamp wandern. Ab der Ebertstraße folgt man den sechseckigen Symbolen der NiederRheinroute. Zum Ausgangspunkt kommt man bequem mit dem Bus.

3 Stadtwald Krefeld

In Krefeld bietet sich der Stadtwald für kürzere oder längere Spaziergänge an – und natürlich auch fürs Joggen oder Nordic Walking. Ein Rundkurs, der weitgehend am Waldrand entlangführt und im Osten das Waldgebiet verlässt, ist sechs Kilometer lang.

4 Jetski auf dem Rhein

In atemberaubendem Tempo rast James Bond in »Der Spion, der mich liebte« übers Wasser. Sein Gefährt? Ein sogenanntes Wetbike, ein Motorrad fürs Wasser. Der erste Auftritt dieses bis dahin noch unbekannten Fortbewegunsgmittels sorgte für Begeisterung, die bei Motorsportfreunden bis heute anhält. Die Technik hat sich seit dem Blockbuster von 1977 natürlich stetig weiterentwickelt. Heute jagen die leichten und wendigen Gefährte mit Geschwindigkeiten von bis zu 100 Stundenkilometern übers Wasser. Auf dem Rhein ist das Fahren mit dem Jetski erlaubt, allerdings nur auf ausgewiesenen Strecken und solange es sich um Touren und Wanderfahrten handelt. Überdies gilt ein spezielles Regelwerk, um den regen Verkehr auf dem Fluss nicht zu behindern. Geeignete Jetski-Strecken befinden sich zum Beispiel bei Düsseldorf, wo sich die rasanten Flitzer vor Ort leihen lassen. Fahrer, die sich allein aufs Wasser wagen, benötigen einen Sportbootführerschein, sobald die Leistung des fahrbaren Untersatzes mehr als fünf PS aufweist.

5 Weiße Flotte Düsseldorf

Kein zweiter Fluss in Deutschland erfreut sich schon seit dem 19. Jahrhundert einer solchen Beliebtheit wie der Rhein – und viele Gäste schätzen die Perspektive vom Wasser aufs abwechslungsreiche Ufer. Ausflugsfahrten sind während der Saison beispielsweise von Düsseldorf mit der Weißen Flotte aus möglich.
w-flotte.de

Landhaus Grum

Die mehr als 30 Stellflächen befinden sich direkt an der Ruhr. Auch dieser Platz verfügt über alle notwendigen Ver- und Entsorgungseinrichtungen und ist ganzjährig geöffnet. Das sehr gute Restaurant bietet unter anderem traditionelle Gerichte aus dem Ruhrpott an.
Ruhrdeich 6–8, 45525 Hattingen
landhaus-grum.de
GPS: N51.40390 E7.17456

1 Wanderung am Baldeneysee

Die Wanderung am Essener Baldeneysee, einem beliebten Ausflugsziel, beginnt am Parkplatz des Sees gegenüber dem S-Bahnhof in Essen-Hügel. Der Weg führt zur Villa Hügel, dann durch den alten Kruppwald nach Bredeney und durch den Stadtwald hindurch zurück zum See.

2 RuhrtalBahn

Liebhabern nostalgischer Eisenbahnerlebnisse ist die RuhrtalBahn ein Begriff: An bestimmten Tagen fahren historische Bahnen auf zwei Linien durchs Ruhrgebiet – vom Eisenbahnmuseum Bochum-Dahlhausen über Witten nach Hagen bzw. von Herdecke nach Ennepetal-Kluterthöhle (Linie Teckel).
eisenbahnmuseum-bochum.de/ruhrtalbahn

3 Rafting auf der Ruhr

Hier sitzen alle in einem (Rafting-) Boot. Seit sich das Wildwasserfahren oder Rafting (abgeleitet vom englischen Wort »raft« für »Floß«) in den 1980er-Jahren zum populären Freizeitspaß entwickelt hat, dient das robuste Schlauchboot häufig als Teambuilding-Instrument. Schließlich müssen alle zugleich paddeln, wenn es auf den Stromschnellen der Ruhr durchs romantische Flusstal geht. Ein bei Raftingfreunden beliebter Ruhrabschnitt beginnt bei Hattingen, ehemals Heimatstadt der Stahl- und Hüttenindustrie. Schon der Einstieg in kürzere Touren (zum Beispiel bis Bochum-Dahlhausen) oder längere Fahrten (zum Beispiel bis Essen) verheißt Spektakuläres: Ein immer lauter werdendes Rauschen kündigt die hier gelegene, etwa 50 Meter lange Wildwasser-Bootsrutsche bereits von Weitem an. Sie ist die längste und breiteste im gesamten Flussverlauf und ihre Durchfahrt geht selten ohne Wasserspritzer ab – sehr zur Freude der bis zu zwölf Personen starken Besatzung. Mit der Strömung treibt das Boot anschließend weiter, mitten hinein in die beschauliche Natur der Ruhrauen. In moderatem Tempo lässt es sich den Fluss entlangschippern, wo nach einer langen Flussschleife hoch über dem Wasser die Isenburg thront. Unterhalb der Ruine liegt mit dem sogenannten Isenburger Schwall ein bekanntes Wildwassertrainingsgebiet. Wer bis Essen-Horst fährt, passiert es und ist nach etwa drei Stunden familienfreundlicher Fahrt am Ziel.

④ Kemnader See

Ideal für einen ausgedehnten Spaziergang ist der Kemnader See an der Stadtgrenze zwischen Bochum, Hattlingen und Witten. Er ist rund 1,25 Quadratkilometer groß, der jüngste der sechs Ruhrstauseen sowie ein Naherholungsgebiet. Zwei Rundkurse, ein großer (zehn Kilometer) und ein kleiner (gut acht Kilometer), bieten Ausblicke auf einen der schönsten Stauseen im Ruhrgebiet. Beide Wege gehen zu Fuß oder auch mit dem Fahrrad. Wer nicht nur um den See, sondern auf den See möchte, sollte Stand-up-Paddling versuchen. Wer ein eigenes Brett besitzt, kann gleich loslegen und das Gewässer erobern

Oben: Der Maximilianpark in Hamm entstand auf dem Gelände der stillgelegten Zeche Maximilian. Den Elefantenvogel schuf Otmar Alt.

Mitte: Der aufgelassene Stollen auf dem Bergbauwanderweg Muttental zeugt vom einstigen Kohlenabbau.

Unten: Ideal für eine Runde mit dem SUP: der Kemnader See.

Rechts: Der Volme-Höhenring ist einer der schönen Wandermöglichkeiten bei Hagen.

– mit Ausnahme der Hafeneinfahrt Heveney, die aus Sicherheitsgründen für Stand-up-Paddler gesperrt ist. Einsteigern empfiehlt sich ein Schnupperkurs, zum Beispiel an der Surfschule am Westufer. Wassersporterfahrene finden dort ihr Equipment auch zum Ausleihen.
westufer-kemnade.de

5 Bergbauwanderweg Muttental

Ein interessanter thematischer Rundweg ist der Bergbauwanderweg Muttental in Mutten bei Witten. Entlang der etwa neun Kilometer langen, landschaftlich durchaus reizvollen Strecke entdeckt man zahlreiche mit erläuternden Tafeln versehene Zeugnisse des Ruhrbergbaus – Stollen, Fördergerüste, Halden, Bergbauanlagen und vieles mehr. Die Wanderung kann an jedem der Parkplätze an der Route beginnen; eine dieser Stationen ist beispielsweise die Zeche Nachtigall am Eingang zum Muttental, heute Teil des Westfälischen Industriemuseums. Im Muttental bewegt man sich ohnehin auf historischem Grund, denn hier soll der Kohlebergbau im Revier seinen Anfang genommen haben.
ruhrgebiet-industriekultur.de/muttental

Wohnmobilhafen Bergkamen

Im Halbkreis sind die Stellflächen für 18 Mobile im Hafengelände am Datteln-Hamm-Kanal angeordnet. Alle notwendigen Ver- und Entsorgungseinrichtungen sind vorhanden. Der Platz ist ganzjährig nutzbar. Ein Steakhaus bietet eine Vielzahl an Gerichten an. Das Naturschutzgebiet Beversee grenzt direkt an den Platz.

Hafenweg 10a
59192 Bergkamen
wohnmobilhafen-bergkamen.de
GPS: N51.64143 E7.64263

1 Halterner Stausee

Im Sommer ideal für eine Pause ist das Seebad am Halterner Stausee.

Das Freibad besitzt einen 800 Meter langen Strand aus hellem Natursand; Nichtschwimmer- und Badebereich sind deutlich durch Leinen und Bojen vom Rest des Sees abgetrennt.

2 Hamm

Seit der kommunalen Neugliederung 1975 ist Hamm eine der flächengrößten deutschen Städte. Sehenswert sind in der Altstadt restaurierte Bürgerhäuser und das Gustav-Lübcke-Museum mit altägyptischer und moderner Kunst. Das auffälligste Kunstwerk hier im Nordosten des Ruhrgebiets ist jedoch der begehbare, riesige Glaselefant im Maximilianpark. Der Park verdankt Namen und Gelände einer Zeche, die nur kurz in Betrieb war, und ist heute eine Freizeitanlage mit Schmetterlingshaus.

3 LWL Museum Zeche Zollern

Dass sich hinter den prächtigen Backsteinfassaden einmal Industrieanlagen befanden, mag man kaum glauben. Die Zeche Zollern in Dortmund, auch »Schloss der Arbeit« genannt, gehört zu den schönsten Beispielen einer Musterzeche des 19. Jahrhunderts im Ruhrgebiet. Die Maschinenhalle mit dem eindrucksvollen Jugendstilportal und die Förderanlage von 1902 stehen heute unter Denkmalschutz. Als Industriemuseum hält die Zeche Zollern seit 1981 die Lebenswelt der Bergleute im Pott lebendig.
zeche-zollern.lwl.org/de

4 Skywalk Phoenix West

Der Skywalk im ehemaligen Hüttenwerk Phoenix West verspricht eine Erfahrung der besonderen Art. Wo bis 1998 Eisenerz bei Temperaturen von 2000 °C zu Roheisen geschmolzen wurde, führt heute eine Besichtigungstour bis ganz hinauf auf die Hochofenanlage. Von der Aussichtsplattform in 64 Meter Höhe verstellt nichts die Sicht auf das alte Hüttenwerk, das Westfalenstadion oder den Dortmunder Fernsehturm. Vorausgesetzt, man ist schwindelfrei. Das allein wäre eigentlich schon spektakulär genug, doch wer eine Führung in den Abendstunden bucht und in den Sonnenuntergang blickt, erlebt ganz besondere Momente.
skywalk-dortmund.de

5 Volme-Höhenring

Hagen liegt bereits im Grenzbereich zwischen Ruhrgebiet und Sauerland und bietet deshalb besonders attraktive Wandermöglichkeiten. Schön ist beispielsweise eine etwa 19 Kilometer lange Rundwanderung über den Volme-Höhenring. Startpunkt ist die Bushaltestelle »Volmeburg« im Ortsteil Delstern. Ab hier über die Volme und die B54 unterqueren; hinauf auf den Eilper Berg. Dort an Kuhfeld und Hamperfeld vorbei zum Ambrocker Berg und ins Hoffnungstal. Über Volme und B54 zum Steinigen Berg. Über die A45 bei Milchenbach links und die A45 unterqueren, dann geht es zurück nach Delstern.

MÜNSTERLAND UND NIEDERRHEIN

Ursprüngliche Natur, prächtige Architektur

Wasserschlösser, Wallfahrten und Weihnachtskrippen – im Münsterland wird traditionelles Brauchtum und Kulturgut gepflegt, und bei Ausflügen in die Natur mit ihren grünen Wäldern und fruchtbaren Auen ist so manches Kleinod zu entdecken. Die bunte Mischung aus idyllischer Natur, ländlichem Flair und einer über Jahrhunderte gewachsenen, einzigartigen Kulturlandschaft macht die Region so außergewöhnlich. Beispielhaft sind die Münsterländer Schloss- und Parklandschaft und die liebevoll restaurierten Bauernhöfe. Historie, Tradition und Brauchtum vereinigen sich hier auf ganz besondere Weise.

Am Niederrhein zeigt sich die weite, oft wiesengrüne Ebene des Stroms, die nur ein paar Eiszeitmoränen gliedern. In den Randbereichen blieben herrliche Heiden und Bruchlandschaften erhalten. Dennoch ist diese Region altes Kulturland, fest verbunden auch mit den Geschichten und Figuren aus der Nibelungensage.

Pappeln, grasende Kühe, kleine Teiche mit Schilfufern und knorrige Weiden bestimmen das Bild der Auenlandschaften am Niederrhein.

Nijverdal
ALMELO
Weerselo
Emsbüren
Schapen
Voltlage
Bramsche
Vaassen
Terwolde
DEVENTER
Rijssen
Holten
Enter
Oldenzaal
Denekamp
Kanufahren auf der Ems
2
Spelle
Hopsten
APELDOORN
Delden
Schüttorf
Bad Bentheim
Salzbergen
Hermannsweg
3
Mettingen
Gietelo
Gorssel
Markelo
Goor
Boekelo
HENGELO
Losser
RHEINE
Hörstel
OSNABRÜCK
NIEDERLANDE
ENSCHEDE
Gronau
Neuenkirchen
Ochtrup
Riesenbeck
Loenen
Lochem
Neede
Haaksbergen
Mesum
Hasbergen
Brummen
Vorden
Kreislehrgarten Steinfurt
Emsdetten
Tecklenburg
Hagen
Dieren
Baak
Borculo
Historische Westmünsterländische Hofanlage
Alstätte
Metelen
1
Steinfurt
Ems
Lengerich
Hengelo
Ahaus
Naturcamping Hof Köninck
Borghorst
Doesburg
Veldhoek
Zwillbrock
Nordwalde
Greven
Lienen
ARNHEM
4
Schöppingen
Ladbergen
Angerlo
Zelhem
Groenlo
Vreden
Legden
Horstmar
EmsRadweg
Brock
Glandorf
Duiven
Didam
Doetinchem
Meddo
Winterswijk
Stadtlohn
Laer
Altenberge
Lichtenvoorde
Osterwick
Fuestrup
Ostbevern
Zevenaar
Gaanderen
Südlohn
Gescher
Billerbeck
Annette von Droste-Hülshoff Radtour
Münster
Pferdeparadies Telgte
Rijnwarden
Zeddam
Ulft
Aalten
Coesfeld
Baumberge
5
Telgte
1
Dinxperlo
Burlo
RadBahn Münsterland
2
Grenzland Draisine
Emmerich
Barlo
1
Velen
MÜNSTER
Warendorf
Keeken
Rhein
Isselburg
BOCHOLT
Rhede
Staudengarten
Nottuln
3
Tretbootfahren
1
Wanderung am Aasee
4
Kleve
2
Rheinischer Bauernmarkt
Borken
Reisemobilstellplatz Hausdülmen
Senden
Hohe Ward
Wohnmobilstellplatz am Emssee
Reichswald
Haldern
Naturpark Hohe Mark
Dülmen
5
Moderne Kunst
Münsterland
Wohnmobilstellplatz Goch Friedensplatz
Kalkar
Drei-Flüsse-Route
Naturwildpark Granat
2
Ennigerloh
Hamminkeln
Burg Vischering
3
Ascheberg
Sommer am Niederrhein
2
Rhade
Westmünsterland
Drensteinfurt
Goch
Uedem
Nocturnus
WESEL
Schermbeck
Haltern
Lüdinghausen
Xanten
3
5
Wesel
Kanu-Wandern auf der Lippe
Olfen
4
Schloss Nordkirchen
AHLEN
Weeze
Via Romana
Reisemobilstellplatz Römerwardt
DORSTEN
Herbern
Beckum
Selm
4
MARL
5
Vierlingsbeek
Kevelaer
3
Auenlandschaften am Niederrhein
RECKLING-HAUSEN
Werne
HAMM
Kevelaer
Kirchhellen
Alpen
HERTEN
Waltrop
Lippborg
Wanssum
Geldern
DINSLAKEN
GLADBECK
Bergkamen
Walbeck
LÜNEN
Welver
Arcen
Kamp-Lintfort
BOTTROP
CASTROP-RAUXEL
Bönen
Horst
Orsoy
Kamen
Straelen
4
OBERHSN.
GELSEN-KIRCHEN
UNNA
Soest
Schmugglerpfad
Neukirchen-Vluyn
MOERS
DORTMUND
Werl
Kerken
Naturpark Maas-Schwalm-Nette
5
ESSEN
Bremen
Maasbree
BOCHUM
Holzwickede
Wickede
Delecke
DUISBURG
VENLO
Kempen
WITTEN
MÜLHEIM a.d.Ruhr
Ruhr
Menden
Neheim
Tegelen
KREFELD
Herdecke
Grefrath
Wetter
Kaldenkirchen
VELBERT
HATTINGEN
Hemer
Nettetal
Bracht
RATINGEN
ARNSBERG
Beesel
VIERSEN
Gevelsberg
HAGEN
ISERLOHN
Brüggen
MEERBUSCH
DÜSSELDORF
WUPPERTAL
Schwelm
Nachrodt-Wiblingwerde
10 km
Schwalmtal

Bestens restauriert präsentiert sich die Altstadt von Münster. Zu den bedeutendsten Bauwerken der Stadt gehört der St.-Paulus-Dom aus dem 13. Jahrhundert.

Naturcamping Hof Köninck

Die nicht parzellierten Campingwiesen liegen idyllisch auf dem Gelände eines münsterländischen Hofes mit alten Fachwerkhäusern. Ein eigener See lädt zum Baden ein. Steinfurt ist vier Kilometer entfernt. Geöffnet April bis Ende Oktober.
Veltrup 10, 48565 Steinfurt
hof-koeninck.de
GPS: N52.13582 E7.32220

1 Kreislehrgarten Steinfurt

Führungen, Kurse und Vorträge werden im bereits 1914 gegründeten Kreislehrgarten in Steinfurt angeboten. Blumen- und Pflanzenliebhaber erfahren hier Wissenswertes über Kräuter und Obstbäume und bekommen zahlreiche Anregungen für den eigenen Garten. Wer schon immer einen Bauern- oder Kräutergarten anlegen wollte, kann sich hier wertvolle Praxistipps von der Planung über den Anbau bis zur Pflege holen.
kreislehrgarten-steinfurt.de

2 Kanufahren auf der Ems

Da die Ems keine starke Strömung besitzt, ist sie für Fahrten mit dem Kanu sehr gut geeignet, gerade auch für Anfänger. Besonders attraktiv ist die vielfach gewundene Strecke zwischen Salzbergen im Norden von Rheine und Meppen. Hinter Meppen gibt es zwar noch schöne, durch den Dortmund-Ems-Kanal abgeteilte Altarme, doch die hier verkehrenden Binnenschiffe machen die Kanufahrt gefährlicher. Beim Kanu- und Kajakverleih Struckmann in Salzbergen bekommt man das notwenige Equipment.
kanuverleihstruckmann.de

3 Hermannsweg

Quer durch den Teutoburger Wald verläuft der 156 Kilometer lange Hermannsweg. Eigentlich hieß sein Namensgeber Arminius, doch der Name wurde zu »Hermann der Che-

Der Hermannsweg bietet Entspannung für Körper und Geist.

Im Stadtpark in Vreden gewährt die historische Westmünsterländische Hofanlage Einblicke in den bäuerlichen Alltag von einst.

rusker« eingedeutscht. Es war der legendäre Fürst, der 9 n. Chr. in dieser Region römische Legionen schlug und damit den Feldherrn Varus zurückdrängen konnte. Die berühmte Varusschlacht – wo hat sie stattgefunden? Mit dieser Frage wird der Wanderer auf dem Höhenzug unweigerlich konfrontiert. Ein weißes »H« auf schwarzem Grund kennzeichnet die Strecke. Sie ist zwar nicht nach einem Heiligen benannt und blickt auch nicht auf Pilgertradition zurück. Aber sie eignet sich hervorragend zur inneren Einkehr, weswegen sich der Weg in die beliebten Pilgerwege Deutschlands einreiht. Die acht Etappen bieten eine schöne Mischung aus Natur- und Glaubenserlebnissen. Wer nur einmal »reinschnuppern« möchte, dem empfiehlt sich die erste Etappe von Rheine bis Hörstel: Wasserreich und relativ flach, sind diese rund 18 Kilometer ein ideales Übungsfeld.

4 Historische Westmünsterländische Hofanlage

Einen ganz besonderen Blick in den einstigen Alltag der Bauern im Westmünsterland bietet die Westmünsterländische Hofanlage. Integriert ist die Anlage, die unter anderem aus Wohnhaus, Speicher, Kornscheune und Bienenhaus besteht, in den Stadtpark von Vreden, direkt am Ufer der Berkel. Die gesamte Hofanlage besteht aus elf Gebäuden, in denen die frühere Lebens- und Arbeitsweise der Bauern anschaulich dokumentiert wird. Alle Gebäude sind Originalbauten, die aus verschiedenen Orten des Kreises Borken stammen. Geöffnet ist die Anlage von April bis Oktober.
hamaland-museum.de

5 Baumberge

Die Baumberge zwischen Münster und Coesfeld eignen sich mit ihren Wäldern, Wiesen und Feldern bestens zur Freizeitgestaltung. Höchste Erhebung der Baumberge ist mit 187 Metern der Westerberg, der von Billerbeck und Havixbeck aus leicht zu erreichen ist. Oben auf dem Berg steht der Longinusturm, ein 32 Meter hoher Aussichtsturm, ein beliebtes Ausflugsziel. Von hier reicht der Panoramablick über Münster bis zum Teutoburger Wald, zum Sauerland und zum Ruhrgebiet.

Wohnmobilstellplatz am Emssee

Am Emssee in unmittelbarer Nähe des Landesgestüts stehen 14 kostenlose Stellflächen für Reisemobile zur Verfügung. Für die Ver- und Entsorgung sowie den Stromanschluss ist ein Entgelt zu entrichten. Die Stadtmitte ist nur 750 Meter entfernt. Der Platz ist ganzjährig geöffnet.
Sassenberger Straße 24–28
48231 Warendorf
GPS: N51.95502 E7.99968

1 Pferdeparadies Telgte

In der Pferderegion Münsterland finden Pferdeliebhaber und Reitsportbegeisterte ihr ganz persönliches Paradies. Ein großes Angebot an Pony- und Reiterhöfen sowie Reitstationen machen den Urlaub zu einem unvergesslichen Erlebnis. Zahlreiche Reitschulen bieten qualifizierte Trainingsstunden für Anfänger und Profis. Ein regionales Kulturereignis besonderer Art ist die Telgter Kutschenwallfahrt, die seit 1988 jährlich an Christi Himmelfahrt stattfindet. Hier präsentieren sich dem Besucher mehr als 100 prächtig geschmückte Pferdegespanne. Informationen zu Reiterhöfen und Festivitäten: www.telgte.de

2 Münster

Schon auf den ersten Blick entfaltet die Westfalenmetropole ihren ganzen Charme. Der Prinzipalmarkt mit seinen Dreistaffelgiebelhäusern wurde nach den Zerstörungen von 1943 wieder in seinen Originalzustand versetzt. Das Wahrzeichen der Stadt ist der reich ausgestattete St.-Paulus-Dom aus dem 13. Jahrhundert. Auf dem 96 Meter hohen Turm der gotischen Lambertikirche arbeitet auch heute noch ein Türmer. Der Architekt Johann Conrad Schlaun erbaute im Jahr 1787 das barocke Stadtschloss, die Clemenskirche und den Erbdrostenhof. Auf keinen Fall versäumen sollte man einen Besuch im Rathaus mit dem Friedenssaal, im Haus Rüschhaus und im Mühlenhof-Freilichtmuseum. An vielen Orten der Stadt finden sich zudem weitere Exponate – überall dort, wo Objekte der alle zehn Jahre stattfindenden Skulpturenausstellung noch heute präsentiert werden. Nach so viel Kunst und Kultur darf dann auch ein Spaziergang rund um den Aasee oder ein Ausflug zum Allwetterzoo auf dem Programm stehen.
stadt-muenster.de

3 Tretbootfahren

In Seenot, wie Fräulein Menke einst sang, kommt sicher niemand bei einer Tretboot-Runde auf der über gut zwei Kilometer aufgestauten und kaum zwei Meter tiefen Münsterschen Aa. Kein Wunder also, dass

Links: Auf dem Aasee in Münster tummeln sich Boote aller Art, ob Segel-, Paddel-, Ruder- oder Tretboot.

Unten: Der Prinzipalmarkt in Münster gilt als die »gute Stube« der Stadt.

am Ufer des künstlichen Sees eine stattliche Anzahl von Booten auf die Besucher wartet – ob nun vom Wind in den Segeln vorwärtsgebracht, mit Pedalen durch Fußkraft betrieben oder über Paddel und Ruder mit den Armmuskeln bewegt. Eine Besonderheit der Tretbootflotte ist das Exemplar in Schwanengestalt – zu dem eine echte schwarze Schwänin einst eine große Zuneigung entwickelte und den Aasee damit weltweit in die Schlagzeilen brachte. Ebenfalls für Publicity sorgt aber seit einigen Jahren das Tretbootrennen auf dem Freizeitgewässer. Jeweils im September wetteifern die Teilnehmer des Benefiz-Events zugunsten der Kinderkrebshilfe Münster um den Sieg.
stadt-muenster.de

4 Wanderung am Aasee

Wandern in grüner Parklandschaft, mit Blick aufs Wasser und bunte Segelboote, und das alles in Stadtnähe und mit gutem gastronomischem Angebot? Möglich ist das am Aasee in Münster – an einem Anfang des 20. Jahrhunderts künstlich angelegten und später noch einmal erweiterten See. Ausgangs- und Zielpunkt sind die stadtnahen Aaseeterrassen; auf einer Strecke von knapp sechs Kilometern führen gut ausgebaute Wege am Ufer entlang rund um den See. Unterwegs entdeckt man einige Werke bekannter Künstler, die seit 1977 entstanden sind, Wiesen laden zum Picknicken ein.

5 Naturlehrpfad Hohe Ward

Die Hohe Ward, ein abwechslungsreiches Wald- und wichtiges Wasserschutzgebiet, erstreckt sich im Süden von Münster. Eine spannende Entdeckungsreise erwartet die Besucher auf diesem Naturlehrpfad, der im Jahr 2008 eingerichtet wurde. Den rund 13 Kilometer langen Pfad kann man sowohl per pedes als auch per Rad erkunden. Auf insgesamt 15 Informationstafeln werden Geschichte und Natur anschaulich erläutert. Nähere Informationen auch zu anderen Wegen gibt es beim NABU Münsterland.
nabu-muensterland.de

MIT DEM BIKE

Via Romana

Auf den Spuren der Römer am Niederrhein passiert man zahlreiche historische Innenstädte, beeindruckende Kirchen und schöne Parkanlagen. Die 250 Kilometer lange Strecke zählt zu den abwechslungsreichsten Touren der Region.
niederrhein.de/component/k2/radroute-via-romana-2

Drei-Flüsse-Route

Die drei Flüsse Lippe, Issel und Rhein geben die Richtung vor. Auf 140 Kilometern durch flaches Land kann man die Landschaft am Niederrhein ganz entspannt genießen.
niederrhein.de/component/k2/radroute-3-fluesse-route

RadBahn Münsterland

Ein Fahrraderlebnis besonderer Art bietet der Radweg »RadBahn Münsterland« von Coesfeld bis Rheine. Das Besondere daran: Der Radweg folgt einer stillgelegten Bahntrasse – und so radelt man mitten durch die Landschaft, oft weitab von Straßen. Wer nur Zeit für ein kurzes Stückchen hat, startet unweit vom Bahnhof Lutum (zwischen Billerbeck und Coesfeld) und fährt zumindest bis zum ehemaligen Bahnhof von Rosendahl-Darfeld, wo man bei gutem Wetter mit etwas Glück sogar Kaffee und Kuchen bekommt.
radbahn-muensterland.de

Annette von Droste-Hülshoff Radtour

Eine etwa 36 Kilometer lange Radtour auf den Spuren der Annette von Droste-Hülshoff führt vom Münsteraner Schloss über Haus Rüschhaus in Münster-Nienberge, dem langjährigen Wohnsitz der Dichterin, zur Burg Hülshoff und am Aasee entlang wieder zurück.
allesmuenster.de

EmsRadweg

Der EmsRadweg begleitet den Fluss auf 375 Kilometern von der Quelle am Teutoburger Wald bis zur Mündung in die Nordsee. Natürlich sind auch Teilstücke dieses Radwegs durch die Auenlandschaft lohnend, so zum Beispiel entlang der Ems zwischen Telgte und Warendorf.
emsradweg.de

Reisemobilstellplatz Hausdülmen

Am Waldrand befindet sich dieser ruhige, kostenlose Stellplatz für sieben Fahrzeuge. Es gibt keine Ver- und Entsorgungseinrichtungen. Die Wildpferdebahn im Merfelder Bruch in zehn Kilometer Entfernung ist mit dem Fahrrad bequem zu erreichen. Bis zur Stadtmitte von Dülmen sind es drei Kilometer. Der Platz ist ganzjährig geöffnet.

Sandstraße 13, 48249 Dülmen
GPS: N51.80777 E7.24698

1 Staudengarten

Ein Besuch im Staudengarten »Garten Picker« lässt Gärtnerherzen höher schlagen. Auf rund 3000 Quadratmetern präsentieren sich hier die schönsten Blumen und Pflanzen, liebevoll mit dekorativen Elementen in Szene gesetzt. Eine wunderbare Idee sind die Lichterabende. Dann erstrahlt der Garten im Lichtermeer unzähliger Fackeln, Kerzen und Leuchten. Unweit des Gartens steht eine weitere Attraktion: eine alte Bockwindmühle. Ursprünglich wurde diese 1848 in Sachsen erbaut und bei Weseke wieder »aufgebaut«. Sie dokumentiert anschaulich, wie Korn zu Mehl wird.
garten-picker.de

2 Naturwildpark Granat

Auf einem über 600 000 Quadratkilometer großen Areal kann man Wildtiere hautnah beobachten. Die wunderschöne Waldlandschaft lädt

Von oben nach unten: Ausstellungen, Konzerte und Veranstaltungen für Kinder und Familien bietet Burg Vischering.

Die Gnadenkapelle, Ziel der Pilger nach Kevelaer.

Im Naturwildpark Garant leben die Tiere fast wie in freier Natur.

Die Lippe ist bei Kanufahrern ein beliebtes Revier.

außerdem zu erholsamen Spaziergängen ein. Das Besondere an diesem Park: Fast alle Tiere wie Hirsche, Mufflons oder Guanakos laufen in dem riesigen Areal frei herum! Solch ein Erlebnis ist wirklich einzigartig. Naturfreunde und Tierliebhaber haben in diesem Naturwildpark direkten Kontakt mit der vielfältigen Tierwelt. Neben zahlreichen Rast- und Picknickmöglichkeiten gibt es auch einen großen Spielplatz für Kinder.
naturwildpark.de

3 Burg Vischering

Auf Burg Vischering werden Kinderträume wahr. Die Wasserburg bei Lüdinghausen erweckt bereits beim Näherkommen den Eindruck einer wehrhaften Burg. Und wer mehr über das Leben der Ritter auf Burg Vischering erfahren will, sollte unbedingt das Museum besuchen. »Ritter zum Anfassen« gibt es dann im speziell eingerichteten Kindermuseum. Denn hier ist Anfassen ausdrücklich erlaubt. Und welche Kinderaugen würden da nicht glänzen, wenn man eine echte Ritterrüstung tragen darf? Außerdem erfahren die Kinder in Geschichtenform, wie das Leben als Burgfräulein oder als Knappe war.
burg-vischering.de

4 Schloss Nordkirchen

1694 erwarb der Fürstbischof von Münster die damals noch bescheidene Wasserburg und beschloss, sie zum repräsentativen Schloss auszubauen. Natürlich nahm er sich hierbei den Sonnenkönig Ludwig XIV. zum Vorbild. Herausgekommen ist eine prächtige barocke Schlossanlage, die man zu Recht als »westfälisches Versailles« bezeichnet. Und auch der Schlossgarten kann sich sehen lassen.
schloss.nordkirchen.net

5 Kanu-Wandern auf der Lippe

Im Allgemeinen fließt die Lippe ruhig und gemächlich dahin, was sie für Wasserwanderungen geradezu prädestiniert. Mit dem Kanu geht es zum Beispiel in etwa drei Stunden von Datteln-Ahsen nach Flaesheim.
lippe-kanu-touren.de/touren/kanu-touren-ahsen-flaesheim-l2.html

Stellplatz Goch Friedensplatz

Goch bietet nicht nur einen riesigen, gut ausgestatteten und ganzjährig geöffneten Stellplatz für 70 Mobile, sondern mit der nunmehr alle zwei Jahre stattfindenden Arnold-Janssen-Reisemobilwallfahrt auch eine außergewöhnliche Veranstaltung auf diesem Gelände.
Thielenstraße 20, 47574 Goch
GPS: N51.67585 E6.16785

1 Grenzland Draisine

Eine Fahrt mit der Draisine bedeutet Radfahren auf Schienen. Die Grenzland Draisine bietet zwei Strecken zum Ausprobieren: Elf Kilometer lang ist die »Grenzenlose« zwischen Kranenburg und Groesbeek, 20 Kilometer die »Ausgiebige« von Kranenburg nach Kleve.
grenzland-draisine.eu/de

2 Rheinischer Bauernmarkt

Gutes vom Niederrhein, neben Gemüse und Obst auch Selbstgebackenes und Kuchen gibt es donnerstags von 12–17 Uhr auf dem Bauernmarkt Kleve-Riswick und freitags von 14–18 Uhr in Winnekendonk bei Kevelaer.
gutes-vom-niederrhein.de

3 Kevelaer

Neben Lourdes und Tschenstochau ist Kevelaer einer der wichtigsten Marienwallfahrtsorte Europas. Seit dem Jahr 1645 wird die Muttergottes von Kevelaer, die im Jahr 1641 einem gläubigen Kaufmann erschienen sein soll, in der Gnadenkapelle verehrt. Mitte des 19. Jahrhunderts entstand die neugotische Wallfahrtskirche St. Maria, die jährlich von etwa 500 000 Gläubigen besucht wird. Viele kleine Geschäfte bieten Pilgerbedarf aller Art an, vom preiswerten Menü für Pilger bis zu Rosenkränzen, Kruzifixen und sonstigen Devotionalien.
kevelaer.de

4 Schmugglerpfad

Festes Schuhwerk an, und los geht es, um auf den Spuren der Schmuggler zu wandeln. Wer glaubt, Schmuggel gäbe es nur an Meeresküsten, der täuscht sich, auch zwischen Deutschland und den Niederlanden gab es ausgeprägte Wege, um Waren unentdeckt über die Grenze zu bringen. Während viele dieser Routen unbekannt blieben, ist diese hier am Niederrhein bei Straelen-Velden ein Hit für Familien, sie ist nämlich perfekt aufbereitet und geht auf den Bewegungsdrang der Kleinen ein. Es ist nicht nur ein einfacher Weg, sondern eine ganze Erlebnisroute, die beide Länder verbindet. Sie besteht aus Hängebrücken, schmalen Stegen und aneinandergereihten Baumstämmen zum Balancieren. Der Rundwanderweg ist 2,6 Kilometer lang und perfekt für Eltern mit kleinen Kindern. Wer möchte, lässt sich ein Quiz über die hiesige Landschaft und Vogelwelt in den angrenzenden Restaurants geben, dann geht es los. Immer der Eule auf den Schildern folgen …
straelen.de

5 Naturpark Maas-Schwalm-Nette

Als internationaler Naturpark umfasst Maas-Schwalm-Nette rund 100

Oben: In Osnabrück wird Geschichte erlebbar: Im Rathaus am Marktplatz wurde 1648 der Westfälische Frieden besiegelt.

Mitte: Im Archäologischen Park Xanten grüßt Kaiser Trajan im Bogen des Amphitheaters.

Unten: Der Naturpark Maas-Schwalm-Nette lädt zu Radtouren und Wanderungen ein.

Osnabrück

Geistliche und weltliche Macht haben der Stadt über Hunderte von Jahren ihren Charakter verliehen. Das ist in beinahe jedem Winkel zu spüren. Der Dom, das Barockschloss und nicht zuletzt das berühmte Rathaus des Westfälischen Friedens zeugen davon. Der weitläufige Marktplatz mit Rathaus, Marienkirche und Stadtwaage ist eines der bekanntesten Gebäudeensembles. Lange bevor dieser Ort historische Bedeutung erlangte, war Osnabrück bereits Bischofsstadt. Schon 785 gab es einen bischöflich geweihten Dom, von dem nichts geblieben ist. Ein im 13. Jahrhundert geschlossenes Bündnis mit Münster und Minden war Keimzelle des Westfälischen Städtebundes, der wiederum in die Hanse überging. 1512 wurde das Rathaus fertiggestellt, in dem knapp 130 Jahre später die Friedensverhandlungen begannen, die dem Dreißigjährigen Krieg ein Ende setzten. Osnabrück ist sichtbare und erlebbare Geschichte.

Quadratkilometer Naturschutz- und Vogelschutzgebiete in Deutschsland und den Niederlanden. Der Park wurde 2002 gegründet und trägt seinen Namen wegen der Flüsse Maas, Schwalm und Nette. Das hohe Wasseraufkommen des Gebiets macht es zu einem Mühlen-Eldorado. Allein an der Schwalm liegen 25 Wassermühlen. Entdecken kann man den Naturpark bestens auf einer Radtour wie auch zu Fuß.
naturpark-msn.de

Reisemobilstellplatz Römerwardt

Dieser gebührenpflichtige Stellplatz mit 45 großzügig angelegten Stellflächen am Rhein lässt für den Reisemobilisten keine Wünsche offen. Neben den üblichen Ausstattungsmerkmalen stehen in unmittelbarer Nähe ein Freibad, Wellnessangebote und Restaurants zur Verfügung. Der Platz ist ganzjährig geöffnet, die Stadtmitte zwei Kilometer entfernt.
Rheinpromenade 11, 46487 Wesel
GPS: N51.65728 E6.59640

1 Moderne Kunst

Seit 1997 erstrahlt das neugotische Wasserschloss Moyland in Bedburg-Hau wieder im alten Glanz. Das Museum beherbergt eine eindrucksvolle Kunstsammlung des 19. und 20. Jahrhunderts. Schwerpunkt sind zahlreiche Objekte des Künstlers Joseph Beuys. In der Parkanlage werden 70 Skulpturen gezeigt.
moyland.de

2 Sommer am Niederrhein

Rund 110 Hektar Fläche haben Xantner Nord- und Südsee zusammengenommen. Grund genug, um hier ein großes Freizeitzentrum zu errichten. Es bietet mit Strandbad, Wassersportmöglichkeiten wie Wasserski, SUP und Bootsverleih sowie einem Golfplatz allerhand Antworten auf die Frage nach der Jahreszeit. Aber auch in anderen Städten lässt sich der Sommer genießen. In Familie zum Beispiel in Dülken, wenn jedes Jahr am zweiten Sonntag im Juni die Kindertage mit unzähligen Aktionen stattfinden. Romantiker dürfen sich auf Picknicks im Grünen freuen, beispielsweise am Spoykanal in Kleve. Und Musikliebhaber treffen sich Jahr für Jahr an Pfingsten zum Moersfestival, bei dem alles auf die Bühne kommt, was nicht Mainstream ist.

3 Nocturnus

Eine auch für Kinder sehr ansprechende Attraktion ist der Archäologische Park Xanten, ein großes Freilichtmuseum. Auf den erhaltenen Fundamenten der römischen Siedlung Colonia Ulpia Traiana wurden viele Bauten, darunter die Stadtmauer mit Wehrtürmen und das Amphitheater, in Originalgröße rekonstruiert. Die Handwerkerhäuser zeigen, wie die Menschen früher gearbeitet und gewohnt haben. Eine besondere Atmosphäre verbreitet die nächtliche Führung Nocturnus durch den Park. Jeder Besucher erhält eine eigene Laterne zur Orientierung.
apx.lvr.de

4 Auenlandschaften am Niederrhein

Eine besondere Auenlandschaft unweit von Xanten am Niederrhein ist die Bislicher Insel. Sie zählt zu den letzten Auenlandschaften Deutschlands und ist daher auf einer Fläche von fast neun Quadratkilometern unter Naturschutz gestellt. Deshalb dürfen sich Besucher nur auf den markierten Wegen und einigen Aussichtshütten aufhalten, die ein Panorama auf die renaturierten Kiesgruben und den Altrhein mit seinen Schlammufern ermöglichen. Bei Hochwasser werden weite Teile des Gebietes überflutet. Fischarten wie Steinbeißer, Groppe, Flussneunauge und Bitterling leben hier. Aber auch an Land gibt es allerlei seltene Tierarten zu bewundern. Im Winter kann man bis zu 25 000 arktische Wildgänse beobachten, die hier Station machen. Wer etwas Glück hat, kann darüber hinaus auch auf einen Silberreiher oder einen Biber treffen.
rvr.ruhr

5 Wesel

Nur wenig erinnert an die große Vergangenheit der einstigen Hansemetropole. In den letzten Kriegstagen wurde der schöne Stadtkern beinahe vollständig zerstört. In reduzierter Form wiederaufgebaut hat man die Stadtkirche St. Willibrordi. Auch Teile der Stadtmauer sind noch erhalten, so das barocke Zitadellentor und das Berliner Tor von 1722. Geschmeide aus Gold und Edelsteinen sowie rheinische Kunst kann man im Stadtmuseum besichtigen.

Der Natur auf der Spur

Geschwungene Hügellandschaften, von Buchen- und Fichtenwäldern bedeckte Höhenzüge und blühende Wiesen, unterbrochen von hübschen Fachwerkstädten und Seen, prägen das Bild von Sauerland und Siegerland. Eine Landschaft, die geradezu danach ruft, zu Fuß erkundet zu werden. 40 000 Kilometer beschilderte Wanderwege auf spannenden Pfaden abseits aller Hektik und mit herrlichen Ausblicken machen das Land zu etwas Besonderem. In nur wenigen anderen Gegenden Deutschlands lassen sich Natur und Kultur, Geschichte und Gastlichkeit so direkt erleben. Brauchtum, traditionelle Feste und lokale Spezialitäten runden das einmalige Erlebnis ab. Überhaupt lieben die Sauerländer ihre deftige Küche und schätzen das reichhaltige landwirtschaftliche Angebot der Region, nicht zu vergessen die lange Brautradition, die noch heute lebendig ist.

Zu Recht sind die Bruchhauser Steine im Sauerland ein Naturmonument. Die vier Felsen ragen markant aus der waldreichen Landschaft bei Bruchhausen heraus. Nur der Feldstein darf über eine gesicherte Treppe bestiegen werden.

Selm
Werne
HAMM
LÜNEN
Bergkamen
Kamen
Bönen
DORTMUND
UNNA
Holzwickede
Fröndenberg
Schwerte
HAGEN
ISERLOHN
Hemer
Menden
Wickede
Werl
Soest
Welver
Lippborg
Diestedde
Wadersloh
Mastholte
Liesborn
Herzfeld
LIPPSTADT
Bad Sassendorf
Delbrück
Bad Lippspringe
PADERBORN
Boker Kanal
Lippe
Thüle
Verlar
Salzkotten
Borchen
Geseke
Erwitte
Lichtenau
CityMotel Soest
Anröchte
Büren
Kleinenberg
Alme
Weine
Rüthen
Bad Wünnenberg
Haarstrang-Radtour
Möhnesee-Radtour
Delecke
Möhnesee
Neheim
Belecke
Harth
Sindfeld
Aabach-talsperre
Marsberg
Wildwald Vosswinkel
Ruhr
Heve
Naturpark
Naturpark Arnsberger Wald
Arnsberger
Wald
Warstein
Möhne
Alme
Sauerlandpark Hemer
ARNSBERG
Arnsberg
Ruhr-Sieg-Radweg
Brilon
Rothaarsteig
Padberg
Bad Arolsen
Burg Altena
Altena
Balve
Sorpe Talsperre
Sundern
Olpe
Meschede
Bestwig
Olsberger Kneipweg
Olsberg
Campingplatz Goldbreite
Twistetal
Campen am Damm
Ramsbeck
Fort Fun Abenteuerland
Naturpark
Diemelsee
Flechtdorf
Schalksmühle
Werdohl
Neuenrade
Wenholthausen
Hennesee
Dörnholt-hausen
Willingen
Mühlenkopfschanze
Nieder-Waroldern
Aqua Magis Plettenberg
Naturpark
Eslohe
Reiste
Westernbödefeld
Valme
Usseln
Korbach
Meinering-hausen
LÜDENSCHEID
Plettenberg
Siedling-hausen
Kierspe
Herscheid
Finnentrop
Heimatstube Schönholthausen
Winterberg
Winterberg
Goddelsheim
Vöhl
Ebbegebirge
Sauerland-Radring
Sauerland-Pyramiden
Schmallen-berg
Oberkirchen
841
Kahler Asten
RuhrtalRadweg
Edersee
Attendorn
Attahöhle
Lennestadt
Lichtenfels
Meinerzhagen
Sauerland-
Biggesee
Hoheleye
NP Kellerwald-Edersee
GUMMERS-BACH
Vier Jahreszeiten-Camping-Biggesee
Kirchhundem
Hallenberg
Rothaargebirge
Bromskirchen
Drolshagen
Rothaargebirge
Naturpark Rothaargebirge
Bad Berleburg
Olpe
Dorlshagen
WaldSkulpturenWeg Wittgenstein-Sauerland
Frankenberg
Frankenau
Naturpark
Kellerwald-
Edersee
Allendorf
Raumland
Wiehl
Wenden
Hilchenbach
Battenberg
Haina
Reichshof
Schloss Junkernhees
Kreuztal
Erndtebrück
Burgwald
Wiehl-Talsperre
Hatzfeld
Bad Laasphe
Rosenthal
Gemünden
Waldbröl
Freudenberg
Netphen
Obernau-talsperre
Netpher Radring
Feudingen
Münchhausen
Freudenberg
Bad Laasphe
Wohratal
Gilserberg
Biedenkopf
Morsbach
SIEGEN
Campingplatz Laasphetal
Dautphetal
Wetter
Rauschenberg
Kirchen
Wilnsdorf
Dietzhölztal
Lahntal
Wissen
Steffenberg
Hamm
Sieg
Gebhardshain
Betzdorf
Neunkirchen
Eschenburg
Angelburg
MARBURG
Kirchhain
Elkenroth
Daaden
Dillenburg
Gladenbach
10 km

Arnsberg mit seinen verwinkelten Gassen, Fachwerkhäusern und klassizistischen Bauwerken wie auch die Umgebung sind attraktive Ziele im Sauerland.

CityMotel Soest

Einen Wohnmobilstellplatz mit Frühstücksservice bietet das CityMotel in Soest an. 30 gebührenpflichtige Stellflächen stehen zur Verfügung. Der Platz ist ganzjährig geöffnet und verfügt über alle notwendigen Ver- und Entsorgungseinrichtungen. Die Innenstadt ist zu Fuß in nur zehn Minuten erreicht.

Altes Stellwerk 9, 59494 Soest
citymotel-soest.de
GPS: N51.57545 E8.11537

1 Möhnesee

Mit einer Wasserfläche von 10,4 Quadratkilometern ist der bis zu 40 Meter tiefe Möhnesee der größte See in Westfalen. Die von 1908 bis 1913 im Westen bei Günne errichtete, 40 Meter hohe Staumauer staut die Möhne, einen Nebenfluss der Ruhr, und trägt erheblich zur Regulierung des Wasserstandes beider Flüsse und damit zur Wasserversorgung des Ruhrgebietes bei. Die 10 Kilometer lange Talsperre ist auch ein beliebtes Naherholungsgebiet. Eine 700 Meter lange Brücke überquert den See bei Delecke am Nordufer im westlichen Teilbereich, zwei weitere bei Körbecke und Stockum. Für Wassersportler im Sauerland gehört Delecke zu den ersten Adressen. Hier gibt´s das entsprechende Equipment für Surfer, Angler, Ruderer und Taucher. Die Wasserqualität des Möhnesees gilt als sehr gut.

2 Naturpark Arnsberger Wald

Der Naturpark Arnsberger Wald wurde im Jahr 1961 zum Zwecke der Holzwirtschaft, aber auch als Erholungsgebiet gegründet und umfasst eine Fläche von insgesamt 482 Quadratkilometern. Im Norden wird das Gebiet durch die Möhne und im Süden durch die Ruhr begrenzt. Die höchsten Berge des Gebiets ragen zwischen 400 und 600 Meter in die Höhe und sind im Plackwald, an der Wasserscheide zwischen Ruhr und Möhne, zu finden. Die Region ist vor allem bekannt dafür, dass sie den größten Rotwildbestand in der Bundesrepublik hat. Eine absolute Besonderheit ist eine kleine asiatische Hirschart, das Sikawild. Den Tieren, die durch ihr hellbraunes Haarkleid mit den zahlreichen weißen Flecken auf dem Rücken wie ein typisches »Bambi« aussehen, gelangen vor einigen Jahrzehnten der Ausbruch aus einem Gehege und die Ausbreitung in die freie Natur dieser Region. Wanderfreunden steht ein über 650 Kilometer langes, abwechslungsreiches Wegenetz zur Verfügung.
naturpark-arnsberger-wald.de

3 Warstein

Im Mittelalter gehörte Warstein der Hanse an und konnte sich mit seinen Hauptwirtschaftszweigen Forstwirtschaft, Eisengewinnung und -verarbeitung sowie durch Ackerbau einen gewissen Wohlstand erarbeiten. Die malerisch an der Wäster, am Nordrand des Sauerlands gelegene Stadt Warstein hat vor allem bei Biertrinkern einen guten Ruf. Doch ein Besuch lohnt nicht nur wegen der im Jahr 1753 gegründeten Brauerei. Vor dem Biergenuss empfiehlt sich ein Abstecher zur Bilsteinhöhle im Naturpark Arnsberger Wald. Dort wurden bedeutende frühgeschichtliche und steinzeitliche Funde gemacht.

Im weitläufigen Wildwald Vosswinkel lässt sich Rot-, Dam- und Muffelwild in aller Ruhe beobachten. Die Tiere leben hier fast wie in freier Natur.

4 Wildwald Vosswinkel

Im Naturschutzgebiet Lürwald erlebt man Waldbewohner hautnah bei täglichen Hirsch- und Wildschweinfütterungen. Im historischen Haarhotlebenleben seltene Nutztierrassen. Dazu gibt es eine interaktive Waldschule, einen Naturklettergarten und einen Abenteuerspielplatz. wildwald.de

5 Arnsberg

Auf einem von der Ruhr umflossenen Bergrücken liegt Arnsberg, das kulturelle Zentrum der Region und der Ausgangspunkt für Ausflüge in die Umgebung. Die von verwinkelten Gassen und Fachwerkhäusern geprägte, mittelalterliche Altstadt strahlt einen pittoresken Charme aus. Darüber thront die Ruine eines Schlosses (um 1100), das 1762 während des Siebenjährigen Krieges zerstört wurde. Im Sauerlandmuseum sind Modelle des einst imposanten Baus zu sehen. Altes Rathaus, Glockenturm und Maximilianbrunnen prägen das Antlitz Alt-Arnsbergs. Ab 1816 wurde Arnsberg umfassend ausgebaut. Unter König Friedrich Wilhelm III. entstand das Preußenviertel mit vielen klassizistischen Bauwerken. Einen wehrhaften Eindruck vermittelt Schloss Herdringen, dessen heutiges Erscheinungsbild aus dem 19. Jahrhundert stammt.

Campingplatz Goldbreite

Der Platz am Diemelsee nimmt 100 Caravans und 10 Zelte auf und bietet alle Versorgungseinrichtungen, Restaurant, Badeplatz und Bootsverleih. Ganzjährig geöffnet.

Kirchstraße 10
34519 Diemelsee-Heringhausen
campingplatz-diemelsee.de
GPS: N51.66466 E6.97840

1 Rothaarsteig

Der Rothaarsteig zählt zu den schönsten Höhenwegen Europas. 2001 als Weg der Sinne eröffnet, gilt er als Vorreiter für ein neues Wander-

Die gute Markierung des Rothaarsteigs sorgt für entspanntes Wandern.

Oben: Einst Unterschlupf für Mammuts und Neandertaler, ist die Balver Höhle im Hönnetal heute Schauplatz für Konzerte.

Mitte: Kneippen und Wandern lassen sich auf dem Olsberger Kneippweg gut kombinieren.

Unten: Der Hennesee ist bei Ruderern, Seglern, Tauchern und Anglern sehr beliebt.

erlebnis. In acht Etappen führt der Steig von Brilon im Sauerland über das Siegerland bis ins hessische Dillenburg. Dabei gilt es 154 Kilometer und etwa 3000 Höhenmeter zu überwinden. Der größte Teil des Rothaarsteigs liegt im Naturpark Rothaargebirge. Die abwechslungsreiche Wanderung führt auf naturnahen Wegen zu Sehenswürdigkeiten wie dem Kahlen Asten, dem Rhein-Weser-Turm, der Ginsburg und den Quellen von Ruhr, Eder, Sieg und Lahn. Ergänzt wird der Wanderweg durch Extratouren wie Wisentpfad, Kahler Asten-Steig oder Trödelsteinpfad.

2 Olsberger Kneippweg

Die Kombination aus Wandern und Wassertreten im Sinne Kneipps kann man auf dem Olsberger Kneippweg erproben. Gut geeignet ist die erste Etappe mit einer Länge von etwa 17 Kilometern. Der Weg beginnt bei einer Tafel im Olsberger Kurpark Dr. Grüne und führt über Borberg, Forstenberg, Maxstollen und den Ortsteil Bigge zurück zum Ausgangsort. Unterwegs kann man die vom Wandern erhitzten Füße im eiskalten Wasser der Tretstellen Gierskopp und Papendiek abkühlen.

3 Hennesee

Von 1901 bis 1905 wurde an der Henne bei Meschede eine 38 Meter hohe Staumauer errichtet. Im Lauf der Jahrzehnte wurde jedoch der Untergrund der Mauer so durchlässig, dass die Talsperre 1949 stillgelegt werden musste. Nach langwierigen Untersuchungen entstand zwischen 1952 und 1955 etwa 200 Meter oberhalb eine neue Mauer. Der 60 Meter hohe Damm staut die Henne zu einer 2,1 Quadratkilometer großen Talsperre, dem Hennesee – ein Dorado für Taucher, Ruderer und Angler. Nahe der Staumauer zweigt vom Uferradweg ein 1,5 Kilometer langer Walderlebnispfad ab. Bei einer Rundfahrt auf dem Hennesee mit dem Fahrgastschiff »MS Hennesee« kann man die malerische Umgebung entspannt genießen. Sehenswert ist auch die sogenannte Himmelstreppe: Auf 333 Treppenstufen kommt man dem Himmel näher – und dem Staudamm am oberen Ende des Hennesees. In den Abendstunden wirkt die beleuchtete Treppe besonders spektakulär.

4 Fort Fun Abenteuerland

Das »Fort Fun Abenteuerland« in Bestwig ist eine der beliebten Familienattraktionen der Region. In einer großen Parkanlage locken zahlreiche, Fahrgeschäfte – Action pur.
fortfun.de

5 Mühlenkopfschanze

Skisprungfans kennen sie natürlich! Denn schon in den 1920er-Jahren flogen die ersten mutigen Brettl-Akrobaten bei Willingen von einer Startrampe am Nordosthang des ca. 800 Meter hohen Mühlenkopfs durch die sauerländischen Lüfte. Gut 30 Meter weit schafften es die Besten. Drei Jahrzehnte später zählte die Anlage auf dem Mühlenkopf zu den vier größten Skisprungschanzen der Welt. Heute rangiert sie auf Platz eins! Und ermöglichte 2021 dem Polen Klemens Murańka einen Schanzenrekord von 153 Metern. Außerhalb der Weltcup-Periode im Winter kann die Schanze im Rahmen einer Führung besichtigt werden.
weltcup-willingen.de/
besichtigung-fuehrungen

Campen am Damm

Dieser Platz am Sorpesee ist gut ausgestattet und bietet Stellflächen für 40 Wohnmobile. Er ist ganzjährig geöffnet. Der See ist ein beliebtes Segel-, Surf- und Baderevier.

Amecker Damm 2
59846 Sundern
sorpesee.com
GPS: N51.30740, E7.94147

1 Sauerlandpark Hemer

Wie ein Kurzurlaub gestaltet sich ein Spaziergang durch die knapp 300 000 Quadratmeter große Parklandschaft auf dem ehemaligen Gelände der Landesgartenschau von 2010. Der Sauerlandpark Hemer, 2011 eröffnet, wird als Freizeitpark sowie für kulturelle Veranstaltungen wie Open-Air-Kinotage genutzt. Viele der ursprünglichen Gartenschau-Attraktionen wie das Grohe-Forum, der Jübergturm, der Park der Sinne, Wasserspielplätze und Themengärten blieben bestehen. Ehrenamtliche Gästeführer bieten Führungen durch den Park an.
sauerlandpark-hemer.de

2 Balve

Im Hönnetal, umgeben von Wäldern und Hochebenen, liegt der Ort Balve. Die reizvolle Landschaft fordert geradezu dazu auf, erwandert zu werden. Wer dabei etwas über die Region erfahren möchte, begibt sich mit dem Bergbauwanderweg auf die Spuren der Eisenerzgewinnung im 18. Jahrhundert. Sehenswert ist auch die archäologisch bedeutsame Balver Höhle. Wo einst Mammuts lebten und die Neandertaler Unterschlupf fanden, genießt man heute Konzerte in besonderem Ambiente.
balver-hoehle.de

3 Burg Altena

Hoch über der alten Drahtzieherstadt Altena thront die gleichnamige Burg. Mit ihrem mächtigen Wehrbau und den imposanten Mauern gehört sie zu den sehenswertesten Höhenburgen Deutschlands. Aus der Altstadt führt ein neuer »Erlebnisaufzug« direkt zur Burg hinauf. Innerhalb der Burgmauern ist das Museum der Grafschaft Mark untergebracht, dessen Ausstellung von der Frühgeschichte bis in die Gegenwart reicht. Übrigens wurde auf Burg Altena 1914 die erste ständige Jugendherberge der Welt eingerichtet.

4 Aqua Magis Plettenberg

Wer sich schon immer mal mit bis zu 100 Kilometern pro Stunde Windgeschwindigkeit durch eine Windrutsche katapultieren lassen wollte, hat hier die Gelegenheit dazu. Neben der Superrutsche Storm Force 1 können Badegäste beim Schwimmen oder in der Sauna entspannen.
aquamagis.de

Oben: 1914 wurde in der Burg Altena die erste ständige Jugendherberge weltweit eingerichtet, heute bewahrt ein Museum die einstige Einrichtung.

Unten: Das ist einmalig: Der historische Stadtkern von Freudenberg, der »Alte Flecken«, besteht vollkommen aus Fachwerkbauten.

5 Heimatstube Schönholthausen

Das Museum in Finnentrop-Schönholthausen zeigt in einem ehemaligen Kuhstall und Heuschober zahlreiche historische Ausstellungsstücke zur Land- und Forstwirtschaft, zum Handwerk und Brauchtum.

Vier Jahreszeiten-Camping Biggesee

Sehr gut ausgestattet und fast vollständig von Wasser umgeben liegt der Campingplatz auf einer Halbinsel im Biggesee. Er ist ganzjährig geöffnet und im Sommer ein beliebtes Segel-, Surf- und Baderevier.

Am Sonderner Kopf 3
57462 Olpe
biggesee.freizeit-oasen.de
GPS: N51.07427 E7.85727

1 Ebbegebirge

Im Jahr 1964 wurde im Ebbegebirge ein 777 Quadratkilometer großes Gebiet zum Naturpark erklärt. Etwa zwei Drittel des Geländes, dessen größte Höhen 600 Meter überragen, sind bewaldet. Die vorherrschenden Baumarten sind Fichten, Buchen und Eichen. Hier findet eine artenreiche Vogelwelt ebenso einen Lebensraum wie zahlreiche Schmetterlinge. Naturschutz wird im Naturpark Ebbegebirge großgeschrieben. Besucher erhalten viele Informationen über die ökologischen Zusammenhänge im Wald und im gesamten Mittelgebirge. Das Netz an markierten Wanderwegen umfasst mehr als 1200 Kilometer.
sauerland-pool.de

2 Attahöhle

Der »Zauberberg« des Sauerlandes wurde 1907 im Rahmen von Sprengarbeiten entdeckt. Die Attahöhle zählt unbestritten zu den schönsten Tropfsteinhöhlen Deutschlands und zu den attraktivsten Naturstätten in Westfalen. Umfangreiche Untersuchungen ergaben, dass das Kalksteinparadies sogar das größte zusammenhängende Höhlensystem in der Bundesrepublik ist. Stalagmiten

MIT DEM BIKE

Möhnesee-Radtour

Familienfreundlich und mühelos zu bewältigen ist die etwa 22 Kilometer lange Radtour am Ufer des Möhnesees. Ausgangspunkt ist der Parkplatz am Freizeitpark Körbecke (Seestraße); von dort geht es über Stockum und Wamel Richtung Kanzelbrücke und weiter am Ufer entlang. Hinter der Delecker Brücke geht es rechts zum Ausgangsort zurück.

Haarstrang-Radtour

Deutlich anspruchsvoller als die Möhnesee-Radtour ist die etwa 25 Kilometer lange Haarstrang-Radtour. Die Rundfahrt beginnt am Haus des Gastes in Körbecke; der Weg führt dann nach Stockum und über die alte Bahntrasse nach Echtrop, weiter durch Berlingsen, Büecke, Wippringsen und Deiringsen bis Theiningsen. Über Delecke geht es dann wieder zum Ausgangsort zurück.

Ruhr-Sieg-Radwanderweg

Die Landschaft zwischen Rothaarkamm und Rhein ist bei Wanderern beliebt, Radtouren im Siegtal sind eine lohnende Alternative. Informationen zum 154 Kilometer langen Ruhr-Sieg-Radwanderweg finden sich unter ***ruhr-sieg-radweg.de*** und ***naturregion-sieg.de***

Fledermaustunnel

Radfahrer können auf dem SauerlandRadring 84 malerische Kilometer durch Wald und Wiesen radeln. Zwischen Finnentrop und Eslohe passiert der Radweg den Kückelheimer Fledermaustunnel, einen 700 Meter langen Eisenbahntunnel und Höhepunkt der Route. 1910 erbaut und 1966 stillgelegt, ist er heute Quartier für zahlreiche Fledermäuse. Von Ende Oktober bis Anfang April ist er geschlossen.
sauerlandradring.de

Sauerland-Radring

Tourenfahrer wie auch Familien können auf dem Sauerland-Radring auf alten Bahntrassen radeln und dabei viel Wissenswertes über die Geschichte der Eisenbahn in der Region erfahren. Ob man seine Tour auf dem Rundweg in Finnentrop, Eslohe, Schmallenberg, Lennestadt oder einem anderen Ort entlang der Route startet, bleibt jedem selbst überlassen.
sauerlandradring.de

RuhrtalRadweg

Mittelgebirge gelten zwar allgemein eher als Wanderreviere, das Sauerland bietet aber durchaus reizvolle Strecken, die von Radfahrern zu bewältigen sind. Sehr beliebt ist der etwa 230 Kilometer lange RuhrtalRadweg zwischen Winterberg und Duisburg; auch Olsberg, Bestwig und Arnsberg sind Stationen an dieser Route. Die Strecke verläuft vorwiegend auf Radwegen abseits von Straßen oder auf Wirtschaftswegen; auf den ersten 35 Kilometern hat man spürbare Steigungen zu bewältigen, anschließend ist das Gelände überwiegend leicht befahrbar. Auch Teilstücke sind jederzeit lohnend.

Netpher Radring

Der 36 Kilometer lange Netpher Radring mit Start und Ziel am Freizeitpark Netphen ist eher anspruchsvoll. Entlang der alten Eisenstraße passiert man das sagenumwobene Quellgebiet von Sieg, Eder und Lahn. Ein weiterer landschaftlicher Höhepunkt ist die Obernautalsperre.
siegen-wittgenstein.info/de/tour/radtour/netpher-radring/9216168

und Stalaktiten mit Längen von bis zu vier Metern gestalten eine unterirdische Wunderwelt, die ihresgleichen sucht. Und die gigantische Höhle steckt immer noch voller Geheimnisse: Erst 1985 wurden in dem Höhlenlabyrinth, weitere bis dahin unbekannte Wege freigelegt.
atta-hoehle.de

Oben: Schloss Junkernhees wartet noch auf eine neue Nutzung.

Mitte: Die Hängebrücke auf dem Rothaarsteig führt über ein Tal unterhalb des Saukopfs.

Unten: Von Bad Laasphe im Lahntal gelangt man rasch ins wilde Rothaargebirge.

3 Sauerland-Pyramiden

Oberhalb des Lennetals fallen schon von Weitem die Sauerland-Pyramiden ins Auge. Vier Gebäude des Ensembles stehen als Wissens- und Rätselerlebnisort »Galileo-Park« ganz im Zeichen der Wissenschaft. Spannende Ausstellungen und anspruchsvolle Attraktionen sollen zum Staunen, Rätseln und Nachdenken anregen. Egal ob jung oder alt – hier wird Lernen zum Abenteuer.
galileo-park.de

4 Drolshagen

Im beschaulichen und waldreichen Sauerländer Mittelgebirge, inmitten des Naturparks Ebbegebirge, verbirgt sich die kleine Stadt Drolshagen. Die ehemalige Hansestadt blickt auf eine spannende Geschich-

te zurück, von der Sehenswürdigkeiten wie die St.-Clemens-Pfarrkirche, das Alte Kloster, der von Fachwerkhäusern gesäumte Marktplatz, die Eichener Mühle und die Schlüse, ein historischer Hohlweg, zeugen. Dank der Lage im Natur-Erlebnisgebiet Biggesee-Listersee mit seiner hervorragenden Wasserqualität sind die Bedingungen zum Angeln, Segeln, Surfen und Schwimmen ideal.

5 Freudenberg

Freudenberg ist ein Städtchen, das man unbedingt gesehen haben muss: Inmitten von Wäldern und Wiesen, direkt an der deutsch-niederländischen Ferienstraße Oranier-Route, liegt dieses einzigartige Fachwerk-Ensemble. Das Stadtmuseum zeigt unter anderem Exponate zum Erzbergbau, zum Hauberg und zur Siegerländer Uhrmacherkunst. Der Fachwerkweg ergänzt das Erlebnis mit herrlichen Passagen und Aussichtspunkten. Wer immer schon mal wissen wollte, wie eine Fräse oder eine Drehbank funktioniert, ein Webstuhl arbeitet oder Eisen geschmiedet wird, der ist im Technikmuseum Freudenberg richtig. Etliche liebevoll gepflegte historische Maschinen hauchen trockener Kulturgeschichte Leben ein und machen diese für Besucher begreifbar. Daneben gibt es spannende Einblicke in die Zeit der Industrialisierung im Siegerland.

Campingplatz Laasphetal

Zehn Gehminuten von der Kurstadt Bad Laasphe liegt die kleine Campingoase mit 30 Stellplätzen und allem Komfort, sagar einer Sauna. Fast jeder Platz hat einen eigenen Sanitärraum.

Wasserstr. 66, 57334 Bad Laasphe
camping-laasphetal.de
GPS: N50.93181 E8.40256

1 Bad Laasphe

Im oberen Lahntal liegt Bad Laasphe als perfekter Ausgangspunkt für alle, die beim Frischlufttanken das Rothaargebirge entdecken möchten. Seit dem Jahr 1960 ist die kleine Stadt Kurort, seit 1984 darf sich Laasphe als Kneipp-Heilbad und Luftkurort ein »Bad« voranstellen. Dank zusammenhängender Fachwerkbebauung ist Bad Laasphe in die Liste der historischen Stadtkerne Nordrhein-Westfalens aufgenommen worden. Bäuerliches und dörfliches Leben präsentieren das Heimatmuseum Banfetal und das Heimatmuseum Oberes Lahntal. Wer sich näher mit Pilzen beschäftigen möchte, kann sich im Pilzkundlichen Museum über 900 Exemplare anschauen und sein Wissen in Seminaren vertiefen.
tourismus-badlaasphe.de

2 Winterberg

Die St.-Georg-Schanze ist Wettkampfstätte und Wahrzeichen von Winterberg. Sie befindet sich in Gipfelnähe des 732 Meter hohen Herrlohs. Die Schanze wurde 1959 vom Architekten Fritz Gladen gebaut und im Jahr 2000 zur Mattenschanze umgerüstet. Der Anlaufturm ist 22 Meter hoch, der Schanzentisch liegt 55 Meter über der Talsohle. Skispringer erreichen so beim Absprung Geschwindigkeiten von etwa 82 Stundenkilometern. Am Nordwesthang des Herrlohs stehen noch weitere vier Kleinschanzen. Nicht nur Sportler und Aktivurlauber kommen in der nordrhein-westfälischen Outdoor-Metropole Winterberg auf ihre Kosten, auch Wellness und Kultur sind hier angesagt. So kann man z. B. auf dem Barfußpfad im Ortsteil Langewiese seinen Füßen Erholung gönnen oder in der Heimatstube im alten Pfarrheim Historisches aus Hof, Haus und Handwerk entdecken.
winterberg.de

3 WaldSkulpturenWeg Wittgenstein-Sauerland

Kunst und Natur auf Schritt und Tritt erlebt man auf dem WaldSkulpturenWeg Wittgenstein-Sauerland zwischen Bad Berleburg im Kreis Siegen-Wittgenstein und Schmallenberg im Hochsauerland. Der Weg überwindet den Rothaarkamm, auf dem er auch den Rothaarsteig kreuzt. Rund 23 abwechslungsreiche Kilometer, die zum Schauen und Nachdenken anregen, aber auch für Entspannung sorgen, denn nach dem Kunstgenuss geht es weiter durch die Natur bis zum nächsten Kunstwerk. Der Wanderweg ist zwischen 2000 und 2010 entstanden. Derzeit zieren zehn spannende Plastiken, Skulpturen und Inszenierungen den Weg. Die reine Gehdauer beträgt etwa sechs Stunden.
waldskulpturenweg.de

4 Naturpark Rothaargebirge

Der Naturpark Rothaargebirge liegt im südöstlichen Teil Nordrhein-Westfalens und wurde 1963 eingerichtet. Seinen Namen verdankt der Naturpark dem Rothaargebirge, das sich dem Astengebirge in südwestlicher Richtung anschließt. Das Gebirge ist Quellgebiet der Flüsse Eder, Sieg und Lahn und darüber hinaus Wasserscheide zwischen Rhein und Weser. Die markantesten Erhebungen sind der Dreiherrenstein (674 Meter) und der Gillerberg (619 Meter) im Bereich Hilchenbach sowie im Westen in der Nähe der Stadt Kreuztal der Kindelsberg und die Martinshardt. Aus kulturhistorischer Sicht ist diese Region vor allem wegen ihrer Vielzahl an Burgen, Schlössern und Turmruinen interessant. Die bekanntesten hiervon sind das Kloster Grafschaft sowie die Schlösser in Bad Berleburg und in Bad Laasphe.

5 Schloss Junkernhees

Zu den bedeutendsten Baudenkmälern im Siegerland zählt Schloss Junkernhees im gleichnamigen Kreuztaler Stadtteil. Der Renaissancebau wurde ursprünglich im Jahre 1523 von Ritter Adam von der Hees als Wasserburg erbaut und im ausgehenden 17. Jahrhundert erweitert. Der Turm erhielt sein markantes Spitzdach erst Ende des 20. Jahrhunderts. Eine Branntweinbrennerei und eine Mühle aus dem 18. Jahrhundert sind als Nebengebäude erhalten. Um die Erhaltung des Schlosses kümmert sich ein Verein.
schlossjunkernhees.de

Wildnis, Wein und Vulkane

»Denn Eifel hieß, was rau und kalt, was öd und arm, von Sitten alt«, reimte 1844 der Dichter Ernst Moritz Arndt. Er beschreibt die Vorurteile, mit denen die Eifel damals zu kämpfen hatte. Heute zeigt sich die Eifel als eines der schönsten deutschen Mittelgebirge: Weite Wälder mit malerischen Fachwerkstädtchen, Thermalquellen, an die 140 Ruinen, Burgen, Schlösser und Klöster sowie Eifeler Spezialitäten wie der Apfelmost Viez locken viele Besucher an. Unweit von Koblenz beeindruckt in Münstermaifeld die Kirche des ehemaligen Stifts St. Martin und St. Severus. Das Westwerk des »Maifeldmünsters« basiert auf der romanischen Kirche aus dem 12. Jahrhundert. Durch das Ahrgebirge, einen Mittelgebirgszug der Eifel, schlängelt sich das Ahrtal, dessen mittlerer und unterer Abschnitt durch Weinbau und romantische Weinorte wie Altenahr oder Ahrweiler geprägt wird. Die Eifel kennzeichnet aber auch ausgedehnte Vulkanlandschaften. Vor rund 30 Millionen Jahren stieg hier glutflüssiges Magma aus der Tiefe empor und floss in dampfenden Lavaströmen von riesigen Vulkanen herab. Zwei riesige Vulkanfelder mit rund 400 Vulkanen zeugen von der bewegten Vergangenheit der Region. Auch die Hohe Acht, mit 747 Metern der höchste Gipfel der Eifel, ist der Rest eines stark verwitterten Vulkans. Zu diesen alten Formen gesellen sich junge Vulkane, durch deren Explosionen die Maare einst entstanden sind. Auch heute noch schlummert tief unter der Eifel heißes Magma. Kohlensäure, die aus dem Magma aufsteigt, wird vom Grundwasser aufgenommen. Wo das Wasser an die Oberfläche tritt, findet es als »Sprudelwasser« Verwendung.

Im Burgenmuseum im Wohnturm der Burg Nideggen erfährt man viel über Funktion und Bedeutung von Festungen.

Hürtgenwald
Vettweiß
Weilerswist
Bornheim
St. Augustin
SIEGBURG
Hennef
Raeren
Nideggen
Wollersheim
Zülpich
Rheinland
Eupen
Roetgen
Lammersdorf
Rurstausee
Heimbach
EUSKIRCHEN
BONN
Oberpleis
Buchholz
Simmerath
Nationalpark Eifel
Königswinter
Camping Zum Jone-Bur
Schwerfen
Naturpark Siebengebirge
Monschau
Nationalpark Eifel
Mechernich
Jakobsweg durch die Eifel
Rheinbach
Meckenheim
Bad Honnef
Neustadt (Wied)
Hohes Venn
Gemünd
Kakushöhle
Wachtberg
Vettelschoß
Vennbahn-Radweg
Schleiden
Kall
Bad Münstereifel
Weingut Sonnenberg
Remagen
Ahr-Rotweinstraße
Botrange
Naturpark
BAD NEUENAHR-
Linz
Robertville
Elsenborn
Hellenthal
Steinfeld
Nettersheim
Kirchsahr
Altenahr
Sinzig
Rad- und Fahrentour Rhein-Ahr
Eifelblicke
Teufelsloch
-AHRWEILER
Bad Hönningen
Hollerath
Reifferscheid
Tondorf
Bad Breisig
Bütgenbach
Ahrbrück
Segelfluggelände Mönchsheide
Eifelleiter
Waimes
Büllingen
Hohes Venn-
AhrSteig
Alpakawanderung
Kaltwassergeysir Andernach
Schmidtheim
Blankenheim
Schuld
BELGIEN
Ahr
Aremberg
Dümpelfeld
Burgbrohl
ANDERNACH
Eifel
Kempenich
Bouldern
Amel
Hallschlag
Dahlem
Müsch
Hohe Acht 747
Segeln auf dem Laacher See
Manderfeld
Kronenburg
Mineralquellen-Radweg
Adenau
Kloster Maria Laach
Bell
St.-Vith
Stadtkyll
Mendig
Plaidt
Ormont
Wiesbaum
Virneburg
Auw bei Prüm
Eifelkrimi-Wanderung
Nohn
Quiddelbach
Camping Siesta
Schoenberg
Ochtendung
Olzheim
Steffeln
Hillesheim
Naturpark
Mayen
Bleialf
Monreal
Winterspelt
Felsenweg in der Teufelsschlucht
Dockweiler
Kelberg
Kobern-Gondorf
Reuland
Prüm
Gerolstein
Polch
Prüm
Wohnmobilstellplatz Pronsfeld
Gerolstein
Naturpark Vulkaneifel
Kaisersesch
Münstermaifeld
Daun
Birresborner Eishöhlen
Gemündener Maar
Lützkampen
Oberstadtfeld
Schönecken
Münstermaifeld
Kosmosradweg Kleine Kyll
Mehren
Brodenbach
Lichtenborn
Vulkaneifel
Wohnmobilhafen Feriendorf Pulvermaar
Karden
Schalkenmehren
Irrhausen
Mosel
Treis
Schwimmen im Pulvermaar
Waxweiler
Lutzerath
Cochem
Meisburg
Dasburg
Bremm
Bruttig-Fankel
Dorweiler
Manderscheid
Kyllburg
Neuerburg
Bickendorf
Oberkail
Hasborn
Bad Bertrich
Bellstein
Zilshausen
Beltheim
Landschaftstherapeutischer Park Römerkessel
Alf
Sinspelt
Großlittgen
Kastellaun
10 km
Oberweis
Bitburg
Dudeldorf
Kinderbeuern
Blankenrath
Landscheid
Wittlich
Zell

Der Rur-Stausee im Nationalpark Eifel ist ein beliebtes Naherholungsziel für Wassersportler. Wanderwege über die waldreichen Höhen gewähren herrliche Ausblicke auf die Wasserfläche.

Campingpark zum Jone Bur

Auf diesem voll ausgestatteten und ruhigen Campingplatz ist man ca. fünf Kilometer vom Stadtzentrum Monschaus entfernt.
Grünentalstraße 36
52156 Monschau-Imgenbroich
zum-jone-bur.de
GPS: N50.56701 E6.26738

1 Nationalpark Eifel

Er liegt nur 65 Kilometer vom Ballungsraum Köln entfernt und bietet ein Wildniserlebnis der ganz ursprünglichen Art: Im Nationalpark Eifel bleibt die Natur seit 2004 auf einer Fläche von 110 Quadratkilometern komplett sich selbst überlassen – so wie es in den Nationalparks weltweit die Regel ist. Diese Maßnahme ist eine Investition in die Zukunft, denn hier leben mehr als 1600 zum Teil bedrohte Tier- und Pflanzenarten. Wenn Schnee liegt, bekommt man von manchen scheuen Tierarten überhaupt erst mit, dass sie sich in der Gegend aufhalten. Gangart, Trittform und -größe verraten dem kundigen Spurenleser, wer da unterwegs war. Die Ranger bieten lehrreiche Führungen durch das gesamte Gebiet an. Sie haben nicht nur ein Auge für seltene Tier- und Pflanzenarten, sondern überdies einen Sinn für lustige Anekdoten.
nationalpark-eifel.de

2 Kakushöhle

Zu Gast in der ältesten Wohnstätte des Menschen im Rheinland: Die Kakushöhle beim Mechernicher Stadtteil Dreimühlen gehört zu den bedeutendsten prähistorischen Fundstätten in Europa. Steinwerkzeuge und Speerspitzen aus der Steinzeit lagerten über Tausende von Jahren im luftig-lockeren Kalktuffgestein der Höhle, aus einer Zeit, als noch Mammuts, Wollnashörner und Höhlenlöwen durch die Nordeifel streiften. Auch in Antike, Mittelalter und Neuzeit diente die Höhle dem Menschen als zeitweiliger oder dauerhafter Unterschlupf, bis schließlich nur noch die Fledermäuse ihr Wohnrecht nutzten. Diese kleinen Säugetiere brauchen jedenfalls nicht ihren Kopf einzuziehen, wenn sie wieder nach draußen wollen. Der Höhlenausgang führt nämlich durch eine enge Felsspalte zurück nach draußen.
mechernich.de

3 Jakobsweg durch die Eifel

Jahrhundertelang war der Kölner Dom ein bedeutendes Pilgerziel. Immerhin werden dort die Reliquien der Heiligen Drei Könige aufbewahrt. Der goldene Schrein gehört zu den wichtigsten Schätzen des berühmten Gotteshauses. Von hier startet ein abwechslungsreicher Pilgerweg. Zunächst geht es in die grüne Landschaft der Eifel, die von ihrer vulkanischen Vergangenheit geprägt ist. Städte und einsame Wälder wechseln sich ab, ein Teil des Weges führt sogar durch Luxemburg. Am Zielort Trier schließlich wartet nicht nur der berühmte Dom, sondern vor allem die römische Vergangenheit darauf, entdeckt zu werden. Wer nur ein Teilstück gehen möchte, dem sei die rund 20 Kilometer lange Strecke von Bad Münstereifel nach Blankenheim empfohlen, die hübsch durch die Wälder der Eifel führt.
camino-europe.eu

Der AhrSteig von Blankenheim bis Sinzig erfordert angesichts einiger steiler Auf- und Abstiege Trittsicherheit und Kondition.

4 Eifelblicke

In Nettersheim und Umgebung kann man von drei gut erreichbaren Aussichtspunkten das beeindruckende Eifelpanorama auf sich wirken lassen: Der Enzenberg bei Nettersheim, das Hagelkreuz bei Buir und der Aussichtsturm auf dem Mühlenberg bieten tolle Ausblicke auf die ursprüngliche Eifel-Landschaft.

5 AhrSteig

Erst im Jahr 2012 wurde die gut 100 Kilometer Wegstrecke von Blankenheim bis Sinzig am Rhein eröffnet. Seitdem erfreut sie Wanderer mit herrlichen Panoramen und spannenden Wegabschnitten im romantischen Rotweinanbaugebiet nahe der Ahr. Schon der Name deutet darauf hin: Der AhrSteig ist nicht unbedingt ein einfacher Weg, sondern ein Steig – also ein schmaler, steiler Weg bzw. ein Gebirgspfad. So geht es auf dem AhrSteig richtig auf und ab, Wanderstöcke und feste Bergschuhe leisten dabei gute Dienste. Dafür sind die Etappen nicht allzu lang: Zwischen elf und 19 Kilometer stehen täglich auf dem Wanderplan. Wer nicht die ganze Strecke marschieren will, kann sich auch Etappen heraussuchen. Durch die Flut im Ahrtal waren einige Wegabschnitte nicht begehbar, doch mittlerweile ist der komplette Steig wieder wanderbar.
ahrsteig.de

Stellplatz am Weingut Sonnenberg

Auf einem Weingut am Rande des Rotweinwanderwegs finden zehn Mobile Platz – für Wein-Wanderer ein idealer Standort. Der Platz ist ganzjährig nutzbar, alle Ver- und Entsorgungseinrichtungen sowie Dusche und WC sind vorhanden.

Heerstraße 98
53474 Bad Neuenahr-Ahrweiler
weingut-sonnenberg.de
GPS: N50.55100 E7.12083

1 Teufelsloch

Natürlich könnte man behaupten, das Loch im Fels sei rein zufällig entstanden, durch eine Gesteinsverschiebung vielleicht. Doch man sieht es schon an den Ausmaßen, dass die Legende wahr sein muss: Das Teufelsloch bei Altenahr ist exakt so groß wie die Ausmaße einer wohlgenährten Großmutter. Der Teufel wollte nur kurz in der Gegend verweilen, verfiel aber ihrem guten Wein und blieb länger. Da er nun den eigentlichen Aufgaben nicht mehr nachkommen konnte, erschien seine Großmutter, um ihn zu holen, allerdings in der Gestalt einer schö-

Teufelsloch bei Altenahr.

nen Jungfrau. Der sich spontan verliebende Teufel konnte nicht widerstehen und näherte sich der Herzensdame. Erst in seinen Armen verwandelte sich die Großmutter zurück. Entsetzt packte sie der Teufel und schleuderte sie gegen eine massive Felswand, die ob der starken Alten nachgab. Was bis heute blieb, ist das Teufelsloch.

2 Alpakawanderung

Karamell- und schokobraun, elfenbeinfarben oder schwarzgrau mit hellem Hals und Kopf: Ein gutes Dutzend individuell gefärbter Tiere umfasst die Herde der kleinen Anden-Kamele, die inmitten einer weiten südhessischen Acker- und Feldlandschaft zu Hause sind. Unter ihrem charakteristischen Haarschopf schauen sie mit großen Augen neugierig in die Welt – und strahlen dabei dennoch eine große Ruhe aus. Stress scheinen diese flauschigen Hochbeiner nicht zu kennen. Vielleicht ist ihr Fell deshalb so fein und sind die zu Wolle gesponnen Haare so begehrt. Freundlich lassen sie sich das Halfter überstreifen, bevor es losgeht auf eine gemütliche Wanderung, bei der sich die Teilnehmenden gerne von der Ruhe der Hirschbach-Alpakas anstecken lassen.
hirschbach-alpakas.de

3 Ahr-Rotweinstraße

1978 wurde die Rotweinstraße durch das Tal der Ahr unter tätiger Mithilfe der damals amtierenden Rotweinkönigin Bernadette Rossi eröffnet. Dass sich die Königin ihren Namen (italienisch rosso = rot) eigens für dieses Event zulegte, ist wahrscheinlich, aber nicht belegt. Rund 90 Kilometer misst der Flusslauf der Ahr von der Quelle im Ahrgebirge, einem Ausläufer der Osteifel, bis zur Mündung in den Rhein bei Sinzig. Felshänge und Burgruinen, Weinberge und Winzerorte säumen ihre Ufer. Der heutige Straßenverlauf der Rotweinroute führt von Sinzig auf der B266 bis Bad Neuenahr-Ahrweiler und weiter auf der B267 bis Altenahr. Für fitnessbewusste Zeitgenossen ist ein Rotweinwanderweg durch die Sonnenhänge markiert, der den Fluss von Altenahr bis Lohrsdorf begleitet sowie Ab-

Links: In Begleitung von Alpakas macht eine Wanderung gleich noch mehr Spaß.

Unten: Die Teufelsschlucht im Naturpark Südeifel entstand durch eine Reihe von Felsstürzen vor etwa 10 000 Jahren.

oder Aufstiege zu den Weinbauorten anbietet.
deutsche-weine-und-weinstrassen.de

4 Segelflugplatz Mönchsheide

Oberhalb von Bad Breisig, etwa 20 Kilometer von Bonn entfernt, liegt ein Platz zum In-die-Luft-Gehen. Von Anfang April bis Ende Oktober herrscht auf dem Flugplatz Mönchsheide reger Flugbetrieb mit Segel- und Ultraleichtflugzeugen. Erstere eignen sich bestens für ein erstes Hineinschnuppern in den Luftsport. Schon Jugendliche ab 14 Jahren dürfen mit einem erfahrenen Fluglehrer ins Cockpit und sich im Doppelsitz-Flugzeug von der Winde in die Luft ziehen lassen. Von oben eröffnet sich ein einzigartiger Blick auf das Plateau Mönchsheide mit seiner idyllischen Landschaft. Alle, die mit den Füßen lieber am Boden bleiben, lädt das Gelände zum Wandern ein.
moenchsheide.de

5 Eifelleiter

An einem schönen Wochenende auf der reizvollen Wanderweg »Eifelleiter« ergeben sich bei drei genussvollen Etappen eine Fülle abwechslungsreicher Eindrücke. Von Bad Breisig im Rheintal aus hält bereits der Aufstieg atemberaubende Ausblicke auf Schlösser, Burgen und die herrliche Flusslandschaft bereit. Vom zauberhaften Brohltal aus geht es weiter auf alten Römerpfaden durch Wälder und Landschaften vulkanischen Ursprungs wie das Rodder Maar. Das Erklimmen des Eifelgipfels, der Hohen Acht, wird belohnt mit einem fantastischen Panorama.

Wohnmobilstellplatz Pronsfeld

Der gebührenpflichtige Stellplatz mit allen Ver- und Entsorgungseinrichtungen liegt ruhig am Waldrand. Von hier kann man direkt zu Fahrradtouren starten. Er ist zu jeder Jahreszeit geöffnet.
Bahnhofstraße, 54597 Pronsfeld
GPS: N50.16365 E6.33741

1 Prüm

Bertrada, die Großmutter der Gemahlin König Pippins des Jüngeren, gründete hier im Jahr 721 eine Benediktinerabtei. 752 begann Pippin mit der großzügigen Erweiterung der Anlage zum königlichen Kloster, die unter Karl dem Großen abgeschlossen wurde. Seit 1721 entstand als neue Klosterkirche die barocke Sankt-Salvator-Basilika mit einer doppeltürmigen Fassade. Wenig später wurden auch neue Klostergebäude erbaut; in der Fassade des

MIT DEM BIKE

Vennbahn-Radweg

Auf einer ehemaligen Bahntrasse verläuft der 125 Kilometer lange Radweg von Aachen durch die Eifel, Belgien und Luxemburg. Für eine gemütliche Tagestour (38 Kilometer) bietet sich der Abschnitt von Monschau nach Aachen an – hier geht es vor allem bergab.
eifel.info/a-tagestour-auf-dem-vennbahn-radweg

Rad- und Fährentour Rhein-Ahr

Die überwiegend am Rhein verlaufende, aussichtsreiche Radroute ist mit 20 Kilometern ein Tipp für Familien. Start und Ziel ist Sinzig. Mit der Fähre geht es zunächst auf die rechte, dann zurück auf die linke Rheinseite. Unterwegs finden sich immer wieder Einkehrmöglichkeiten.
ahrtal.de/touren/rad-und-faehrentour-rhein-ahr/tour.html

Mineralquellen-Radweg

Die Vulkaneifel ist berühmt für ihr Mineralwasser. Auf einem 31 Kilometer langen Radwanderweg kann man einige Quellen erkunden. Auch Maare und Tuffgestein liegen auf der Strecke, die auch für Personen mit nicht so ausgeprägter Kondition gut zu schaffen ist. Die Route führt auf Rad- oder Wirtschaftswegen ohne Autoverkehr von Ahrdorf nach Daun.
eifel.info/a-mineralquellen-route

Kosmosradweg Kleine Kyll

Auf der 22 Kilometer langen Tour von Daun nach Meerfeld unternehmen Radfahrer eine Reise in die Weiten des Weltalls. Zunächst passiert man die Planeten des Sonnensystems, die je nach Entfernung zur Sonne maßstabsgetreu am Wegrand aufgestellt sind. Weiter geht es bis zum Beginn des Universums, dem Urknall.
eifel.info/a-kosmosradweg-kleine-kyll

Nordflügels halten sich klassische Strenge und barocke Dynamik harmonisch die Waage.

2 Felsenweg in der Teufelsschlucht

Eine Landschaft von Urgewalten geformt: Mit bizarren Felsformationen, steilen Felswänden mit Nischen und Höhlen ist der »Felsenweg 6« der spannendste Wanderweg im Naturpark Südeifel. Berühmt ist die Teufelsschlucht, eine an der engsten Stelle einen Meter breite Felsspalte.

3 Birresborner Eishöhlen

Seit 1938 stehen die Mühlsteinhöhlen etwas außerhalb von Birresborn unter Denkmalschutz. Hier hat man früher den Eifelbasaltschlacken in harter Arbeit Mühlsteine abgetrotzt. Den Beinamen Eishöhlen haben sie, weil es hier im Winter große Eiszapfen zu bestaunen gibt.

4 Gerolstein

Das Besichtigungsprogramm ist anspruchsvoll: bizarre steile Felsstufen, im Naturschutzgebiet Gerolsteiner Dolomiten, ein Revier für Kletterer, dazu Fundstellen berühmter Fossilien im GeoPark und ein jungeiszeitlicher, maarähnlicher Vulkan namens Papenkaule. Deutlich jüngere Sehenswürdigkeiten sind die Löwenburg (1280) und die Erlöserkirche aus dem 20. Jahrhundert, die im Inneren mit Mosaiken ausgekleidet ist. In den örtlichen Museen sind Funde aus der Stein- und Bronzezeit, aus keltischer und römischer Zeit ausgestellt. Mehr über die bekannte Mineralwasserquelle kann man im Besucherzentrum erfahren. In der Umgebung lockt außerdem der Adlcr und Wolfspark Kasselburg.

5 Eifelkrimi-Wanderung

Eifel-Krimis haben eine große Fangemeinde. Wer Lust hat, kann sogar auf zwei Eifelkrimi-Wanderungen gehen (18 und 20 Kilometer). Dabei entdeckt man nicht nur die insgesamt elf Schauplätze literarischer Verbrechen, sondern auch Sehenswertes der Umgebung, zum Beispiel den Wasserfall Dreimühlen. Mehrere Bäche fließen an diesem Naturdenkmal zusammen und fallen über von Laubmoosen bewachsenes Kalksintergestein hinab. Damit man sich nicht verirrt, ist der Eifel-Krimi Wanderweg im Uhrzeigersinn mit einem Logo und Richtungspfeilen markiert. eifel.info/a-eifelkrimi-wanderweg

Oben: Mit einem Geländer gesichert, ist der Auberg in den Gerolsteiner Dolomiten gut erreichbar.

Mitte: Schloss Bürresheim blieb in seinem Originalzustand erhalten.

Unten: Ein Gebäude schöner als das andere: das Alte Rathaus und Schloss Engers in Engers-Neuwied.

Rechts: Das tiefblaue Wasser des Gemündener Maars im Naturpark Vulkaneifel lädt zum Baden ein.

Neuwied
Wo die Flüsse Rhein und Wied aufeinandertreffen, wurde im 17. Jahrhundert Neuwied gegründet, dessen Existenz eng mit der Herrnhuter Brüdergemeinde verbunden ist. Das Herrnhuter Viertel mit der Brüderkirche ist einheitlich im spätbarocken Herrnhuter Stil erbaut. Weltliche Pracht repräsentieren das barocke Residenzschloss mit Schlossgarten direkt am Rhein und das idyllische Altwied mit mittelalterlicher Burg.

Schloss Bürresheim
Im Nettetal, nordwestlich von Mayen, dem städtischen Zentrum der Eifel, erhebt sich weithin sichtbar Schloss Bürresheim, das um 1200 als mittelalterliche Wehranlage entstand, in der Barockzeit zum Schloss ausgebaut wurde und bis 1938 bewohnt war. Die Inneneinrichtung ist noch weitgehend erhalten. Auch der barocke Garten des Schlosses lohnt einen Abstecher.

Wohnmobilhafen des Feriendorfs Pulvermaar

Dieser weitgehend naturbelassene, kostenpflichtige Stellplatz im Herzen der Vulkaneifel bietet nicht nur eine für den Wohnmobilisten notwendige Infrastruktur, sondern auch eine fantastische Fernsicht. 30 Fahrzeuge finden hier Platz. Geöffnet März bis November.

Vulkanstraße, Auf der Maarhöhe
54558 Gillenfeld
feriendorf-pulvermaar.info
GPS: N50.13406 E6.91866

1 Schwimmen im Pulvermaar

Wo sich heute der Himmel in der ruhigen Wasseroberfläche des Sees spiegelt, bebte einst die Erde. Glühend heiße Lava stieg aus dem Pulvermaar-Vulkan auf, traf auf wasserführende Gesteinsschichten und sorgte so für eine gewaltige Explosion. In einem infernalischen Spektakel wurden Felsbrocken und flüssiges Gestein aus dem Explosionstrichter geschleudert und ergossen sich in die Landschaft. Das weiche Gestein rundum bröckelte ab, vergrub den Explosionsschlot und formte einen sogenannten Maartrichter. Dieser füllte sich mit Wasser und ein Maar war entstanden. Eine bis zu 20 Meter hohe Wand aus Tuff umgibt das Pulvermaar, was es zu einer morphologischen Besonderheit in der Eifel macht. Rund um den See wachsen dichte Buchenwälder, durch die ein Wanderweg führt. Wer ihn achtsam entlangspaziert, wird mit dem Blick auf einige Exemplare der vielen verschiedenen Wasservogelarten belohnt, die sich hier niedergelassen haben. Sie teilen sich ihren Lebensraum mit vielen Libellen, die ebenfalls artenreich vertreten sind. Zum Schutz der Tier- und Pflanzenwelt ist das Baden nur im Naturbad Pulvermaar am Ostufer erlaubt. Was allerdings keineswegs von Nachteil ist, denn es liegt wunderschön am kristallblauen Wasser, in das Mutige von einem kleinen Sprungturm aus eintauchen können.

2 Naturpark Vulkaneifel

Der rund 980 Quadratkilometer große Naturpark Vulkaneifel ist der achte Naturpark von Rheinland-Pfalz. Der vulkanische Ursprung ist das große Plus der Region. Er hat typische Kegel, Maare, erkaltete Lava und Mineralwasserquellen hinterlassen. Im ganzen Land gibt es keinen

Ort, an dem solche geologischen Spuren in dieser Dichte zu finden sind. Noch vor rund 11 000 Jahren waren die Vulkane aktiv. Aus erdgeschichtlicher Sicht handelt es sich also um eine sehr junge Landschaft. Auch die Natur ist sehenswert. Unvergleichlich präsentiert sich die Gegend im Frühjahr, wenn wilde Narzissen weite Wiesen in leuchtendes Gelb tauchen. Ebenfalls lohnend ist das Vogelschutzgebiet Sangweiher im Herzen des Naturparks.

3 Gemündener Maar

Das Gemündener Maar gehört zu den acht verbliebenen Maarseen der Vulkaneifel. Ein Maar ist eine meist runde Mulde, die durch eine Explosion und das Einsacken von Gestein entsteht. Am Rand sammelt sich

Oben: Nicht nur die romanische Kirche, sondern der ganze Ortskern von Mehren steht unter Denkmalschutz.

Mitte: Bouldern an den Lavabrocken in Gleees ist nichts für Anfänger.

Unten: Blick über den Laacher See zum Kloster Maria Laach.

häufig Material, das tief aus der Erde stammt. Grund- und Regenwasser haben aus den Mulden Seen gemacht, von denen die meisten inzwischen ausgetrocknet sind. Nicht so das Gemündener Maar mit seinem tiefblauen Wasser. Es ist 38 Meter tief, ein Naturfreibad lädt zum Schwimmen ein.

4 Mehren

Man glaubt, sich in einem Museumsdorf zu befinden, aber in Mehren leben und arbeiten knapp 1500 Menschen. Bruchstein- und Fachwerkhäuser aus dem Mittelalter bis ins 19. Jahrhundert sind außerordentlich gut erhalten und bilden ein malerisches Ensemble. Sogar der Chor der Hallenkirche trägt eine Dachkonstruktion aus Fachwerk. Ein weiteres Juwel ist die Alte Schule. Unterhalb des Fachwerkbaus liegt das ehemalige Dorfgefängnis. Das 1547 in Betrieb genommene Verlies kann besichtigt werden. In Mehren sind nicht nur die einzelnen Gebäude denkmalgeschützt, sondern der vollständige Ortskern ist seit 1996 eine Denkmalschutzzone.

5 Landschaftstherapeutischer Park Römerkessel

Wenn Menschen überlastet sind, treten Erkrankungen auf. Eine Auszeit in der Natur kann helfen, einer solchen Entwicklung vorzubeugen. Der 2012 eröffnete Landschaftstherapeutische Park in Bad Bertrich am Rand des Naturparks Vulkaneifel ist auf dieses Ziel ausgerichtet. Den Erholungsuchenden erwarten sieben Themengärten mit unterschiedlichen Wirkungen. Während man sich hier vom Alltag erholt, stärkt man sein Immunsystem und seine Selbstheilungskräfte.

Camping Siesta

Der naturbelassene Platz ist nicht weit vom Laacher See und der Autobahn entfernt. Hohe Bäume sorgen für Schatten auf den 75 Plätzen. Ver- und Entsorgungseinrichtungen. April bis Ende Oktober.

Laacherseestraße 6a
56743 Mendig
campingsiesta.de
GPS: N50.38694 E7.27236

1 Kloster Maria Laach

»Ora et labora«, so lautet die Grundregel des Benediktinerordens, der an einem Kratersee der Vulkaneifel bis heute einen großen Klosterkomplex bewirtschaftet. Aus der Vogelperspektive betrachtet, wirkt die Kirche des Klosters in ihrem klaren Aufbau fast wie im Baukastenmodell aus geometrischen Klötzchen zusammengefügt: Sechs Türme überhöhen die dreischiffige Pfeilerbasilika mit ihren zwei Querhäusern. Der Zugang erfolgt über das sogenannte Paradies, eine vorgelagerte Säulenvorhalle. Die Abteikirche, die die Idee der Gottesburg verkörpert, gilt als Paradebeispiel romanischer Baukunst nördlich der Alpen. Die Merkmale dieser mittelalterlichen Kunstepoche, wie geschlossene Mauerflächen, Rundbögen und kleine Fenster, lassen sich hier studieren.
maria-laach.de

2 Segeln auf dem Laacher See

Farbenfroh wird es auf dem größten See in Rheinland-Pfalz vor allem in Frühjahr und Herbst, denn dann leuchten die bunten Segel vieler Segler und Windsurfer auf dem Wasser. Zu diesen Zeiten sind die Windbedingungen optimal. Im Sommer sorgt die Tallage des zwischen Mayen und Andernach gelegenen Gewässers für eher schwachen Wind. Davor und danach freuen sich Wassersportler vor allem über kräftigen Südwestwind, der ihr Boot über das 330 Hektar große Revier treibt. Kommt Ostwind auf, wird es anspruchsvoll. Da kann es mitunter mehr Spaß machen, den Profis bei einer der vielen Regatten zuzusehen, die regelmäßig auf dem See stattfinden.

3 Bouldern

Heute zählt das Bouldern zu den beliebtesten Disziplinen im Klettersport. Unzählige Hallen und künstliche Kletteranlagen bieten überall in Deutschland die Möglichkeit zur sportlichen Betätigung, doch mit dem Hangeln am echten Felsen ist es einfach nicht zu vergleichen. Bevor es nach Glees bei Wassenach geht, empfiehlt es sich, Hände und Finger zu schützen. Die Basaltblöcke sind rau und scharfkantig. Kein Wunder, schließlich bilden sie die Abbruchkante eines rund zwei Kilometer breiten Lavastroms, den der Vulkan Veitskopf vor rund 20 000 Jahren in die Landschaft spie. Weil das Niveau der Routen im anspruchsvollen Bereich liegt, ist das Gebiet vor allem für erfahrene Kletterer geeignet. Der Deutsche Alpenverein (Sektion Eifel) hat Einführungskurse zum Bouldern in Glees im Programm.
gleesbouldering.com

4 Kaltwassergeysir Andernach

Alle rund 120 Minuten geht es auf der Halbinsel Namedyer Werth im wahrsten Sinne des Wortes hoch her: Dann steigt nämlich eine bis zu 60 Meter messende Wasserfontäne in den Himmel, ausgespuckt vom Kaltwassergeysir Andernach. Rund acht Minuten dauert das Spektakel, für das natürliches Kohlendioxid aus 4000 Meter Tiefe sorgt. Wissenschaftlich fundiert erklärt den Vorgang die Ausstellung im Geysir-Zentrum in Andernach. Direkt am Zentrum liegt die Schiffsanlegestelle in Richtung Geysir.
geysir-andernach.de

5 Münstermaifeld

Mitten im Maifeld, einer sanften Hügellandschaft zwischen den Flüssen Nette, Elz und Mosel, erhebt sich eine gewaltige Münsterkirche, der die Stadt Münstermaifeld ihren Namen verdankt. Bereits im 6. Jahrhundert errichtete Erzbischof Magnericus hier eine Martinskathedrale und machte den Ort damit zum regionalen Zentrum der Christianisierung. Mit dem Bau der ehemaligen Stifts- und heutigen Pfarrkirche St. Martin und St. Severus wurde im 13. Jahrhundert begonnen. Im Inneren findet sich mit dem spätgotischen Goldaltar ein Meisterwerk mittelalterlicher Holzschnitzkunst.

Im Weinland

Drei Dinge sind am Mittelrhein zwischen Bonn und Wiesbaden wichtig und entscheidend: Romantik, Romantik, Romantik. Im 19. Jahrhundert hatten romantische Künstler die Landschaft des Mittelrheins für sich entdeckt. Seitdem bereisen Besucher aus dem In- und Ausland diesen Flussabschnitt auf der Suche nach ihren eigenen Sehnsuchtsbildern einer romantisch verklärten Landschaft. Viele werden hier zwischen Burgen, Klöstern und Weinbergen fündig. Selbst die UNESCO nahm das Obere Mittelrheintal in ihre Liste des Welterbes auf. Ähnlich weinselig wie der Mittellauf des Rheins gibt sich auch der vielleicht romantischste Nebenfluss, die Mosel. Der für seine malerischen Mäander bekannte Fluss entspringt als Moselle in den südlichen Vogesen, markiert bis kurz vor Trier die deutsch-luxemburgische Grenze, windet sich dann zwischen Eifel und Hunsrück Richtung Nordwesten, um schließlich nach 545 Flusskilometern in Koblenz in den Rhein zu münden. Das Moseltal ist eine jahrtausendealte Kulturlandschaft, die bereits in keltischer und römischer Zeit besiedelt war.

Am Hang über St. Goarshausen thront Burg Katz, heute Teil des UNESCO-Welterbes Oberes Mittelrheintal.

BAD NEUENAHR-AHRWEILER
ANDERNACH
NEUWIED
Bendorf
KOBLENZ
Lahnstein
Montabaur
Hadamar
Diez
LIMBURG
Vulkanpark
Mendig
Maifeld-Radwanderweg
Mayen
Moselhöhenweg
Parkplatz Peter-Altmeier-Ufer
Koberner Burgpfad
Schloss Stolzenfels
Mittelrhein-Klettersteig
Boppard
Wanderung durch das Enderttal
Burgruine Winneburg
Cochem
Calmont-Klettersteig
Im Weinberg
Spaziergang zur Ruine Metternich
Weinseeliges Moseltal
Wanderung durch die Ehrbachklamm
Mountainbiketour
Nastätten
St. Goarshausen
Loreley-Felsen
St.Goar
Oberwesel
Bad Schwalbach
WIESBADEN
Rundtour ab Eltville
Eltville
Camping Sonnenstrand
Seilbahn Rüdesheim
Rüdesheim
Erlebnispfad im Binger Wald
Bingen
MAINZ
Kräutergarten Ürzig
Sun Park Wohnmobilpark
Traben-Trarbach
Bernkastel-Kues
Wittlich
Bitburg
Römerweinschiff
Wassersport auf der Mosel
Moselradweg ab Neumagen
Rodelbahn Riol
Wanderung auf den Petrisberg
TRIER
Konz
Reisemobilpark Treviris
Viezstraße
Tawern
Weinlehrpfad Nittel
Römischer Wanderweg »Via Caliga«
Saarburg
Mettlach
Moselradweg ab Perl
Merzig
Wadern
Nationalpark Hunsrück-Hochwald
Idar-Oberstein
BAD KREUZNACH
Alzey
St. Wendel
Lebach
Dillingen
Saarlouis
NEUNKIRCHEN
KAISERSLAUTERN
Bad Dürkheim
Grünstadt
10 km

Am Hauptmarkt zeigt sich Trier von seiner schönsten Seite. Repräsentative Gebäude mit prächtigem Fassadenschmuck, der Petrusbrunnen und die Kirche St. Gangolf ziehen die Blicke auf sich.

Reisemobilpark Treviris

Dieser ist ein sehr großer Platz mit allen notwendigen Ver- und Entsorgungseinrichtungen, Duschen und WiFi. Ganzjährig geöffnet. Bezahlung mit Camp-Card-System. Der Fußweg zu den Kaiserthermen beträgt 2,5 Kilometer, zur Porta Nigra 3,5 Kilometer.

In den Moselauen 5, 54290 Trier
camping-treviris.de
GPS: N49.73853 E6.62428

1 Römischer Wanderweg »Via Caliga«

Mit einer Gesamtlänge von 34 Kilometern verläuft dieser Wanderweg teilweise auf der Trasse der ehemaligen Römerstraße, die von Metz nach Trier führte. Infotafeln erzählen Wissenswertes über die Römer, den Weinbau und die Geologie an der Obermosel. Als Startpunkt der Wanderung empfehlen sich der Parkplatz in Wincheringen oder an der Skulptur am Moselufer in Palzem. Wegweiser ist die Caliga-Riemensandale.
mosel.de

2 Weinlehrpfad Nittel

Der Weg führt, beginnend am Ortsausgang von Nittel, durch die Weinlage Nitteler Leiterchen. Infotafeln geben auf dem etwa 1,5 Stunden langen, mittelschweren Spaziergang Einblicke in Rebsorten, Weinanbau und historische Entwicklungen an der Obermosel.
saar-obermosel.de

3 Tawern

Unbedingt empfehlenswert ist der Besuch von Tawern. Zwischen 1986 und 1987 wurde auf dem Metzenberg eine gallo-römische Tempelanlage freigelegt und teilweise rekonstruiert. Im Mannebachtal unterhalb des Berges liegen die Überreste einer römischen Straßensiedlung an der historischen Straße zwischen Italien und Trier.

4 Viezstraße

Hergestellt wird der Viez (Apfelwein) aus kleinwüchsigen Äpfeln, die auf den zahlreichen Streuobstwiesen der Region gedeihen. Die rund 150 Kilo-

Tafeln informieren über den Weinbau beim Weinlehrpfad Nittel.

Mittelmosel heißt der 120 Kilometer lange Abschnitt der Mosel von Trier bis Reil. In vielen Windungen und Schleifen zieht sich der Fluss hier durch die Landschaft.

meter lange Themenstraße führt von Konz über den Saargau bis nach Siersburg im Saarland. Sie ist mit dem Apfel-Logo durchgehend beschildert. Besonders empfehlenswert ist die Route von April bis Oktober, dann gibt es entlang der Strecke zahlreiche Erntefeste und Bauernmärkte zu erleben.
viezstrasse-online.de

5 Wanderung auf den Petrisberg

Eine etwa 4,5 Kilometer lange Wandertour führt auf den Petrisberg, den »Hausberg« der Trierer. Man wandert größtenteils auf asphaltierten Wegen. Die Tour startet in Trier am Kreuzweg/Ecke Kurfürstenstraße und geht hinauf zum Fernsehturm. Die etwa 120 Meter Höhenunterschied führen zum Teil über Treppen dorthin. Der Lohn für die kleine Anstrengung ist ein beeindruckender Ausblick auf die Stadt und in das weite Moseltal. Dann geht es weiter in den Petrispark mit dem Turm Luxemburg. Anschließend geht man dem Weg wieder zurück und folgt an der Abzweigung links der Baumallee »Beim alten Weingarten« in Richtung Petrisberg. Vom Aussichtspunkt bietet sich wieder ein herrlicher Ausblick auf Trier. Anschließend folgt man dem Fußweg bergab vorbei am Kloster Sankt Klara. Am »Hotel Petrisberg« führt ein Serpentinenpfad durch den Wald hinab ins Tal.

Sun Park Wohnmobilpark

Der kostenpflichtige, ruhige Platz liegt direkt an der Mosel. Alle notwendigen Ver- und Entsorgungseinrichtungen sowie Duschen und WLAN sind vorhanden. Geöffnet Anfang April bis Anfang November. Ein guter Standort, um Bernkastel-Kues zu besuchen (2,5 Kilometer).

Gestade 16a, 54470 Graach/Mosel
sunpark-mosel.de
GPS: N49.93385 E7.06291

1 Wassersport auf der Mosel

Für Wassersportler hat die Mosel einiges zu bieten. Neumagen-Dhron beispielsweise verfügt über einen Jachthafen, wo Segler sowohl mit dem eigenen Boot anlegen als auch eines ausleihen können. Am Moselufer in Schweich-Issel befindet sich neben Liegeplätzen für Privatboote auch eine moderne Wasserskianlage, die vielfältig genutzt werden kann. Im Wakepark Triolago in Riol bei Trier stehen sowohl Wasserskier als auch Wakeboards zum Testen bereit.

2 Rodelbahn Riol

In Riol lockt eine Allwetterrodelbahn große und kleine Besucher an. Die knapp 1200 Meter lange Bahn sorgt mit Kurven, Wellen und Kreiseln für Vergnügen. Zum Start kann man sogar hochfahren. Für das leibliche Wohl sorgt die Gastronomie beim Campingpark triolago.
triolago.eu

3 Römerweinschiff »Stella Noviomagi«

Das Vorbild der »Stella Noviomagi« ist ein antikes Weinschiff, das einst das Grab eines reichen Händlers zierte. Vorbei an berühmten Weinlagen wie der Trittenheimer Apotheke und dem Piesporter Goldtröpfchen fährt der Nachbau heute die Mosel auf und ab. An Bord erzählen Experten Wissenswertes über die lange Tradition des Weinanbaus in der Region. neumagen-dhron.de

4 Kräutergarten Ürzig

Wie die Perle einer Muschel, hineingeschmiegt in eine Moselschleife, präsentiert sich der Weinort Ürzig. Besonders interessant ist der außergewöhnliche Kräutergarten, der auf einem ehemaligen Weinberg oberhalb von Ürzig angelegt wurde. Er trägt zu jeder Jahreszeit ein anderes Gewand. Bei der Gestaltung haben sich die Planer an vorhandenen kulturhistorischen Strukturen orientiert, der Garten ist in Terrassen gegliedert und wird von Schiefermauern und Pfaden durchzogen. Von Juli bis Oktober werden interessante Kräuter- und Gewürzgartenführungen angeboten.
uerziger-gewuerzgarten.de

5 Traben-Trarbach

Die reizvolle Winzerstadt war seit Mitte des 18. Jahrhunderts gut 200 Jahre der reichste Ort an der Mosel, was sich noch heute an ihren pracht-

Oben: Das Kaiserliche Postamt und das Lorettahaus sind zwei der vielen Prachtbauten in Traben-Trarbach.

Mitte: Sieben Meter tief stürzt der Wasserfall der Rausch im wilden Enderttal hinab.

Unten: Auf dem Römerweinschiff »Stella Noviomagi« erfahren die Mitfahrer alles über den Weinbau an der Mosel.

vollen Bauwerken ablesen lässt. Beeindruckend ist das luxuriös ausgestattete Böckinghaus (1760), das heute das Mittelmoselmuseum beherbergt, erlesen sind Jugendstilbauten wie die Huesgen-Villa. Ein interessantes Gebäudeensemble der Gründerzeit sind das Lorettahaus und das Kaiserliche Postamt. Von der Burgruine Grevenburg eröffnet sich eine prachtvolle Aussicht.

Im Weinberg

Der Stellplatz am Rande eines Weinbergs in Ernst besitzt alle notwendige Ver- und Entsorgungseinrichtungen und eignet sich gut, um das ca. sechs Kilometer entfernte Cochem zu besuchen.
Weingartenstr. 106, 56814 Ernst
GPS: N50.14258 E7.23190

1 Wanderung durch das Enderttal

Der Wanderweg verläuft auf 20 Kilometern durch das Tal der wilden Endert von Ulmen nach Cochem. Er führt unter anderem an einem Wasserfall vorbei, wo das Wasser der Rausch sieben Meter in die Tiefe stürzt. Auskunft erteilt das Touristik-Büro Schieferland Kaisersesch.
eifel.info/wandern/wanderwege/a-wilde-endert

2 Burgruine Winneburg

Im 11. Jahrhundert wurde die Burg oberhalb des Endertbachtales bei Cochem erbaut. 1689 wurde sie von den Franzosen zerstört. Ein Besuch der Ruine mit Bergfried, Zwingermauern, Palas und Wirtschaftsgebäuden lohnt sich nicht nur anlässlich der regelmäßig stattfindenden mittelalterlichen Ritterfeste. Schon der Aufstieg über gewundene Pfade ist ein Erlebnis.

3 Spaziergang zur Ruine Metternich

Ein schöner Spazierweg führt vom Klosterberg in Beilstein vorbei an Kirche und Marienkapelle zur Burgruine Metternich. Über die Armesün-

MIT DEM BIKE

Moselradweg ab Perl

Von Perl nach Trier geht es ein Stück auf dem Moselradweg entlang. Wer die ganze 55 Kilometer lange Etappe radelt, hat auf seinem Weg Wincheringen, Wellen, Oberbillig und Konz passiert. In Konz, wo die Saar in die Mosel fließt, ist ein Wechsel auf den Saar-Radweg möglich. Informationen zur Etappe unter
fahrrad-tour.de/Moselradweg/Moseltal2.php

Moselradweg ab Neumagen

Eine rund 23 Kilometer lange Radtour führt auf dem Moselradweg von Neumagen nach Bernkastel. In diesem Abschnitt fließt die Mosel in herrlichen Schleifen durch eine Landschaft mit hohen Weinbergen und malerischen Orten. Die Route startet in Neumagen und führt nach Überquerung der Mosel auf der linken Seite flussabwärts. Entlang steiler Weinberge geht es nach Ferres und weiter Piesport, wo verschiedene Weingüter zur Verkostung einladen. Bei Piesport wechselt der Radweg wieder auf das rechte Moselufer. Von dort aus sind weitere Etappen Wintrich, Filzen, Brauneberg, Mülheim und Andel. Wer am Ende von Bernkastel wieder zurück nach Neumagen möchte, kann dies z. B. per Schiff tun. In der Regel nehmen Schiffe auch Fahrräder gegen Aufpreis (2–5 Euro) mit.

Maifeld-Radwanderweg

Im Frühjahr führt der Maifeld-Radweg von Mayen bis Münstermaifeld/Ochtendung durch ein goldgelb blühendes Rapsmeer. Besonders imposant ragt auf der Strecke ein 40 Meter hoher Natursteinviadukt über das Nettetal.

Mountainbiketour

Eher etwas für geübte Mountainbiker ist die Radtour vom Kloster in Kamp-Bornhofen um den Osterspaier Wald nach Braubach.

Rundtour ab Eltville

Eine mehrstündige Radtour führt durch die berühmte Weinbauregion am oberen Rheingau. Die Tour beginnt in der Wein-, Sekt- und Rosenstadt Eltville und führt über Walluf, die älteste Weinbaugemeinde des Rheingaus, nach Kiedrich. Auf dem weiteren Weg bietet sich ein Besuch im Kloster Eberbach sowie eine gemütliche Einkehr in einer der zahlreichen Gutsschänken in Hattenheim oder Erbach an. Am Rheinufer entlang geht es wieder nach Eltville zurück.

derkapelle und den jüdischen Friedhof geht es über die Weinberge zurück ins Dorf.

❹ Calmont-Klettersteig

Gut gesichert geht es etwa 250 Höhenmeter hinauf auf den steilsten Weinberg Europas. Drahtseile und Trittleitern erleichtern die Fortbewegung im steilen Gelände. Gutes Schuhwerk, Schwindelfreiheit und Trittsicherheit sind Grundvoraussetzung für die erlebnisreiche Tour.
mosel-zweinull.de

❺ Weinseliges Moseltal

Von den Segnungen der antiken römischen Zivilisation ist eine im Moseltal besonders augenfällig: der Anbau von Wein. Kein Schieferboden ist zu hart, kein Hang zu steil, als dass dort nicht Rebstöcke kultiviert werden könnten. Den Rekord halten Lagen zwischen Bremm und Ediger-Eller. Auf dem dortigen Berg Calmont stehen die Reben teils bei einem Hangneigungswinkel von 68 Grad. Bis 2006 wurden die Weinbaugebiete der Mosel zusammen mit denen in zwei Nebentälern unter der Bezeichnung »Mosel-Saar-Ruwer« geführt. Zur besseren Wiedererkennung steht die Herkunftsbezeichnung »Mosel« seitdem allein. Schließlich entfallen von den insgesamt knapp über 9000 Hektar Anbaufläche von Mosel-Saar-Ruwer 90 Prozent allein auf die Mosel. Der Anteil des produzierten Rotweins liegt bei unter zehn Prozent. Hier dominieren die weißen Sorten: Weltweit gibt es keine Region, in der mehr Fläche von Riesling eingenommen wird als auf den über 5000 Hektar zwischen Trier und Koblenz. Deutlich nachrangiger werden die Sorten Müller-Thurgau, Elbling, Kerner, Blauer Spätburgunder, Dornfelder, Weißer Burgunder, Bacchus und Regent kultiviert. Entlang der Moselweinstraße haben Kenner Gelegenheit zum Verkosten.

Parkplatz Peter-Altmeier-Ufer

Auf diesem kostenpflichtigen Parkplatz direkt an der Mosel gibt es keine Ver- und Entsorgungseinrichtungen. Er ist ein idealer Platz für eine Besichtigung von Koblenz. In der Nähe sind das Deutsche Eck, die Seilbahnstation zur Festung Ehrenbreitstein und das Schloss.

Peter-Altmeier-Ufer
56068 Koblenz
GPS: N50.36264 E7.59656

❶ Moselhöhenweg

In Koblenz beginnt der Fernwanderweg, der im Hunsrück bis nach Palzem und auf der Eifelseite bis nach Wasserbillig führt. Eine Etappe ver-

Links oben: Über dem Moselort Beilstein und seinen Rebbergen erhebt sich die Ruine der Burg Metternich.

Links unten: In Koblenz fließen am Deutschen Eck Rhein und Mosel zusammen.

Rechts oben: Blick von der Oberburg auf die beeindruckende Ruine Niederburg von Kobern-Gondorf.

Rechts unten: Durch den steilsten Weinberg Europas geht es auf dem Calmont-Klettersteig nach oben.

läuft durch das zum Teil liebliche, zum Teil wildromantische Enderttal mit seinen acht Mühlen, von denen drei bewirtschaftet werden.
mosellandtouristik.de

2 Schloss Stolzenfels

Eine ehrwürdige Burg im Mittelrheintal muss nicht wirklich alt sein. Zwar stammen die meisten dieser Gemäuer aus dem Mittelalter, doch einige entstanden erst im 19. Jahrhundert, als die Landschaft romantisch verklärt wurde. Ein solches Beispiel ist Schloss Stolzenfels, das sich gegenüber der Lahnmündung auf der linken Rheinseite erhebt. Zu den Baumeistern des 1842 fertiggestellten Schlosses gehörten Karl Friedrich Schinkel und Friedrich August Stüler, die renommiertesten Berliner Architekten ihrer Epoche. Der preußische König Friedrich Wilhelm IV. hatte den Auftrag für den neugotischen Bau erteilt, den er dann als Sommersitz nutzte. Besonders prunkvoll wurde der Rittersaal gestaltet.
tor-zum-welterbe.de

3 Vulkanpark

Schlummernde Vulkane, der höchste Kaltwassergeysir der Welt, das Römerbergwerk Meurin und vieles mehr erwartet Besucher im Vulkanpark. Die 24 Stationen des Vulkanparks erstrecken sich über den Landkreis Mayen-Koblenz. Ein Highlight ist der Lava-Dome in Mendig.
vulkanpark.com

4 Koberner Burgpfad

Vom Startpunkt am Pfarrhaus in Kobern steigt der Weg gleich steil bergan, was herrliche Ausblicke hinunter ins Tal ermöglicht. Im weiteren Verlauf führt der Wanderweg durch die Wälder im Keverbachtal, vorbei an der keltischen Kultstätte Goloring und an zwei Mineralquellen. Dann erreichen Wanderer die Oberburg und die Burgruine Niederburg. Der als »schwer« eingestufte Burgpfad ist für sportliche Wanderer geeignet.
traumpfade.info

5 Mittelrhein-Klettersteig

Die größte und dazu landschaftlich schönste Rheinschleife, die der Fluss bei Boppard ins Rheintal zieht, lässt sich vom Mittelrhein-Klettersteig aus der Vogelperspektive betrachten. Obwohl die Alpen in weiter Ferne liegen, ist auf den fünf Kilometern Weg Bergerfahrung ebenso erforderlich wie Schwindelfreiheit und ein sicherer Tritt. Zehn Eisenleitern, 130 Trittbügel und etwa 180 Meter Drahtseil erleichtern das Entlanghangeln an der steilen Felswand, unter der sich die Weinterrassen des Bopparder Hamms erstrecken. Für den gesamten Klettersteig sollte man drei Stunden Gehzeit einplanen.

Camping Sonnenstrand

Dieser große kostenpflichtige Platz liegt direkt am Rhein, ist aber durch Eisenbahn- und Straßenverkehr sehr laut. Alle notwendigen Ver- und Entsorgungseinrichtungen sind vorhanden, inklusive Duschen. Geöffnet von Anfang April bis Anfang Oktober. Ein guter Standort, um das malerische Bacharach mit Wernerkapelle und Burg Stahleck zu besuchen.

Strandbadweg 9
55422 Bacharach
camping-rhein.de
GPS: N50.05473 E7.77108

1 Wanderung durch die Ehrbachklamm

Zahlreiche Aussichtspunkte unterwegs und der Blick auf die Ruine Rauschenburg sind die Highlights. Vom Parkplatz Oppenhausen startet der gut acht Kilometer lange Rundwanderweg durch die Ehrbachklamm, der seinem Namen als Traumschleife alle Ehre macht. Erst geht es über Ackerflächen, dann auf gut befestigten Naturwegen durch den stillen Buchenwald, bis sich das Tal verengt und sich laut rauschend die Klamm ankündigt. Am sprudelnden Ehrbach entlang führt der Weg über Brücken, in steile Hänge gehauen und an Felsvorsprüngen entlang durch die ursprüngliche Natur. Festes Schuhwerk und Trittsicherheit sind unbedingt erforderlich, um die mittelschwere Tour in vollen Zügen genießen zu können. Hinter der Klamm öffnet sich das Bachtal wieder, und in vielen Windungen und Kehren geht es nach ca. vier Stunden zurück zum Startpunkt.

2 St. Goarshausen

Einer der bekanntesten Orte am Mittelrhein ist St. Goarshausen. Das 1500 Einwohner zählende Städtchen befindet sich am Fuß der Loreley. Neben diesem legendären Felsen sind

Moselweinstraße
Sie beginnt direkt hinter der deutsch-französischen Grenze in Perl und schlängelt sich über eine Länge von 242 Kilometern durch eine einzigartige Landschaft. Es geht vorbei an den charakteristischen Rebhängen der Moselregion, von denen der Calmont bei Bremm mit 380 Meter Höhe und 65 Grad Neigung als die steilste Weinberglage in ganz Europa gilt. Auf der Erlebnisstraße begegnet man römischen Baudenkmälern, trutzigen Burgen und bezaubernden Winzerorten. Zahlreiche Weinlokale und Weinprobierstuben säumen den Weg. Eine Besonderheit sind die Straußwirtschaften, die während 16 Wochen im Jahr hauseigene Weine ausschenken und regionale Speisen reichen.

Boppard
Boppard zeichnet sich durch eine Besonderheit aus: seine Lage an der größten Flussschleife des Rheins in der Region. Vom Panoramapunkt »Vierseenblick« erscheinen die von Hügeln teilweise verdeckten Flussabschnitte als vier voneinander unabhängige Wasserflächen. Der Rest von Boppard ist keine Illusion. Von der Zeit der römischen Besiedlung im 4. Jahrhundert zeugen noch Mauerreste. Ein Jahrtausend später wurde erneut eine Mauer um die Stadt errichtet, von der ebenfalls einzelne Stücke erhalten blieben. In der Stadt gibt es elf alte Adelshöfe. Besonders sehenswert ist das restaurierte Ritter-Schwalbach-Haus aus der späten Gotik mit seinen Erkertürmen.

es vor allem zwei Burgen mit originellen Namen, die die Aufmerksamkeit auf sich ziehen: Burg Katz und Burg Maus. Gebaut wurden beide im 14. Jahrhundert. Burg Maus hatte die Erzbischöfe von Trier als Bauherren, als Reaktion auf den Bau begannen die Grafen von Katzenelnbogen mit dem Bau von Burg Katz. Bis zu Beginn des 19. Jahrhunderts blieb Burg Katz unzerstört, 1806 ließ Napoleon sie sprengen. An die alte Zeit erinnert bei der um 1900 neu errichteten und heute als Hotel genutzten Burg noch der Bergfried. Auch die verfallene Burg Maus wurde nach 1806 neu erbaut. Heute beherbergt die Burg eine Falknerei.

3 Loreley-Felsen

Ihre Schönheit war ihr Verderben, und beides war so überwältigend, dass ihr am Ende nur der Tod blieb. Das ist die traurige Geschichte der Nixe Loreley, die auf einem Felsen im Mittelrheintal ihr Haar kämmte und mit ihrem Gesang die Flussschiffer um den Verstand brachte, sodass diese nicht mehr auf die gefährlichen Strömungen achteten und an den Klippen zerschellten. Clemens Brentano war der Erste, der 1801 die Loreley besang. In seiner Ballade hält man sie wegen ihrer Macht über die Männer für eine Hexe. Viele andere Dichter nahmen sich später der Loreley an, und das bezauberndste Denkmal sollte ihr 1824 Heinrich Heine mit seinem Lied setzen. Der Loreley-Felsen ist heute UNESCO-Weltkulturerbe.
loreley-touristik.de

4 Erlebnispfad im Binger Wald

Der 4,5 Kilometer lange Erlebnispfad quer durch den Binger Wald wurde speziell für Familien mit Kindern konzipiert. Die Route mit 46 Stationen ist mit dem lustigen Logo »Binger Waldmaus« ausgeschildert. An einigen erfährt man etwas über das Leben im Wald an den Rheinhängen und welche Baum- und Tierarten es dort gibt. Man kann sich mit Maus, Eichhörnchen oder Hirsch im Weitsprung messen, auf dem Waldxylophon spielen und über eine 40 Meter lange Hängebrücke eine Schlucht überqueren. Auf dem Weg befindet sich auch die Villa Rustica, ein römischer Gutshof und seit 1999 archäologische Ausgrabungsstätte.

5 Seilbahn Rüdesheim

Über den Reben schweben: Mit der Seilbahn Rüdesheim wird dieser Wunsch wahr. Zehn Minuten dauert die Fahrt bis zur Bergstation. Es bietet sich dabei ein herrlicher Blick über den Rheingau und auf die Weinberge. April bis Ende Oktober.
seilbahn-ruedesheim.de

Links oben: Den besten Blick auf die größte Rheinschleife in Boppard bietet das Gedeonseck.

Links unten: Um den Loreley-Felsen bei St. Goarshausen ranken sich zahlreiche Sagen.

Rechts: Mit der Seibahn schwebt man über die Weinberge von Rüdesheim hinauf zum Niederwald.

Hoch lebe das Bier!

Die Fränkische Schweiz, eine der ältesten deutschen Ferienregionen im Städtedreieck Bamberg–Bayreuth–Nürnberg, hat sich bis heute ihren ländlichen Charakter bewahrt. Mehr als 700 lauschige Dörfchen mit historischen Fachwerkbauten werden umrahmt von über 35 mittelalterlichen Burgen und Schlössern. Die bäuerlich geprägte Naturlandschaft erscheint in dieser Region besonders reizvoll, fällt doch der Blick immer wieder auf liebliche Täler, durch die sich fröhlich plätschernde Flüsschen schlängeln. Kulturinteressierte finden hier Schätze wie mittelalterliche Burgen und Ruinen sowie eine vielfältige Museumslandschaft. Traditionelle Bräuche wie Kirchweih und das Schmücken der Brunnen zu Ostern finden hier immer noch statt.
Für Bierfreunde ist die Fränkische Schweiz ein echtes kulinarisches Erlebnis – auf rund 2000 Quadratkilometer Fläche befinden sich mehr als 70 Brauereien. Frankens Braukultur besticht durch die Vielfalt der zahlreichen mittelständischen und kleinen Brauereien. Nicht selten sind auch kleinste Gasthausbrauereien zu entdecken. Gebraut werden zumeist untergärige, dunkle Biere, wobei das Bier teilweise nur im Ausschank der jeweiligen Gastwirtschaft genossen werden kann.

Auf einer Wanderung zum Felsplateau des Walberla kommt man am mystischen Felsen Wiesenthauer Nadel vorbei.

Itzgrund
Burgkunstadt
Untersteinach
Kupferberg
Ebern
Bad Staffelstein
Altenkunstadt
Wirsberg
Mainleus
Busendorf
Marktschorgast
Lahm
Weismain
Kulmbach
Rentweinsdorf
Ebensfeld
Trebgast
Himmelkron
Kirchlauter
Rattelsdorf
Wattendorf
Kasendorf
Thurnau
Bad Berneck i.F.
Reckendorf
Zapfendorf
Stadelhofen
Tanzlinden-Rundweg
1 Thurnau Töpferei
Neudrossenfeld
Goldkronach
Breitengüßbach
Regnitz
Oberhaid
Gundelsheim
Scheßlitz
Naturpark
Wohnmobilstellplatz Lohengrin-Therme
Viereth-Trunstadt
Hallstadt
3 Schloss und Park Memmelsdorf
Königsfeld
2 Hollfeld
BAYREUTH
Regnitz-Radweg
Barockgarten 2
Litzendorf
Leinleitertal 4
Eckersdorf
1 Welterbe-Besuchszentrum
Fränkische Schweiz-
Mistelgau
Mistelbach
BAMBERG
Lisberg
Reisemobilstellplatz Heinrichsdamm
Brauereibesichtigung Aufseß 5
Aufseß
Plankenfels
Glashütten
Bierkellerrunde Strullendorf
Strullendorf
Heiligenstadt
Waischenfeld 3
Veldensteiner Forst
Burgebrach
Sophienhöhle 4
Creussen
Frensdorf
Pettstadt
Hirschaid
Geologischer Erlebnispfad
Buttenheim
Wiesenttal
Fossilklopfplatz 5
Prebitz
Binghöhle
Altendorf
3
2
4
4 Aufseßtalweg
Historische Dampfbahn 1
Pommersfelden
Ebermannstadt
5 Muggendorfer Rundwanderweg
Pottenstein
Täler-Rundtour
Campingplatz Bieger
1 2 Familienattraktion Pottenstein
Mühlhausen
Hallerndorf
Pretzfeld
2 Kletterrevier Röthelfels
3 Gößweinstein
Gößweinstein-Radweg
Wohnmobilstellplatz Forchheim, Sportinsel
Kirchehrenbach
Wohnmobilpark Pottenstein
Pegnitz
Höchstadt
Forchheim
1 Walberla
3 Osterbrunnen
Adelsdorf
Heroldsbach
Burgenstraße
5 Naturpark Fränkische Schweiz
Hemhofen
Leupoldstein
5 Wanderung um Betzenstein
Auerbach
Uehlfeld
Baiersdorf
Kunreuth
Egloffstein
Röttenbach
Poxdorf
Betzenstein
Hiltpoltstein 4
Großenseebach
Gräfenberg
Naturlehrpfad Hiltpoltstein
Plech
Pegnitz
Bubenreuth
Neuhaus
Weisendorf
Igensdorf
Erlangen-Pegnitztal-Radweg
Neunkirchen
Velden
Herzogenaurach
ERLANGEN
Eckental
6 km
Hartenstein

Auf einer künstlichen Insel mitten in der Regnitz steht das Alte Rathaus von Bamberg. Schmucke, zum Teil plastische Fresken zieren die Fassade.

Stellplatz Heinrichsdamm

Dies ist ein vollständig ausgestatteter und ganzjährig geöffneter, kostenpflichtiger Stellplatz für 25 Fahrzeuge unweit des Zentrums, das zu Fuß bzw. mit öffentlichen Verkehrsmitteln bequem zu erreichen ist. Der Platz ist stets gut gefüllt und die Fahrzeuge stehen eng beieinander.
Heinrichsdamm 33
96047 Bamberg
GPS: N49.8855 E10.90203

1 Welterbe-Besuchszentrum

Die Bamberger Altstadt gehört bereits seit 1993 zum UNESCO-Weltkulturerbe, und das zu Recht. Interessantes dazu vermittelt die interaktive Ausstellung im Besucherzentrum Weltkulturerbe.
bamberg.info

2 Barockgarten

Der Barockgarten der Neuen Residenz in Bamberg erblüht im Sommer und zeigt sich in seinem schönsten Kleid. In über 70 Beeten, die von Buchshecken eingerahmt sind, verströmen über 4500 Rosenbüsche ihren intensiven Duft und ihre Blütenpracht leuchtet in sämtlichen Rosa-, Pink- und Rottönen.

3 Schloss und Park Memmelsdorf

Einst wurde das Schloss ab 1686 als Sommerresidenz der Bamberger Fürstbischöfe errichtet. Heute können Besucher in neun Schauräumen das Leben der Fürstbischöfe nachempfinden. Besonders interessant ist

Schloss Memmelsdorf diente den Bamberger Fürstbischöfen einst als Sommer- und Jagdresidenz.

Wer kennt sie nicht, die Richard-Wagner-Festspiele auf dem Grünen Hügel in Bayreuth? 1876 wurde im Markgräflichen Opernhaus der »Ring der Nibelungen« zum ersten Mal aufgeführt.

der »Weiße Saal« mit dem meisterlichen Deckengemälde von Giuseppe Appiani. An die Pracht des einstigen Rokokogartens erinnern Sandsteinskulpturen von Ferdinand Tietz und die faszinierende Kaskade mit Wasserspielen.
schloss-seehof.com

4 Leinleitertal

Das idyllische Tal kann bequem auf einem zwei Kilometer langen, geteerten Weg erkundet werden. Start ist in Veilbronn, Ziel das Rittergut Unterleinleiter.
fraenkische-schweiz.com

5 Brauereibesichtigung Aufseß

Mit ihren vier Brauereien (Stadter, Reichold, Kathi-Bräu und Rothenbach), die original fränkisches Bier brauen, hat die Gemeinde die weltweit größte Brauereidichte mit 350 Einwohnern je Brauerei. In den Gaststätten der Brauereien erhalten die Besucher einen eigenen Brauereienweg-Wanderpass und können zusätzlich ihr Bierdiplom erwerben.
aufsess.de/brauereienweg

Stellplatz Lohengrin Therme

Nur wenige Meter von der Therme entfernt befindet sich dieser kostenpflichtige und ganzjährig nutzbare Platz für 18 Fahrzeuge. Alle Ver- und Entsorgungseinrichtungen sind vorhanden. In die vier Kilometer entfernte Innenstadt fährt ein Bus.
Thermenallee, 95448 Bayreuth
GPS: N49.94265 E11.63332

1 Thurnau Töpferei

Bis heute ist das Töpferhandwerk in Bayreuth lebendig geblieben. Im Töpfermuseum wird die Thurnauer Töpfertradition dokumentiert. Hier bekommen Besucher Einblick in die Arbeitsweise der ortsansässigen Töpfer und können Geschichte und Handwerk erleben. Die Sammlung des Museums zeigt Töpferwaren aus den letzten zwei Jahrhunderten.
toepfermuseum-thurnau.de

2 Hollfeld

Das Jurastädtchen Hollfeld ist seit vielen Jahren Heimat des »Theatersommers Fränkische Schweiz – Landesbühne Oberfranken«. Verschiedene Ensembles zeigen ihre Inszenierungen an imposanten Spielstätten wie den malerischen Burgen und Schlössern in der Nördlichen Fränkischen Schweiz. Entstanden ist der Ort aus einer frühmittelalterlichen Burganlage und wurde 1017 zum ersten Mal urkundlich erwähnt. Die historische Altstadt ist fast vollständig erhalten und bietet sehenswerte Details wie die Fischmühle aus dem Jahr 1715, die Museumsscheune oder das Kunstmuseum. Wahrzeichen der Stadt ist der Wehrturm der Kirche St. Gangolf, die am höchsten Punkt der Stadt erbaut wurde. Gleich nebenan liegen die Terrassengärten, in denen heimische Orchideenarten und viele andere typische fränkische Pflanzen beheimatet sind. Im Sommer finden hier die Hollfelder Rosen-, Kunst- und Gartentage statt. Beeindruckend ist die Judenstraße Altenkunstadt–Hollfeld, die vor allem von jüdischen Viehzüchtern genutzt wurde, um ihre Tiere auf den Viehmärkten rund um Bamberg zu verkaufen.
frankentourismus.de

③ Waischenfeld

Der Luftkurort Waischenfeld, eingebettet im Tal der Wiesent, bezaubert durch malerische Fachwerkhäuser. Bekannt ist das Örtchen im Herzen der Fränkischen Schweiz auch als Zentrum des Fliegenfischens mit eigenem Fischwasser. In einer ortsansässigen Fliegenfischerschule können auch Besucher eine Erlaubnis zum Fischen einholen. Der weithin sichtbare »Steinerne Beutel« – ein wuchtiger Rundturm des ehemaligen Rüssenbacher Burgguts – ist das Wahrzeichen des Ortes. Früher wie heute kann der Turm nur mithilfe einer Leiter erklommen werden. Er überragt die fast 900-jährige Burganlage, die mittlerweile renoviert wurde und heute unter anderem eine Burgschenke mit Biergarten beherbergt. Mitten in der Stadt befindet sich ein besonderes Kleinod: die Stadtmühle – bereits seit 1698 im Besitz der Familie Wehrl – mit einem der größten unterschlächtigen Wasserräder der Fränkischen Schweiz (Kraftübertragung auf hölzernen Schaufeln, die älteste Form von Wasserrädern). Sie ist noch heute in Betrieb und mahlt Roggen und Weizen für die Region. Auch das im Kern mittelalterliche Rathaus ist ein besonderes Schmuckstück des Ortes. Allabendlich läuten auch heute noch die Turmglocken und erinnern an vergangene Zeiten, in denen sie ankündigten, dass »die Stadttore in Bälde geschlossen werden«.
waischenfeld.de

④ Sophienhöhle

Sie wurde 1833 entdeckt und im Brockhaus – aus dem Jahre 1888 – mit der Auszeichnung »Höhlenkönigin« geehrt. Bekannt ist die Höhle bei Burg Rabenstein vor allem durch ihre einzigartigen Tropfsteine und Sinterformationen. Tief im Inneren wurden Knochen von Höhlenbären, Rentiergeweihe und sogar ein Mammutbecken gefunden. Aus Tausenden von Einzelknochen wurde ein Höhlenbärenskelett rekonstruiert, das in einer Vitrine ausgestellt ist. Öffentliche Führungen finden von Ende März bis Anfang November täglich außer montags statt. Von April bis Oktober werden in der Vorhöhle Konzerte veranstaltet.
burg-rabenstein.de

⑤ Fossilklopfplatz

Geogeschichte hautnah erfahren und sich auf die Suche nach Fossilien begeben – das ist hier auf dem Fossilklopfplatz auf der Hohenmirsberger Platte möglich. Hammer und Werkzeuge für die »Ausgrabungen« werden bereitgestellt. Dies ist vor al-

Links oben: Burg Rabenstein über dem Ailsbachtal.

Links Mitte: Der Rundturm, Wahrzeichen von Waischenfeld.

Links unten: Reger Betrieb im Fossilklopfplatz bei Pottenstein.

Rechts oben: Felsen im Wiesenttal.

Rechts unten: Oswaldhöhle auf dem Muggendorfer Rundwanderweg.

lem auch für Kinder ein unvergessliches Erlebnis. Gefördert wurde das Projekt durch den Naturpark Fränkische Schweiz-Veldensteiner Forst, die Stadt Pottenstein sowie den Freistaat Bayern und die Europäische Union. Neben dem Aussichtsturm mit Panoramablick gibt es einen Infopavillon.
pottenstein.de

Campingplatz Bieger

Der kleine Platz zwei Kilometer von Ebermannstadt entfernt liegt direkt an der Wiesent. Die 23 Parzellen haben Stromanschluss (Kabel). Zur Ausstattung gehören zwei Duschen und eine Waschmaschine. Der Platz ist von Ostern bis Ende Oktober geöffnet.
Rothenbühl 3
91320 Ebermannstadt
campingplatz-bieger.de
GPS: N49.79084 E11.20589

1 Historische Dampfbahn

Gößweinstein ist eine Station an der Strecke von Ebermannstadt und Behringersmühle, auf welcher der Verein DFS – Dampfbahn Fränkische Schweiz e.V. – an Sonn- und Feiertagen historische Züge auf die Schiene schickt. Die Strecke verläuft durchs idyllische Wiesenttal. Genaue Termine und aktuelle Tarife findet man auf der Homepage.
dfs.ebermannstadt.de

2 Binghöhle

Die Binghöhle ist eine der schönsten Tropfstein-Galeriehöhlen in Deutschland. Entdeckt und erschlossen wurde sie 1905 von dem Nürnberger Großindustriellen Ignaz Bing. Sie führt fast 300 Meter entlang eines ausgetrockneten Flusses durch den Berg, vorbei an märchenhaften Tropfsteingebilden, Bänken aus geschichtetem Kalk und grazilen, kristallinen glitzernden Sinterformationen. Die Höhle weist ein besonderes Klima auf, wobei die Temperatur ganzjährig 9 °C beträgt.
binghoehle.de

3 Geologischer Erlebnispfad

Auf einem Spaziergang gleich auch noch naturkundliches Wissen zu vermitteln, ist das Ziel eines Geologischen Erlebnispfades, der die Besonderheiten der Gesteine im Wiesenttal näher erläutert. Ausgangspunkt des 3,6 Kilometer langen Rundwegs mit zwölf Stationen ist der Parkplatz im Schauertal am nördlichen Rand von Streitberg. Vom Weg ist es außerdem nicht weit bis zur Binghöhle und zur Ruine Streitburg. Die Höhle kann mit Führer begangen werden und zeigt eine Tropfstein-»Galerie«.

4 Wiesenttal

Im Herzen der Fränkischen Schweiz liegen das Wiesenttal und der gleichnamige Markt. Zur Marktgemeinde gehören unter anderem die beiden ältesten Luftkurorte der Umgebung, Streitberg und Muggendorf. Man könnte die kleine Region als Extrakt der Höhepunkte des Naturparks bezeichnen. Hier findet der Besucher auf übersichtlicher Fläche zahlreiche Sehenswürdigkeiten. Dazu gehört der sogenannte Druidenhain, ein Waldstück im Esbach. Die Formen und die Lage der dortigen Jurafelsen verleihen dem Ort etwas Mystisches. Neben den Ruinen Streitburg und Neideck ist die Binghöhle einer der größten Anziehungspunkte.

5 Muggendorfer Rundwanderweg

Etwa 16 Kilometer lang ist der reizvolle Muggendorfer Rundwanderweg im Wiesenttal. Ausgangspunkt ist die Wandertafel an der Muggendorfer Schule. Der Weg führt zur Oswaldhöhle und durch die Höhle hindurch, dann zu einem Felsen namens Quackenschloss und zum Aussichtsfelsen »Adlerstein«, den man über eine Treppe erreicht. Nächste Station ist Engelhardsberg. Bei der Ortslinde geht es rechts zur Riesenburg, von dort nach Doos und bis zur Kuchenmühle. Von da aus wandert man bergauf nach Albertshof.

Wohnmobilstellplatz Forchheim, Sportinsel

Stadtnaher, kostenpflichtiger Stellplatz für 20 Mobile bis 5,5 Tonnen Gesamtgewicht, direkt an der Regnitz bzw. am Main-Donau-Kanal. Der ganzjährig nutzbare Platz verfügt über alle Ver- und Entsorgungseinrichtungen.

An der Regnitzbrücke
91301 Forchheim
GPS: N49.72115 E11.05012

1 Walberla

Eigentlich heißt der Tafelberg östlich von Forchheim Ehrenbürg. Seine beiden Gipfel sind der 512 Meter hohe Walberla und der 532 Meter hohe Rodenstein. Die Einheimischen nennen das gesamte Massiv aber einfach das Walberla. Schon die Kelten haben sichtbare Spuren hinterlassen. Ein Aufstieg lohnt sich vor allem wegen des großartigen Weitblicks über die Flusstäler, besonders im Frühjahr, wenn die Kirschbäume blühen.
walberla.de

2 Kletterrevier Röthelfels

Mit mehr als 100 Routen ist der Röthelfels ein frequentierter Kletterfelsen in der Region »Nördlicher Frankenjura« – einem der größten Klettergebiete der Welt. Kletterer und Naturschützer arbeiten hier eng zusammen: Um Störungen von Felsbrütern wie Wanderfalke und Waldkauz zu verhindern, wird das Felsriff in der Brut- und Aufzuchtzeit zeitlich befristet gesperrt.

3 Osterbrunnen

Der Brauch, einen Osterbrunnen zu schmücken, besteht in der Fränkischen Schweiz schon seit mehr als 100 Jahren. In rund 200 Orten in der Region wird dieser Brauch bis heute gelebt. Von Palmsonntag bis etwa zwei Wochen nach Ostersonntag sind die Brunnen mit Girlanden, Kränzen, Blumen und handbemalten Eiern geschmückt. Der Osterbrunnen in Bieberbach in der Gemeinde Egloffstein wurde sogar im Guinness-Buch der Rekorde als »größter Osterbrunnen der Welt« verewigt.

4 Naturlehrpfad Hiltpoltstein

Wer wie arme Ritter auf Schusters Rappen die Gegend erkunden möchte, für den empfiehlt sich der etwa sieben Kilometer lange Naturlehrpfad rund um Hiltpoltstein. Hier findet man auf Schautafeln interessante Erläuterungen zur Entstehung der Karstlandschaft, Informationen zur einheimischen Flora und Fauna und Wissenswertes über einen ganz besonderen Obstbaum, der nur noch in den Wäldern der Fränkischen Schweiz zu finden ist – die Fränkische Mehlbeere.

5 Wanderungen um Betzenstein

Für einen Rundumblick auf die Stadt Betzenstein und die beiden Burgen empfiehlt sich ein Ausflug hinauf zum Aussichtsturm auf den Schmidberg. Betzenstein ist mit rund 300 Kilometer markierter Wander- und Radwege und zahlreicher Kletterrouten auch ein Paradies für Wanderer, Radfahrer und Kletterer. Zudem liegen in der Umgebung einige

Links: Der Klettersport hat in der Fränkischen Schweiz eine lange Tradition.

Rechts: Besonders eindrucksvoll präsentiert sich das Walberla zur Kirschbaumblüte im Frühjahr.

MIT DEM BIKE

Tanzlinden-Rundweg

In Peesten, Limmersdorf und Langenstadt gibt es noch sogenannte Tanzlinden. Jedes Jahr wird beim Lindentanz auf einer Plattform rund um die Bäume das Tanzbein geschwungen. Die 30 Kilometer lange Radtour verbindet die Linden miteinander.
fraenkische-schweiz.com/detail/id=5f13fdaed5e6be051d0a8367

Regnitz-Radweg

Fahrradfahrer haben die Wahl: Entweder fällt die Entscheidung zugunsten der Talroute aus, die durch Stadt und Land führt, oder es geht auf der parallel verlaufenden Kanalroute entlang des Main-Donau-Kanals und der Regnitz. In beiden Fällen führt der Weg auf gut 80 Kilometern von Nürnberg bis Bischberg bei Bamberg.
regnitzradweg.de

Bierkellerrunde Strullendorf

Nicht weniger als 15 Brauereien, Bierkeller und Gaststätten passiert man auf der knapp 17 Kilometer langen Radrunde. Ein Fahrrad mit Bierkrug und Sonne kennzeichnet den Routenverlauf. Fährt man entgegengesetzt zum Uhrzeigersinn, vermeidet man länger ansteigende Passagen.
fraenkische-schweiz.com/detail/id=5f13fd90d5e6be051d0a82e9

Burgenstraße

Nicht zu Unrecht trägt die Route die Bezeichnung Burgenstraße. Für die vielen Sehenswürdigkeiten unterwegs sollte man sich Zeit lassen, so auch auf der 92 Kilometer langen Etappe von Forchheim nach Bamberg. Gößweinstein, Pottenstein und Burg Rabenstein lohnen auf jeden Fall einen Abstecher, und an Einkehrmöglichkeiten fehlt es auch nicht.
fraenkische-schweiz.com/detail/id=60ed8e88e94ad91e38d3b804

Täler-Rundtour

Die reizvolle Rundtour durch drei Täler ab Ebermannstadt ist eher etwas für sportliche Radler, sind doch auf der 51 Kilometer langen Strecke rund 450 Höhenmeter zu überwinden. Sie verläuft über den Maintal-Leinleiter-Radweg, den RegnitzRadweg und den Fränkische-Schweiz-Radweg.
fraenkische-schweiz.com/detail/id=60f52f850fcc211dbfd6bfbf

Gößweinstein-Radweg

Wer das romantische Wiesenttal kennenlernen möchte, ist auf dem diesem Radweg richtig. Von Pegnitz über Pottenstein und Gößweinstein radelt man meist auf mäßig befahrenen Straßen und Feldwegen nach Muggendorf. 30 Kilometer und rund 500 Höhenmeter sind zu überwinden.
fraenkische-schweiz.com/detail/id=5f13fda8d5e6be051d0a834d

Erlangen-Pegnitztal-Radweg

Auch mit dem E-Bike ist der Abschnitt Neuhaus bis Obertrubach auf dem Erlangen-Pegnitztal-Radweg gut zu befahren, ist ein Großteil der 22 Kilometer langen Strecke doch asphaltiert. Mehrere Gasthöfe laden unterwegs zur Einkehr ein.
fraenkische-schweiz.com/detail/id=5f13fd9cd5e6be051d0a8319

Oben: Das reizvolle Wiesenttal gehört zum Naturpark Fränkische Schweiz.

Unten: Burg Pottenstein erhebt sich auf einem Felsen über der gleichnamigen Stadt.

Naturdenkmäler: der Große Wasserstein mit Wassertor, der Hexenboden mit Hexentor und die Klauskirche, eine Durchgangshöhle, die direkt am Aufgang zum Kletterpark am Wanderweg »Roter Ring« liegt. Wer den fränkischen Jakobsweg von Hof nach Nürnberg erkunden möchte, kommt ebenfalls durch Betzenstein. Die Etappen sechs (Pegnitz – Bronn – Betzenstein) und sieben (Betzenstein – Hiltpoltstein – Gräfenberg) führen durch das Gemeindegebiet.

AUSFLUGSZIELE

Bierland Franken

Für Bierfreunde ist die Fränkische Schweiz ein echtes kulinarisches Erlebnis: Auf rund 2000 Quadratkilometer Fläche befinden sich mehr als 70 Brauereien. Frankens Braukultur besticht durch die Vielfalt der zahlreichen mittelständischen und kleinen Brauereien. Nicht selten sind auch kleinste Gasthausbrauereien zu entdecken. In den Brauereien werden zumeist untergärige, dunkle Biere gebraut, wobei das Bier teilweise nur im Ausschank der jeweiligen Gastwirtschaft genossen werden kann. Jeder einzelne Sud hat seinen ganz individuellen Geschmack und Charakter. Zu einem frisch gezapften fränkischen Bier schmecken traditionelle fränkische Gerichte wie Schäufele oder Bratwürste besonders gut. Probieren kann man die Vielfalt der Biere unter anderem auf einem der zahlreichen Brauereiwege oder einer geführten Brauereiwanderung.

Wohnmobilpark Pottenstein

Oben auf dem Berg, in einem Gewerbegebiet etwas abseits des Zentrums, befindet sich dieser Stellplatz für 25 Fahrzeuge. Er ist kostenpflichtig, ganzjährig geöffnet und verfügt über alle notwendigen Ver- und Entsorgungseinrichtungen.

Am Langen Berg 16
91278 Pottenstein
GPS: N49.76848 E11.40850

1 Pottenstein

Der Luftkurort Pottenstein ist ein romantisches Städtchen – eingebettet zwischen hoch aufragenden Felsen. Dominant ist das Wahrzeichen des Ortes: die über 1000-jährige Burg Pottenstein. Sie beherbergt ein Museum mit vor- und frühgeschichtlichen Objekten, volkskundlichen Sammlungen sowie Autografen. In den drei Schauräumen wird die Vergangenheit wieder lebendig und verschiedene historische Ausstellungen ergänzen das Angebot. Alte fränkische Traditionen haben bis heute in Pottenstein Bestand. So wird alljährlich zu Ostern der Brunnen in der historischen Altstadt nach altem Brauch mit Girlanden und handbemalten Eiern geschmückt. Auch die Kirchweih, eine Jahrhunderte alte Tradition in Franken, wird immer am 3. bzw. 4. Sonntag im August gefeiert.
pottenstein.de

2 Familienattraktionen in Pottenstein

Der kleine Ort Pottenstein bietet seinen Besuchern gleich mehrere höchst reizvolle Familienattraktionen. So kann man sich im Sommer nach einem Gang durch die tropfsteinbestückte Teufelshöhle (teufels hoehle.de) in einem ganz besonderen Freibad entspannen: Das im Jahr 1924 eröffnete Felsenbad Pottenstein (felsenbad-pottenstein.info) bietet nach seiner Renovierung einen Naturbadeteich zu Füßen einer spektakulären Wald- und Felskulisse. Reichlich Aufregung garantieren dagegen die Sommerrodelbahn (som merrodelbahnen-pottenstein.de) und der Kletterwald (kletterwald-pottenstein.de).

3 Gößweinstein

Der Luftkurort mit der auf einem Jurafelsen thronenden über 1000-jährigen Burg liegt im Städtedreieck Bamberg, Bayreuth und Nürnberg. Seit dem Jahre 1890 befindet sich die denkmalgeschützte Burg in Privatbesitz und beherbergt ein Museum. Das Wahrzeichen des Ortes ist die barocke Pfarr- und Wallfahrtskirche zur Heiligsten Dreifaltigkeit, ein sakrales Meisterwerk des Baumeisters Balthasar Neumann. Zu Füßen Gößweinsteins liegt der traditionsreiche Urlaubsort Behringersmühle, der Gäste schon zu Zeiten der »Sommerfrische« Anfang des 20. Jahrhunderts anlockte.
ferienzentrum-goessweinstein.de

4 Aufseßtalweg

Wer das Tal der Aufseß kennenlernen möchte, sollte sich zu Fuß oder per Rad auf den Weg machen. Autoverkehr gibt es hier kaum, was den Reiz dieses Gebietes ausmacht. Der Aufseßtalweg zwischen Doos und Draisendorf, gekennzeichnet durch ein orangefarbenes Kreuz auf weißem Grund, führt ohne Steigungen hindurch. Das Tal ist bekannt für seine Forellenzucht und der Ort Aufseß für seine Brauereien. Man sagt ihm die größte Brauereidichte weltweit nach. Hier startet und endet der 13,5 Kilometer lange Brauereiweg.

5 Naturpark Fränkische Schweiz

Stolze 2300 Quadratkilometer umfasst der Naturpark und ist damit nicht nur der zweitgrößte in Bayern, sondern auch einer der größten deutschen Naturparks überhaupt. Und es geht gleich mit Superlativen weiter: Nirgends außerhalb der Alpen hat Bayern so viele Biotope und Geotope auf engstem Raum zu bieten. Auch seine beeindruckende Zahl von über 1000 Höhlen kann sich sehen lassen. Dichte Wälder prägen den Veldensteiner Forst, vor allem sind hier Fichten und Kiefern zu finden. Aber auch Flusstäler bestimmen die Region maßgeblich. Ein Teil des Maintals, das Bett der Wiesent sowie das Pegnitztal liegen auf dem Gebiet des Naturparks sowie die bizarren Felsformationen des Mittelgebirgsrückens. Im Frühjahr und Sommer blühen Orchideen, Lilien, Veilchen und Anemonen. Mehr als 5000 Kilometer bestens markierter Wanderwege führen zu Grotten, durch Auen und Wälder und sorgen für immer wieder atemberaubende Aussichten.
fsvf.de

SCHWARZWALD

Waldberge, Wiesentäler und wilde Schluchten

»Herrgottsapotheke« – so nennen die Einheimischen gern ihre Heimat, den Nördlichen bis Mittleren Schwarzwald. Sie könnten genauso gut »Märchenland« sagen oder »Schlemmerland«. Alles trifft zu. Die Höhenluft und zahlreiche Thermalquellen sind der Gesundheit dienlich. In den verwunschenen Tälern und Dörfern geistert noch so manche Gestalt aus den Märchen von Wilhelm Hauff durch die Fantasie. Und Schlemmerland? Was für eine Frage! Wo sonst in Deutschland isst man so gut, herzhaft, aber auch so delikat wie in diesem Teil des Schwarzwalds, über dem auch tagsüber ein (Michelin-)Sternenhimmel steht. Das Mittelgebirge Schwarzwald weist im Norden mit rund 30 Kilometer Breite eine nur halb so große Ausdehnung wie am Südende auf; der höchste Berg des Nordschwarzwalds ist die 1164 Meter hohe Hornisgrinde.

Das Werk der Eiszeit ist im südlichen Schwarzwald unverkennbar. Tief schneiden sich die Flüsse in die Landschaft ein und bilden mitunter gar wahre Canyons. Ebenso steil ragen die Gipfel empor, und auf dem 1493 Meter hohen Feldberg herrschen manchmal Verhältnisse wie im Hochgebirge. Diesem Gelände musste der Mensch sich anpassen, wollte er vorwärts kommen, und dies führte zu spektakulären Bahnstrecken. Abseits ihrer Trassen herrscht dann wieder Waldeinsamkeit – wie einst, als der »Schwarze Wald« den Menschen noch Angst einflößte. Auch heute noch kann man auf Wegen und Pfaden immer wieder die Natur, den Wald, in vollen Zügen genießen, denn trotz der touristischen Höhepunkte wie etwa des Titisees oder des Klosters St. Blasien gibt es zahlreiche idyllische und ruhige Gebiete, wie etwa im Süden den Hotzenwald, eine fast unberührte Region.

Wanderungen durch die wildromantische Wutachschlucht im Südschwarzwald sind ein besonderes Erlebnis.

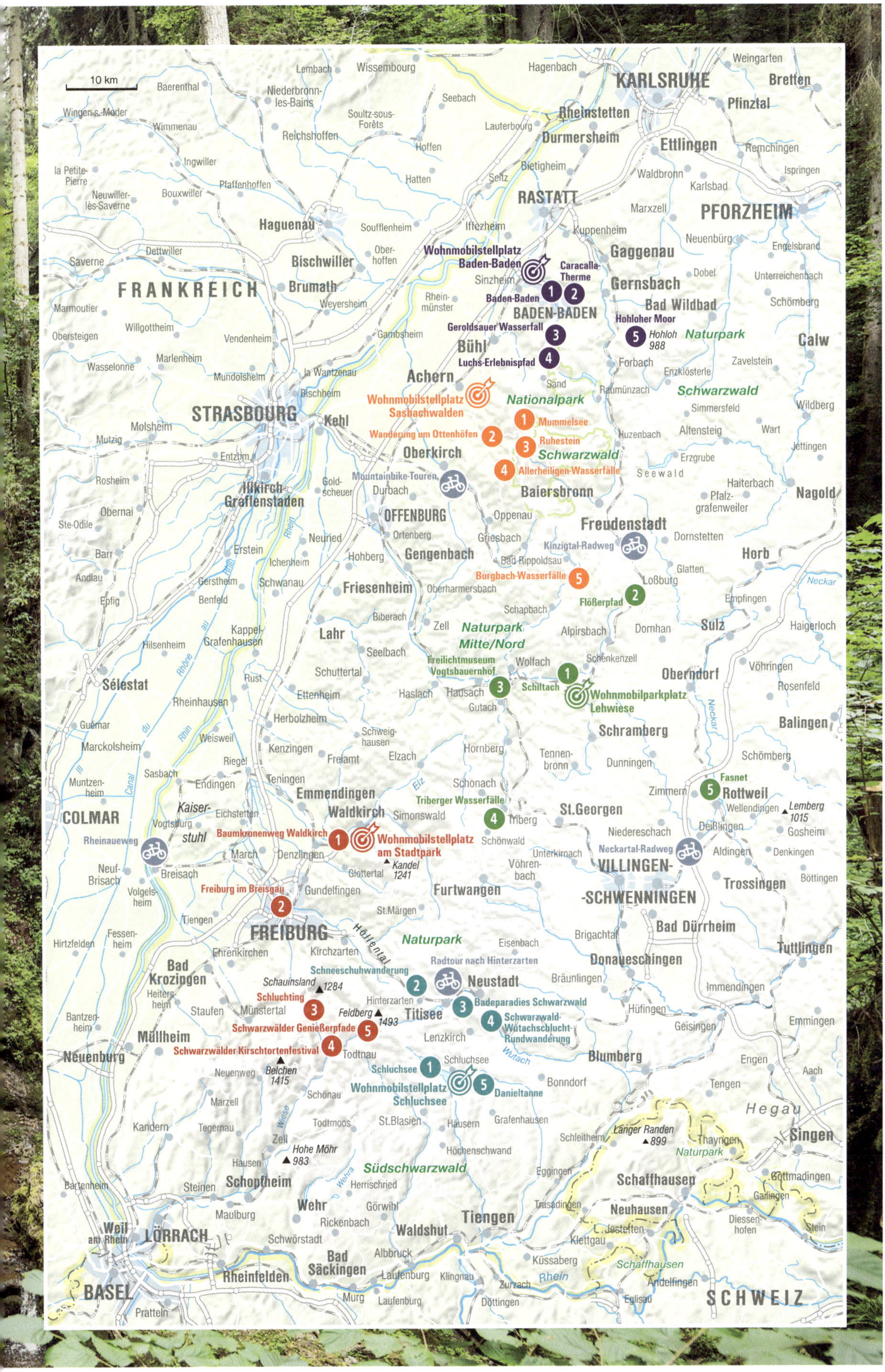
10 km
FRANKREICH
SCHWEIZ
KARLSRUHE
PFORZHEIM
RASTATT
BADEN-BADEN
STRASBOURG
OFFENBURG
FREIBURG
COLMAR
LÖRRACH
BASEL
VILLINGEN-
-SCHWENNINGEN
Wohnmobilstellplatz
Baden-Baden
Caracalla-
Therme
Baden-Baden
Geroldsauer Wasserfall
Luchs-Erlebnispfad
Hohloher Moor
Hohloh
988
Naturpark
Schwarzwald
Nationalpark
Schwarzwald
Wohnmobilstellplatz
Sasbachwalden
Mummelsee
Ruhestein
Wanderung um Ottenhöfen
Allerheiligen-Wasserfälle
Mountainbike-Touren
Kinzigtal-Radweg
Burgbach-Wasserfälle
Flößerpfad
Naturpark
Mitte/Nord
Freilichtmuseum
Vogtsbauernhof
Schiltach
Wohnmobilparkplatz
Lehwiese
Fasnet
Rottweil
Lemberg
1015
Neckartal-Radweg
Triberger Wasserfälle
Triberg
Baumkronenweg Waldkirch
Wohnmobilstellplatz
am Stadtpark
Kandel
1241
Rheinaueweg
Freiburg im Breisgau
Naturpark
Radtour nach Hinterzarten
Schneeschuhwanderung
Schauinsland
1284
Schluchting
Feldberg
1493
Badeparadies Schwarzwald
Schwarzwald-
Wutachschlucht-
Rundwanderung
Schwarzwälder Genießerpfade
Schwarzwälder Kirschtortenfestival
Belchen
1415
Schluchsee
Wohnmobilstellplatz
Schluchsee
Danieltanne
Hohe Möhr
983
Südschwarzwald
Langer Randen
899
Naturpark
Schaffhausen
Hegau
Rhein
Neckar
Wutach
Wehra
Wiese
Elz
Höllental
Kaiser-
stuhl
Haguenau
Bischwiller
Brumath
Saverne
Kehl
Achern
Bühl
Gaggenau
Gernsbach
Bad Wildbad
Calw
Ettlingen
Rheinstetten
Durmersheim
Bretten
Pfinztal
Oberkirch
Baiersbronn
Freudenstadt
Nagold
Horb
Sulz
Gengenbach
Friesenheim
Lahr
Oberndorf
Schramberg
Balingen
Illkirch-
Graffenstaden
Sélestat
Emmendingen
Waldkirch
St.Georgen
Trossingen
Furtwangen
Bad Dürrheim
Donaueschingen
Tuttlingen
Neustadt
Titisee
Bad
Krozingen
Müllheim
Neuenburg
Blumberg
Singen
Schaffhausen
Neuhausen
Schopfheim
Wehr
Waldshut
Tiengen
Weil
am Rhein
Rheinfelden
Bad
Säckingen

Dank seiner Thermalbäder entwickelte sich Baden-Baden im 19. Jahrhundert zu einer noblen Kurstadt. Sie ist dazu für das Casino und die herrlichen Parkanlagen bekannt.

Wohnmobilstellplatz Baden-Baden

Der schön angelegte, ganzjährig nutzbare und kostenpflichtige Platz mit allen Ver- und Entsorgungseinrichtungen für 28 Fahrzeuge liegt in vier Kilometer Entfernung vom Zentrum. Eine schmale Buschreihe trennt den Platz von der stark befahrenen vierspurigen B500.

Hubertusstraße 2
76532 Baden-Baden
GPS: N48.78235 E8.20351

1 Baden-Baden

Was Rang und Namen hatte im 19. Jahrhundert, eilte zur Kur nach Baden-Baden: gekrönte Häupter, gefeierte Künstler – und Spieler. Das Spielcasino, 1838 gegründet und 1853 verschwenderisch im neubarocken Stil ausgestattet, ist die älteste Spielbank Deutschlands. Es gehört zum klassizistischen Kurhaus (1821 bis 1824), an das sich die säulengeschmückte Trinkhalle (1839–1842) und der noble Kurgarten anschließen. In den restaurierten Römischen Badruinen hat man schon in der Antike gekurt. Der schönste Blick auf die Kurstadt an der Oos bietet sich vom 668 Meter hohen Merkur, Baden-Badens Hausberg, auf den eine Standseilbahn führt. Die jüngste Attraktion der Stadt ist die Sammlung Frieder Burda: Die Schwerpunkte im über 800 Gemälde, Grafiken, Skulpturen und Objekte bergenden Museum mit direkter Anbindung an die Staatliche Kunsthalle Baden-Baden liegen auf der klassischen Moderne und der zeitgenössischen Kunst. Die Sammlung umfasst neben Bildern des späten Picasso auch Werke amerikanischer Künstler des abstrakten Expressionismus.
baden-baden.com

2 Caracalla-Therme

Die Caracalla-Therme in Baden-Baden eignet sich vortrefflich zum Entspannen nach einer mehr oder weniger anstrengenden Wanderung. Auf mehr als 4000 Quadratmeter Fläche steht den Besuchern eine abwechslungsreiche Wasser- und Badelandschaft zur Verfügung. Neben diversen Becken und der römischen Saunalandschaft gibt es u. a. einen Strömungskanal, einen Wasserfall, die Heiß- und Kaltwassergrotte und das Dampfbad. Das ThermenRestaurant sorgt für Stärkung.
carasana.de

3 Geroldsauer Wasserfall

Der Schwarzwald gilt zu Recht als eine der wasserreichsten Regionen Deutschlands und hat viele bekannte und unbekannte Wasserfälle zu bieten. Der Wasserfall des Grobbachs im Baden-Badener Stadtteil Geroldsau ist ein ca. neun Meter hohes Naturdenkmal, das wegen seiner Einmaligkeit die besondere Schutzwürdigkeit der Deutschen Naturschutzbehörden genießt. Die Wasserqualität entspricht der höchsten Klasse »sehr gut«. Besonders sehenswert ist auch die umliegende Bepflanzung mit Rhododendronsträuchern, die sich vom Frühjahr bis in den Hochsommer in einer bunten Blütenpracht zeigt.

4 Luchs-Erlebnispfad

Luchse sind in Deutschland selten geworden und daher eine ganz besondere Attraktion des Naturparks

Eingegraben in den Südhang der Hornisgrinde und umsäumt von einem Heer Nadelbäume, die das Ufer des Sees nur an einer Stelle aussparen, präsentiert sich der Mummelsee.

Schwarzwald Nord. Ein spezieller Luchs-Pfad von etwa vier Kilometer Länge im Stadtwald Baden-Baden lädt zur Erkundung der scheuen Tiere ein. Die beliebtesten Attraktionen der 24 Stationen sind Fernrohre mit Blick auf mögliche Beutetiere, ein Schleichparcours, eine Hörstation mit Tierstimmen sowie eine Weit- und Hochsprunganlage.
nationalpark-schwarzwald.de

5 Hohloher Moor

Der historische Hohlohturm ragt wie ein stiller Wächter auf dem nördlichen Hohloh-Gipfel, blickt über die Regenmoore und Moorseen und lädt seine Besucher zum Mitstaunen und Erkunden ein. Der Turm wurde im Jahr 1887 mit einer Höhe von damals 22,20 Metern erbaut. Aufgrund des hohen Baumwuchses wurde er im Jahr 1968 um 6,40 Meter erhöht. Bei besonders guten Sichtverhältnissen kann man von hier aus sogar die Gipfel der Schweizer Alpen erkennen. Über Holzbohlenwege ist das feuchte Gebiet des großen Hohlohsees erschlossen.
schwarzwald-tourismus.info

Stellplatz Sasbachwalden

Komfortabler, sehr ruhiger und vollständig ausgestatteter Platz hinter den Verkaufs- und Produktionsräumen der Kellerei Alde Gott. Er ist kostenpflichtig, ganzjährig geöffnet und bietet Platz für 33 Fahrzeuge. Das Zentrum liegt in Fußnähe.

Talstraße 2
77887 Sasbachwalden
sasbachwalden.de
GPS: N48.62019 E8.12141

1 Mummelsee

Der Mummelsee ist der größte (37 000 Quadratmeter) und tiefste (18 Meter) der sieben Karseen des Schwarzwalds. Eine Mummelsee-Runde mit dem Tretboot ist ein riesiger Spaß für die ganze Familie. Dabei lässt sich vom Wasser aus die wunderbare Landschaft bewundern. Und wer weiß, vielleicht begegnet einem ja das »Mümmlein«, eine Wassernixe, die seit Urzeiten den See bewohnt.
mummelsee.de

Mit viel Glück sieht man auf dem Luchs-Erlebnispfad eines der scheuen Tiere.

2 Wanderungen um Ottenhöfen

Ein Wandererlebnis für Schwindelfreie bekommt man in der Nähe von Ottenhöfen, das wegen seiner neun teilweise noch funktionierenden Mühlen auch als Mühlendorf des Schwarzwalds bekannt ist. Auf einer Länge von 700 Metern wird mitten im Wald aus dem Wanderweg Karlsruher Grat ein alpiner Felsweg. Hierbei ist Körpereinsatz gefragt: von Kriechen bis Klettern werden alle Formen der Fortbewegung verlangt. Wer sich das nicht zutraut, umgeht die Jahrtausende alte Felsformation über die ausgeschilderte Alternativroute durch den nahen Wald oder wandert auf dem zwölf Kilometer langen Mühlenweg.
ottenhoefen-tourismus.de

3 Ruhestein

Der Ski- und Ausflugsort Ruhestein in über 900 Meter Höhe wartet im Herzen des Nationalparks Schwarzwald mit einem sehenswerten Nationalparkzentrum auf. Erst 2020 zog es in ein neues Gebäude mit einem 34 Meter hohen Aussichtsturm um. Die Dauerausstellung bringt Besuchern die Tier- und Pflanzenwelt sowie die Geologie des nördlichen Schwarzwalds mit einem modernen, interaktiven Konzept näher. Vom Ruhestein führen Wanderungen zum Beispiel um den Vogelskopf und zu sechs Naturschutzgebieten. Unterhalb des Ruhesteins lohnt eine Wanderung zur Klosterruine Allerheiligen und den Allerheiligen-Wasserfällen.

4 Allerheiligen-Wasserfälle

Nur wenige Hundert Meter von der frühgotischen Klosterruine Allerheiligen entfernt stürzt der Lierbach über sieben Stufen in einem natürlichen Fall insgesamt 83 Meter in das Tal hinunter. Die steile Spalte wurde erst im Jahr 1840 erschlossen. Heute führen mehrere Brücken und Treppen durch die Schlucht, die die Natursehenswürdigkeit für jeden erlebbar machen.

5 Burgbach-Wasserfälle

Ihr Rauschen und Plätschern kann man schon aus der Ferne hören: Die Burgbach-Wasserfälle sind ein Naturerlebnis für Augen und Ohren. Sie liegen ganz in der Nähe von Bad Rippoldsau-Schapbach und zählen zu den höchsten frei fallenden Wasserfällen in Deutschland. Die Gesamthöhe dieses geologischen Naturdenkmals beträgt 32 Meter, die freie Fallhöhe 15 Meter. Die Fallstufe hat sich aus verkieseltem Sandstein gebildet, der über verwitternden Graniten liegt.

Wohnmobilparkplatz Lehwiese

An einer rauschenden Stromschnelle der Kinzig befindet sich dieser kostenlose, ganzjährig nutzbare Stellplatz für sechs Fahrzeuge. Bis zum Marktplatz von Schiltach sind es nur 300 Meter.

Am Hirschen 1, 77761 Schiltach
GPS: N48.29100 E8.34374

1 Schiltach

Der malerische Luftkurort im oberen Kinzigtal – umgeben von bewaldeten Bergen und idyllisch am Zusammenfluss von Schiltach und Kinzig gelegen – hat sich seinen Ruf als Fachwerkstädtchen wahrlich verdient. Auf dem romantischen mittelalterlichen Marktplatz steht das 1593 erbaute Rathaus. Schiltach, was so viel bedeutet wie »Schild am Wasser«, entstand im 11. Jahrhundert, damals als Pfarrei für die umliegenden Höfe. Nach der Überlieferung war es Mitte des 13. Jahrhunderts, als die Herzöge von Teck die Stadt Schiltach gründeten. Noch heute zeugt die Burgruine von der einstigen Befestigungsanlage. Das Flair der damaligen Zeit verspürt man am Markt-

Oben: Einige der Ottenhöfener Mühlen sind noch funktionstüchtig.

Unten: Die Allerheiligen-Wasserfälle gehören zu den höchsten und meistbesuchten im Schwarzwald.

MIT DEM BIKE

Mountainbike-Touren

Damit Mountainbike-Fans ihren Sport in Einklang mit der Natur ausüben können, gilt im Schwarzwald die sogenannte Zwei-Meter-Regel. Sie besagt, dass Wege, deren Breite weniger als zwei Meter beträgt, nicht befahren werden dürfen: Das Unterholz ist für Radsportler also tabu. Gut für die vielen Tiere, die in den dichten Wäldern einen idealen Lebensraum gefunden haben. Die Schwarzwaldregion durchzieht ein breites Netz an Forststraßen und Radwegen. Bekannt und beliebt ist zum Beispiel der Kandel-Höhenweg, er führt auf 112 Kilometern von Oberkirch im Renchtal bis ins Kinzigtal nach Gengenbach. Oder der Borderline-Trail am Roßkopf bei Freiburg im Breisgau. Wer sich für eine längere Tour durch den Schwarzwald entscheidet, fährt auf dem Westweg von Pforzheim einmal quer durch bis Bad Säckingen. Dabei reißen Mountainbiker 16 000 Höhenmeter, die auch für weniger anspruchsvolle Fahrer geeignet sind. Der Gepäcktransport kann dazugebucht werden.

Kinzigtal-Radweg

Die Natur ist für jeden da. Nach diesem Motto wurden im Naturpark Schwarzwald Nord barrierefreie Strecken geschaffen, die allen Besuchern – mit Handicap oder ohne – die Schönheit der Natur zugänglich machen sollen. Eine dieser Touren ist der Kinzigtal-Radweg. Er führt von Freudenstadt durchs Kinzigtal nach Offenburg und ist mit einem Fahrrad mit Anhänger, einem Handbike oder sogar einem Elektro-Rollstuhl gut zu bewältigen.
naturparkschwarzwald.de/ sport-erlebnis/barrierefrei

Rheinaueweg

Nicht hoch hinaus, dafür aber gemütlich kann man in der Rheinebene radeln. Eine Etappe des beschilderten Rheinauewegs führt von Breisach aus vorbei am Vulkankegel des Kaiserstuhls nach Rheinhausen und zum sehenswerten Naturschutzgebiet Taubergießen mit seiner einzigartigen Fauna (30 Kilometer). Von Herbolzheim aus kann man die Rückfahrt nach Breisach mit der Bahn antreten.

Radtour nach Hinterzarten

Die Radtour von Titisee-Neustadt nach Hinterzarten ist 15 Kilometer lang. Die sportliche Tour führt durch die Bruderhalde in das malerische Seebachtal. Auf gut ausgebauten Wegen geht es an schönen Aussichtspunkten vorbei nach Hinterzarten. Der Weg zurück nach Titisee verläuft am Eisweiher vorbei.

Neckartal-Radweg

Der 370 Kilometer lange Neckartal-Radweg hat seinen Ausgangspunkt an der Neckarquelle im Stadtpark von Villingen-Schwenningen und verläuft entlang des Neckars durch eine abwechslungsreiche Landschaft bis nach Mannheim, wo der Fluss in den Rhein mündet. Für Familien mit Kindern empfiehlt sich die Etappe von Villingen-Schwenningen nach Rottweil (16 Kilometer). Sie beginnt an der Neckarquelle im Stadtpark Möglinshöhe in Schwenningen. Von dort führt er auf gut ausgebauten Feld- und Wirtschaftswegen mit schönen Ausblicken auf die Berge der Schwäbischen Alb über Deißlingen und Lauffen nach Rottweil. Mit dem Rad oder mit der Bahn geht es wieder zurück.
neckartalradweg-bw.de

platz heute wie ehedem. Die hier mehrmals im Jahr stattfindenden Märkte und Feste lassen die Vergangenheit lebendig werden. Eine weitere Besonderheit der Fachwerkstadt ist die Sämisch-Leder-Gerberei, in der heute noch Felle traditionell verarbeitet werden.

② Flößerpfad

Früher war die Flößerei einer der wichtigsten Wirtschaftszweige der Region. Baumstämme wurden durch Flößer über die Flüsse des Schwarzwaldes zum Rhein und weiter bis nach Amsterdam transportiert. Wer

Oben: Deutschland höchste Wasserfälle, die Triberger Wasserfälle, sind ein einmaliges Naturschauspiel.

Mitte: Das Stadtbild von Schiltach erinnert an vergangene Zeiten.

Unten: Die Freiburger Bächle dienten einst der Wasserversorgung, heute zum Plantschen für Jung und Alt.

die Flößerei heute hautnah erleben will, kann dies auf dem zwölf Kilometer langen »Flößerpfad« zwischen Lossburg und Alpirsbach tun. floesserpfad.de

3 Freilichtmuseum Vogtsbauernhof

Das sehenswerte Museum versammelt das ganze kulturelle Erbe der Schwarzwaldregion. Die wichtigsten Haus- und Speichertypen sind mit allen Nebengebäuden vertreten. Man erlebt, wie Küche, Stube und Kammern eingerichtet waren, und begegnet 400 Jahren bäuerlicher Geschichte. Ein besonderes Gewicht liegt auf der Technik früherer Zeiten, weil zahlreiche Bauern damals einen Teil ihres Lebensunterhalts durch ein Gewerbe wie Weberei oder Köhlerei erwirtschafteten. Jeder Hof ist von einem alten Garten mit Nutz- und Heilpflanzen umgeben. In den Ställen stehen alte Nutztierrassen wie etwa Vorder- und Hinterwälder Rinder. Und die Bienenhaltung erfolgt noch in geflochtenen Körben. vogtsbauernhof.de

4 Triberger Wasserfälle

Die Triberger Wasserfälle unterteilen sich in die oberen Fälle mit drei Hauptstufen, einen steilen Sturzbachabschnitt und schließlich die siebenstufigen Hauptfälle. Schön ist der Anblick auch in den Abendstunden, da die Wasserfälle bis 22 Uhr beleuchtet sind. Besonders faszinierend sind die Wasserfälle in den Schmelzwasserzeiten und nach starken Regenfällen. Es gibt wohl nur eine weitere Attraktion, die dieser Naturkulisse die Show zu stehlen vermag: die vielen Eichhörnchen, die rund um die Wasserfälle leben und inzwischen sehr an Menschen gewöhnt sind. Mehrere Wanderwege von diversem Schwierigkeitsgrad sind für die Besichtigung der Triberger Wasserfälle ausgewiesen: Naturweg, Kulturweg und Kaskadenweg. Der Haupteingang ist von der Triberger Stadtmitte aus schnell zu Fuß zu erreichen. Vier weitere Eingänge gewähren Zugang von allen Seiten. triberg.de

5 Fasnet

Eigentlich heißt es »Fasnet«, keinesfalls aber Fastnacht, Fasching oder gar Karneval, wenn von der schwäbischen »Fastnacht« die Rede ist. Im Gegensatz zum Narrentreiben in Mainz, Köln oder Düsseldorf, das als Art Protest gegen die französische Besatzung unter Napoleon entstand, ist die Fasnet heidnischen Ursprungs. Volkskundler glauben, dass sie auf vorchristliche Kulte zurückgeht, die wachstumsfeindliche Dämonen abwehren und die guten Geister des Frühjahrs anlocken sollten. So richtig lustig sehen auch die meisten Masken und Kostüme nicht aus. Das Treiben hat ein strenges Ritual, über das die Zünfte wachen. Unabdingbar sind das Narrenkleid (»Häs«) und die Gesichtsmaske (»Scheme«). Furchterregend kommen auch die Hexen mit böser Maskenmimik und Besen daher. Andere Narren schlagen (schnellen) mit Peitschen (Karbatschen) oder machen mit hölzernen Ratschen und Metallschellen einen ohrenbetäubenden Krach. Fast jedes Städtchen Badens und Oberschwabens hat ein eigenes Narrentreiben – das traditionellste dürfte das in Rottweil sein.

Wohnmobilstellplatz am Stadtpark

Dieser kleine, kostenlose und ganzjährig nutzbare Stellplatz für sechs Wohnmobile befindet sich am Rand des Stadtparks. Baumwipfelpfad und Ortszentrum sind zu Fuß sehr gut zu erreichen. Ver- und Entsorgungseinrichtungen befinden sich am Ende des Platzes.

Am Stadtrain, 79183 Waldkirch
GPS: N48.09065 E7.95783

1 Baumkronenweg Waldkirch

Wer will, kann auch die mächtigen Baumwipfel des Südschwarzwalds aus der Vogelperspektive betrachten und atemberaubende Ausblicke in das Rheintal mit dem Kaiserstuhl und den Vogesen genießen. Für schwindelfreie Naturfreunde ist der Baumkronenweg in Waldkirch wohl die schönste Attraktion des Südschwarzwalds. Er besteht aus einer 200 Meter langen Holz-Stahlkonstruktion, die mit vier Aussichtstürmen einen spektakulären Ausblick ermöglicht. In einer Höhe von 23 Metern schwebt man praktisch inmitten der Baumkronen und beobachtet Flora und Fauna aus der Sicht der Vögel. Dass sich der Baumkronenweg für alle Waldliebhaber eignet, verdankt er seiner Barrierefreiheit. Der Weg ist mit einer durchschnittlichen Steigung von sechs bis zehn Prozent auch für Rollstuhlfahrer gut zu befahren. baumkronenweg-waldkirch.de

2 Freiburg im Breisgau

Die herrliche Lage zwischen Kaiserstuhl und Schwarzwald, das milde Klima, viel alte Mauern und modernes studentisches Leben – all das macht Freiburg zu einer der schönsten Städte in Süddeutschland. Das bedeutendste Baudenkmal ist das Münster Unserer Lieben Frau (um 1200 bis 1513), ein Meisterwerk der deutschen Gotik mit dem 116 Meter hohen Turm und figurenreicher Fassade. Die prächtigsten Bauten am Münsterplatz sind das rote historische Kaufhaus (1532) und das barocke Wentzingerhaus (18. Jahrhundert). Rund um den belebten Platz gilt es das Alte und Neue Rathaus und das rote Haus zum Walfisch (1516) zu bewundern. Ein lohnender Ausflug führt zum Schauinsland (1284 Meter), dem Freiburger Hausberg mit Aussicht bis zu den Vogesen und dem Museumsbergwerk.

3 Schluchting

Schluchting ist der kleine Bruder des Canyoning. Übersetzt heißt das Waten, Stapfen, Klettern und Kraxeln in einem kühlen Gebirgsbach und eine große Gaudi. Im Hochschwarzwald eignet sich dafür der Langenbach in Todtnau besonders gut. Unter Anleitung eines Schluchting-Führers kann man zwischen Juli und September die Natur im kühlen Nass hautnah erleben. Das Einzige, was man braucht, sind ein Helm, Turnschuhe und schnell trocknende Kleidung, denn tropfnass wird es garantiert, wenn man in eine tiefere Gumpe, ein Wasserbecken, tritt. Und einen guten Schuss Abenteuerlust. Die Touren dauern ca. 1–1,5 Stunden.

4 Schwarzwälder Kirschtortenfestival

»Göttin in Weiß, Rot und Schwarz« nennen ihre Fans schwärmerisch die sahnige Köstlichkeit. Doch niemand weiß so recht, woher sie stammt. Die Kombination von Kirschen, Rahm und Kirschwasser servierte man zwar schon früh im Südschwarzwald als Dessert, aber nicht in Tortenform. Hingegen gab es in der Schweiz eine Torte aus Biskuit, Nüssen, Kirschen und Rahm, aber ohne Schnaps. Ein Bad Godesberger Konditor reklamierte 1915 ebenfalls die »Schwarzwälder« für sich; ein Kollege aus Tübingen, der zuvor im Schwarzwald gearbeitet hatte, will sie 1930 erfunden haben. Wie dem auch sei: Heute fehlt die Torte kaum in einem guten Kaffeehaus. Und es widmet sich ihr sogar ein Festival im April in Todtnauberg: Zuckerbäcker und Hobbykonditoren stellen ihre Kreationen aus Sahne, Biskuit, Kirschen, Schokolade und Kirschwasser dabei vor, die schönste, schmackhafteste und handwerklich beste Schwarzwälder Kirschtorte wird prämiert.

Links: Um den Schluchsee führt eine 18 Kilometer lange Wanderung.

Rechts: Hochaufragende Felsen begleiten den Schwarzwald-Wutachschlucht-Rundwanderweg.

5 Schwarzwälder Genießerpfade

Entspanntes Genusswandern mit vielen kulinarischen, landschaftlichen und kulturellen Höhepunkten auf einfachen Tages- und Halbtagestouren bieten die Schwarzwälder Genießerpfade. Ob Wasserfallsteig oder Ibacher Panoramaweg – auf ihnen findet jeder in seinem ganz eigenen Tempo zurück zu sich selbst.
schwarzwald-tourismus.info/erleben/wandern/geniesserpfade

Wohnmobilstellplatz Schluchsee

Dieser Platz für 22 Wohnmobile befindet sich am Ortsrand von Schluchsee. Er ist kostenpflichtig, ganzjährig geöffnet und mit allen notwendigen Ver- und Entsorgungseinrichtungen ausgestattet.
Faulenfürster Straße 18
79859 Schluchsee
GPS: N47.81514 E8.18115

1 Schluchsee

Die 18 Kilometer lange Wanderung rund um den Schluchsee, den größten Schwarzwaldsee, ist in rund sechs Stunden zu bewältigen. Sie beginnt am Bahnhof Schluchsee. Ab dem Bootsanlegeplatz in Aha geht es weiter auf dem Seerundweg. Nach dem Erreichen der Staumauer und des Bootsanlegers des Seerundfahrtsschiffs »St. Nikolaus« besteht die Möglichkeit, die Wanderung abzukürzen und das letzte Stück Weg mit dem Boot zu bestreiten. Ansonsten wandert man Richtung Bahnhof Seebrugg, um von dort über einen Waldweg zurück nach Schluchsee zu kommen.

2 Schneeschuhwanderung

Sie sehen aus, als würden sie Donald Duck gehören: Schneeschuhe haben einfach etwas Witziges, wenn selbst die Eltern plötzlich anfangen zu watscheln und die Kinder die Nase vorn haben, weil sie kleinere Schneeschuhe erwischt haben anstatt der unhandlich größeren für Erwachsene. Schnallen zu und los geht es, dorthin, wo man eben ohne diese Schuhe nicht hinkommt, weil man viel zu tief in den Schnee sinken würde. Die Schneeschuhwanderung Windecktour bei Hinterzarten gehört zu den schönsten, die Familien in Deutschland unternehmen können. Verschneite Winterlandschaft, immer wieder wunderbare Ausblicke und vielleicht sogar ein paar Spuren, die es zu deuten gilt. Und dann aber flugs weiter, den Windeck erklimmen, der immerhin 991 Meter misst.

Markgräfler Land

Der Dichter Johann Peter Hebel bezeichnete das Markgräfler Land als ein »Paradiesgärtlein«. So wie er schwärmen noch heute viele, wenn sie zur Zeit der Obstblüte oder Ernte die Region besuchen. Neben großen Weingütern mit ihren schnurgeraden Rebreihen dominieren Obstgärten und Streuobstwiesen die lokale Kulturlandschaft. Warme Winde und schwere Böden sorgen für einen guten Ertrag an Wein, Äpfeln, Birnen, Kirschen, Erd- und Himbeeren, Pflaumen aller Art sowie Walnüssen. Namhafte Konfitürehersteller betreiben Obstplantagen und vermarkten regionale Sorten wie die Badische Erdbeere und die Schwarzkirsche. Das Gebiet um Lörrach zählt dabei zu den intensivsten Obstbauregionen Deutschlands. Darüber hinaus wachsen die leckeren Früchte überall neben den Feldern, an Wegesrändern und in vielen Privatgärten.

Und anschließend genüsslich ins Tal wandern – die Kinder haben sich inzwischen schon an den Donald-Duck-Gang der Eltern gewöhnt.
hochschwarzwald.de

3 Badeparadies Schwarzwald

In Titisee-Neustadt finden sich viele Freizeitmöglichkeiten, darunter das Badeparadies Schwarzwald. In dem Erlebnisbad findet der Gast Erholung und Spaß. Die Palmenoase bietet Entspannung im Grünen, im 33 °C warmen Wasser auf den Sprudelliegen oder im Dampfbad; ebenso das Sole- und Gesundheitsbecken sowie diverse Saunen mit zahlreichen Aufguss- und Wellnessangeboten im Palais Vital. Im Galaxy Schwarzwald warten 23 hochmoderne Hightech-Rutschen und andere Attraktionen auf große und kleine Gäste.
badeparadies-schwarzwald.de

4 Schwarzwald-Wutachschlucht-Rundwanderweg

Zu den Schönheiten des Schwarzwalds leitet der Schwarzwald-Wutachschlucht-Rundwanderweg, der in Villingen-Schwenningen beginnt. Eine Empfehlung ist die etwa 24 Kilometer lange Wanderung von Kappel Gutachbrücke bis zur Wutachmühle. Diese Wanderung dauert sechs bis acht Stunden. Ein kürzerer Abschnitt der Wutachschlucht ist die etwa elf Kilometer lange Wanderung Kappel Gutachbrücke bis Schattenmühle. Der 80 Meter hohe Natursteinviadukt nahe Gündelwangen, zwischen Kappel und Neustadt, bildet den Beginn des Naturschutzgebiets Wutachschlucht. Von dort geht es weiter bis zur Schattenmühle, wo der obere Teil der Wutachschlucht endet. Für diese Wanderung, für die festes, gutes Schuhwerk erforderlich ist, benötigt man etwa drei Stunden. Beste Wanderzeit für die Schlucht sind die Monate Mai bis September. Keinesfalls sollte man etwas Verpflegung vergessen, denn in der Schlucht gibt es zwischen Schatten- und Wutachmühle keine Möglichkeit zur Einkehr.

5 Danieltanne

Der Schwarzwald war schon immer anders: groß, dunkel, bergig und geheimnisvoll. Seinen Namen verdankt er den dunkelgrünen Nadelbäumen, die hier schon zu Römerzeiten wuchsen. Wer ein besonders riesiges Exemplar bestaunen möchte, findet dies im Naturschutzgebiet Schluchtsee nahe Grafenhausen-Rothaus. Hier steht die Danieltanne, eine der mächtigsten und ältesten Tannen Deutschlands. Sie ist ca. 50 Meter hoch und rund 400 Jahre alt. Ganz entspannt kann man zu ihren Füßen auf Liegestühlen die Atmosphäre des Waldes in sich aufsaugen.

Am Schwäbischen Meer

Otto Dix, der berühmte deutsche Maler, der 1933 aus Dresden an den Bodensee kam, war von der Idylle auf der Halbinsel Höri so angetan, dass er blieb. Und das bis zu seinem Tod im Jahr 1969. So wie ihm ging es vielen Künstlern: Hermann Hesse, Erich Heckel, der Sopranistin Lisa della Casa. Sie alle ließen sich am Ufer des Sees nieder. Kein Wunder, denn das »Schwäbische Meer«, eines der südwestlichsten Fleckchen Deutschlands, ist zugleich eines der schönsten im ganzen Land. Sein mildes Klima, die zahlreichen kulturhistorischen Stätten, Apfelbaumhaine, Weinberge, und das alles vor der prächtigen Kulisse der Alpen, machen den Bodensee zu einer der beliebtesten Ferienregionen in Deutschland. Ob man mit einem der zahlreichen weißen Dampfer der »Weißen Flotte« über den See schippert, sich bei einem kühlen Weißwein einen guten Bodenseefisch schmecken lässt, oder durch die Gässchen so mancher schönen Kleinstadt flaniert – die Kulturlandschaft Bodensee ist ein Touristenmagnet, aber dennoch nicht überlaufen. Hier scheinen die Uhren ein wenig langsamer zu gehen, und genau diese Ruhe und Beschaulichkeit sind es, die faszinieren.

Der Bodensee sorgt für ein gemäßigtes Klima und ermöglicht Weinbau in einer Höhe von 400 bis 500 Metern.

Emmingen
Liptingen
Wald
Pfullendorf
Ostrach
Altshausen
Aulendorf
Bad Waldsee
DEUTSCHLAND
Engen
Eigeltingen
Nenzingen
Stockach
Herdwangen-Schönach
Illmensee
Wilhelmsdorf
Wolpertswende
MitteIurbach
Aach
Orsingen
Ludwigshafen
Fronreute
Bergatreute
LenkRadTour
Heiligenberg
Bodman
Horgenzell
Baienfurt
Baindt
Wolfegg
Burg Hohentwiel
Singen
Reisemobilhafen Überlingen
Affenberg Salem
Deggenhausertal
Weingarten
Überlinger S.
Stellplatz Halbinsel Mettnau
Salem
Überlingen
Ravensburg
Kißlegg
Radolfzell
Bodanrück-Familien-Radtour
Uferpromenade Überlingen
Vogt
Radtour um die Halbinsel Höri
Weiße Bodenseeflotte
Pfahlbauten Unteruhldingen
Waldburg
Kanutour zur Liebesinsel
Insel Mainau
Markdorf
Untersee
Reichenau
Wassersport
3Welten-Radweg
Meersburg
Äpfel am Bodensee
Bodnegg
Amtzell
Bodensee-Therme Konstanz
Zeppelinflug
Stein
Hermann Hesse in Gaienhofen
KONSTANZ
FRIEDRICHSHAFEN
Tettnang
Wangen
Museum Fischerhaus
Internationale Bodenseewoche
Zeppelinmuseum
Wohnmobilstellplatz Reichenau
Kreuzlingen
Katamaran
Campingplatz CAP-Rotach
Wollmatinger Ried
Konstanzer Seestraße
Raddampfer »Hohentwiel«
Bodensee-Radweg
Heimenkirch
Thur
Müllheim
Kressbronn
Bodensee
Langenargen
Campingpark Gitzenweiler Hof
Lindenberg
Frauenfeld
Weinfelden
Romanshorn
Lindenhofpark
Scheidegg
Nonnenhorn
Weiler
SCHWEIZ
Segeln und Surfen
WINTERTHUR
Sulgen
Amriswil
Egnach
Lindau
Lochau
Aadorf
Wängi
Arbon
Lindau
Pfänder
1095
Elgg
Münchwilen
Bischofszell
Sitter
Berg-See-Tour
Sulzberg
Wil
Rorschach
Waldkirch
Wittenbach
Lauterach
Bregenz
Sirnach
Thur
Turbenthal
Höchst
Wolfurt
Alberschwende
Bazenheid
ST.GALLEN
Kirchberg
St.Margrethen
Lustenau
Trogen
Egg
Flawil
Heerbrugg
Pfäffikon
Gossau
Bauma
Dornbirn
Widnau
Degersheim
Herisau
Teufen
Altstätten
Andelsbuch
10 km
Bütschwil
Gais
Hohenems
ÖSTERREICH

Das Naturschutzgebiet Mettnau bei Radolfzell am Untersee wird von rund 400 Vogelarten zum Rasten und Überwintern aufgesucht.

Stellplatz Halbinsel Mettnau

Der ganzjährig geöffnete Platz auf der Halbinsel Mettnau bietet 31 ebene Stellflächen, ein neues Sanitärgebäude mit WCs und Duschen, WLAN sowie Ver- und Entsorgung. Bis zur Stadtmitte von Radolfzell sind es rund 1000 Meter.

Strandbadstr., 78315 Radolfzell
GPS: N47.73719 E8.97706

1 Kanutour zur Liebesinsel

Die der Halbinsel Mettnau vorgelagerte, 2200 Quadratmeter große »Liebesinsel« ist eine kleine Berühmtheit, wurden hier doch Szenen für den Heimatfilm »Die Fischerin vom Bodensee« (1956) gedreht – u. a. die Liebesnacht der Hauptpersonen Hans (Gerhard Riedmann) und Maria (Marianne Hold). Daher rührt auch ihr Name. Heute werden in den Sommermonaten geführte Kanutouren zur Liebesinsel angeboten, betreten werden darf das zum Naturschutzgebiet Halbinsel Mettnau gehörende Eiland allerdings nicht.
events-bodensee.de/kanutour

2 Burg Hohentwiel

Sie ist mit einer Fläche von 90 000 Quadratmetern die größte Burgruine des Landes. Als Herzog Burkhard III. 914 eine Burg auf dem Hohentwiel erbaute, die 1538 Herzog Ulrich zu einer von sieben Landesfestungen erweiterte, konnte er sich sicher nicht vorstellen, dass viele Jahrhunderte später einmal »Hohentwielfestivals« stattfinden würden, die Tausende Besucher anziehen. Die Ruine selbst ist ein beeindruckendes Zeugnis mittelalterlicher Baukunst und nicht nur wegen der herrlichen Aussicht einen Besuch wert. Hier kann man über Mauerreste steigen, ein Picknick machen und in manches dunkle Gewölbe kriechen.
festungsruine-hohentwiel.de

3 Museum Fischerhaus

Das zum UNESCO-Weltkulturerbe der Pfahlbauten gehörende Muse-

Am Rathausplatz von Stein am Rhein lässt es sich in den Cafés gut aushalten.

Die riesige Anlage von Burg Hohentwiel mit ihren Verteidigungsanlagen spiegelt heute noch ihre einstige Bedeutung wieder. Die Festung hielt etlichen Belagerungen stand.

um befindet sich in einem denkmalgeschützten Fachwerkhaus in Öhningen, das 1604 als Speicherbau errichtet und 1986 vom alten Ortskern auf seinen heutigen Platz am Seeufer umgesetzt wurde. Es beherbergt einen Querschnitt fossiler Funde aus den Öhninger Steinbrüchen mit Abdrücken von rund 450 Pflanzen- und 900 Tierarten aus der Urzeit vor 13 Millionen Jahren. Zu den bedeutendsten Stücken zählt ein versteinerter Riesensalamander. Des Weiteren werden Funde aus den jungsteinzeitlichen Siedlungen der Pfahlbauten gezeigt: Tongefäße, Knochenwerkzeuge, aber auch Textilien aus Lein- oder Lindenbastfasern wie das Original des berühmten »Wangener Huts«. Im Jahr 2016 wurde in direkter Nähe zum Museum die Rekonstruktion eines Pfahlbauhauses aus der Jungsteinzeit errichtet.
museum-fischerhaus.de

4 Hermann Hesse in Gaienhofen

Im Jahre 1904 ließ sich der Dichter und Schriftsteller Hermann Hesse auf der Halbinsel Höri im Untersee nieder. Frisch verheiratet, seinen ersten literarischen Erfolg mit dem Roman »Peter Camenzind« feiernd, zog er nach Gaienhofen, um dort ein einfaches Leben auf dem Land zu führen. Das Hesse Museum Gaienhofen, ein altes Fachwerkhaus, in dem Hesse auch einige Zeit lebte, widmet sich diesem Abschnitt im Leben des Dichters. Ebenfalls in Gaienhofen zu finden ist das Hermann-Hesse-Haus. 1907 erbaut, wohnte Hermann Hesse hier mit seiner Familie bis 1912. Seit 2004 sind die denkmalgeschützte Villa und der Garten für die Öffentlichkeit im Rahmen von Führungen zugänglich.
mia-und-hermann-hesse-haus.de

5 Untersee

Einheimische sprechen vom Untersee als dem »Bodensee in konzentrierter Form«, da die Region Untersee zwar klein und überschaubar ist, aber dennoch alle Vorzüge ihres großen Bruders zu bieten hat. Sie ist Teil der Grenze zwischen Deutschland und der Schweiz. Naturfreunde finden hier zahlreiche naturbelassene Ufer, Inseln und Halbinseln, Buchten und kleine Anhöhen, auf denen Burgen, alte Klöster und Schlösser thronen. Die Region ist durch ihr mildes Klima und ihre Naturschutzgebiete Wollmatinger Ried, Mettnau und Mindelsee ein hochfrequentierter Rast- und Überwinterungsort für 400 Vogelarten. Wenn man es genau nimmt, teilt sich der Untersee übrigens nochmals in drei Seen auf: den Gnadensee mit dem Markelfinger Winkel, den Zellersee und den Rheinsee.

Wohnmobilstellplatz Reichenau

Am Rande eines Campingplatzes an der Westspitze der Insel Reichenau befindet sich dieser kleine, kostenpflichtige Stellplatz für zwölf Wohnmobile. Er ist ausgestattet mit einer Ver- und Entsorgungsstation. Bis zum Badestrand sind es nur wenige Meter.

Zum Sandseele
78479 Reichenau
GPS: N447.69656 E9.04864

Oben: Tulpenblüte im Frühjahr auf der Insel Mainau.

Mitte: Die Konstanzer Altstadt zeigt sich in ihrer ganzen Pracht.

Unten: Die Insel Reichenau – eine Welt für sich.

1 Wollmatinger Ried

Das Naturschutzgebiet Wollmatinger Ried an der Mündung des Seerheins in den Untersee gilt als natürlicher Lebensraum für seltene Pflanzen und vom Aussterben bedrohte Tiere. Vom Informationszentrum aus können Besucher an zahlreichen Führungen teilnehmen. Zudem ist die Erkundung der Natur durch spezielle Informationspfade am Rand des Schutzareals möglich.
nabu-bodenseezentrum.de

2 Internationale Bodenseewoche

Bei der größten Wassersportveranstaltung am Bodensee in Konstanz präsentieren zahlreiche Aussteller Neuigkeiten rund um den Wassersport wie etwa elegante Jachten, moderne Renn- und historische Dampfboote. Ein abwechslungsreiches Programm mit kulturellen und sportlichen Veranstaltungen wie Ruderwettkämpfen, Segelregatten, Wasserski-Cups, Hafenkonzerten und Shows rundet die Veranstaltung ab.
internationale-bodenseewoche.com

3 Konstanzer Seestraße

Die wohl schönste Promenade der Stadt ist die Seestraße mit ihren Prachtbauten. Von der alten Rheinbrücke führt sie etwa einen Kilometer in Richtung Osten. Dabei lässt sich von hier aus nicht nur das Postkartenpanorama der Konstanzer Altstadt genießen, auch die altehrwürdigen Jugendstilfassaden der anliegenden Prachtvillen sind ein beliebtes Fotomotiv. Im Sommer locken zahlreiche Bänke zu einem Stelldichein, auch gibt es viele Möglichkeiten, von hier ein erfrischendes Bad im See zu nehmen. Läuft man

die Seestraße weiter Richtung Osten, passiert man das Konstanzer Casino und den Konstanzer Jachtclub. Anschließend mündet die Straße in einen schönen, idyllischen Uferweg. Die zahlreichen Kiesbuchten, die es hier gibt, sind inzwischen zwar kein Geheimtipp mehr, bieten aber immer noch perfekte Badefreuden.

4 Bodensee-Therme Konstanz
Die Bodensee-Therme besticht durch mehrere Sole- und Thermalbecken sowie eine riesige Saunalandschaft mit Panoramablick auf den See. Nach dem Saunagang kann man sich direkt im Bodensee abkühlen.
therme-konstanz.de

5 Insel Mainau
Die kleine Insel im Überlinger See gehörte ursprünglich zur Abtei Reichenau und kam im 18. Jahrhundert an den Deutschritterorden, der auf der Insel ein Barockschloss errichten ließ. Heute residiert hier in vierter Generation das Bernadotte-Geschlecht: Graf Lennart und seine Frau machten aus der Insel ein einzigartiges Blumenparadies. Über 30 000 Rosenstöcke und 200 verschiedene Dahlienarten sowie zahllose andere Pflanzen erfreuen die Besucher.
mainau.de

Reisemobilhafen Überlingen

Es ist eine relativ neue Anlage. Dicht beieinander stehen hier die Wohnmobile auf schattenlosen Schotterflächen. Der gebührenpflichtige Platz ist ganzjährig geöffnet. Eine Stromversorgung gibt es ebenso wie eine Ver- und Entsorgungsstation. Bis zur Altstadt von Überlingen sind es 1,5 Kilometer.
Kurt-Hahn-Str./Aufkircher Str.
88662 Überlingen
GPS: N47.69656 E9.04864

1 Weiße Bodenseeflotte
Die Schifffahrt auf dem Bodensee ist Teil des öffentlichen Verkehrs. Die Häfen und Landestellen befinden

MIT DEM BIKE

3Welten-Radweg
In sechs Etappen geht es durch drei unterschiedliche Landschaften (Schwarzwald, Hochrhein, Bodensee) in zwei Ländern, insgesamt sind es 302 Kilometer.
bodenseewest.eu/touren/3welten-radweg-c1fe734970

Radtour um die Halbinsel Höri
Von Radolfzell aus radelt man auf einem ausgeschilderten Weg rund um die leicht hügelige Halbinsel Höri, die Gnadensee und Zeller See trennt.

Bodensee-Radweg
Der Bodensee-Radweg ist ein rund 260 Kilometer langer Radfernweg rund um den Bodensee. Es gibt organisierte Touren mit Gepäcktransport. Man kann sich aber auch einzelne Etappen herauspicken, beispielsweise nur um den Untersee oder über den Bodanrück um den weniger befahrenen Überlinger See herum. Schiff, Fähre oder Bahn nehmen die Fahrräder gegen Gebühr mit.
bodensee-radweg.com

Bodanrück-Familien-Radtour
Eine aussichtsreiche, 27 Kilometer lange Runde ab Allensbach. Unterwegs gibt es viele Möglichkeiten, Bären, Rehe und andere Tiere zu beobachten.
bodenseewest.eu/touren/bodanrueck-familien-radtour-ac6aa1f2a4

LenkRadTour
Mit dem Fahrrad geht es auf insgesamt 31,5 Kilometern zu den berühmten Kunstwerken von Peter Lenk in Stockach, Ludwigshafen und Bodman.
echt-bodensee.de/tour/lenkradtour-0a429008f4

Berg-See-Tour
Die Tour verläuft von Lindau über Bregenz nach Rohrschach (38 Kilometer). Unterwegs bietet sich ein Abstecher auf den Pfänder an. Zurück ab Rohrschach geht es mit dem Schiff.
bsb.de/de/bodensee-erlebnisse/aktiv-unterwegs/radtour-bodensee/berg-see

sich in unmittelbarer Nähe von Bahnhöfen und Busstationen, die Abfahrtszeiten sind aufeinander abgestimmt. Daneben bietet die Weiße Bodenseeflotte auch Sonderfahrten, Bodenseerundfahrten und Exkursionen an.
bodenseeschifffahrt.de

2 Uferpromenade Überlingen

Ein wahrer Besuchermagnet ist die längste Uferpromenade am Bodensee mit anschließendem Kurgarten, dessen weitläufige Anlage zum Flanieren einlädt. Auf fünf Kilometern blüht und grünt es, soweit das Auge reicht. Mächtige Laubbäume überragen den denkmalgeschützten Mantelhafen, der früher als »Höllgraben« Teil der Stadtfestung war. Palmen, Platanen, Trompetenbäume und bunte Hochbeete wechseln sich auf der Seeseite des Landungsplatzes ab und verleihen der Promenade mit edlen Cafés zwischen historischen Patrizierhäusern einen fast schon mediterranen Charakter. Beliebter Treffpunkt ist das ehemalige Handels- und Kornhaus Greth als markantes Kulturdenkmal, das 1788 im klassizistischen Stil umgebaut wurde. Künstlerisches i-Tüpfelchen ist der im Jahr 1999 von Bildhauer Peter Lenk geschaffene Brunnen des »Bodenseereiters«.
ueberlingen-bodensee.de

3 Wassersport

Auf dem Bodensee kann und darf fast jede Art von Wassersport betrieben werden. Weil die Wasserfläche intensiv genutzt wird, gibt es zahlreiche Regeln, damit sich die Wassersportler nicht gegenseitig gefährden. Manche Schwimmer gehen die Sache mit sportlichem Ehrgeiz an und schwimmen von einem Ufer zum anderen, wie beim »Gnadensee-Schwimmen« zwischen Allensbach und der Reichenau. Bei entsprechendem Wind bevölkern Tausende von Segelbooten den Ober- und den Untersee. Bei Regatten bieten die vielen Segel ein beeindruckendes Bild. Mit Kanus, Kajaks und Drachenbooten kann man auch bei Windstille über das Wasser und an den Ufern entlangfahren. Das Surfen ist fast überall erlaubt, das Kitesurfen nur in wenigen Gebieten. Der Tauchsport wird vor allem im Überlinger See mit seinen Steilufern ausgeübt. Im Winter wird bei entsprechenden Temperaturen hier auch gerne Schlittschuh gelaufen.

Links: Rund 200 Berberaffen turnen im Freigelände vom Affenberg Salem herum.

Unten links: Über fünf Kilometer erstreckt sich die Uferpromenade in Überlingen.

Rechts: Pfahlbauten wie in Unteruhldingen gab es zahlreiche in der Stein- und Bronzezeit.

4 Affenberg Salem

Ein Ausflugsziel für die ganze Familie befindet sich nahe Kloster Salem im Banzenreuther Wald. Hier leben auf einem 20 Hektar großen Freigelände rund 200 Berberaffen. Ein Rundweg führt mitten durch das Waldgebiet. Hier können Besucher die Tiere in freier Wildbahn beobachten und mit speziell zubereitetem, gratis ausgeteiltem Popcorn füttern. Weitere Highlights sind eine große Storchenkolonie und ein Abenteuerspielplatz.
affenberg-salem.de

5 Pfahlbauten Unteruhldingen

Die Pfahlbauten bei Unteruhldingen sind eine der großen Touristenattraktionen am Bodensee. Das 1922 eröffnete archäologische Museum zeigt Rekonstruktionen von Pfahlbauten aus der Stein- und Bronzezeit. Neu ist die Multimediashow »Archaeorama«: Hier taucht man ein und erfährt, wie das Welterbe »Pfahlbauten« unter Wasser aussieht. Die Sonderausstellung »Das Erbe der Pfahlbauer« präsentiert zudem mehr als 1000 Originalfunde aus den Erbestätten am Bodensee. Unteruhldingen ist der bekannteste Pfahlbau-Ort, Spuren derartiger Siedlungen wurden aber an etwa hundert weiteren Stellen am Bodensee gefunden. Die prähistorischen Pfahlbauten von Unteruhldingen stehen seit 2011 auf der Welterbeliste der UNESCO.
pfahlbauten.de

Campingplatz CAP-Rotach

Der kleine ECO-Campingplatz grenzt direkt ans Seeufer. Neben den Sanitäreinrichtungen steht eine Küche zur Verfügung. Im Café mit Seeblick kann man sich stärken. Geöffnet April bis Ende Oktober.

Lindauer Str. 2
88046 Friedrichshafen
cap-rotach.de
GPS: N47.64999 E9.49598

1 Raddampfer »Hohentwiel«

Das Prachtstück der Bodensee-Schifffahrt ist der Schaufelraddampfer »Hohentwiel«. Er wurde 1913 als Salondampfer erbaut und musste in jahrelanger Arbeit restauriert werden, bis er im Jahr 1990 wieder als schwimmendes Denkmal den Betrieb aufnehmen konnte. Von ihrem Heimathafen Hard bei Bregenz fährt die Hohentwiel durch die Bregenzer Bucht und weiter über den Obersee. Auch deutsche Häfen wie beispielsweise Friedrichshafen werden dabei angefahren. Sogar in zahlreichen Hollywood-Filmen hat das Schiff schon mitgespielt – u. a. im James-Bond-Streifen »Ein Quantum Trost« von 2008.
hohentwiel.com

2 Katamaran

Seit 2005 verbinden drei Katamarane die beiden Bodenseestädte Konstanz und Friedrichshafen im Stundentakt. Platz bieten die schnittigen Doppelrumpfschiffe für jeweils 182 Fahrgäste und 30 Fahrräder. Da sich die Zahl der Berufspendler stetig erhöht, ist die Verbindung eine schnelle und kostengünstigere Alternative zu den herkömmlichen Verkehrsmitteln. Der Katamaran benötigt nur 52 Minuten Fahrtzeit, die Bahn dagegen 65 Minuten und das Auto mit der Fährverbindung Konstanz–Meersburg ca. 60 Minuten.
der-katamaran.de

3 Zeppelinmuseum

Das Zeppelin Museum Friedrichshafen ist etwas Besonderes: Es beheimatet die weltgrößte Sammlung zur Geschichte des Luftschiffbaus. Gleichzeitig ist das Museum der Kunst des Bodenseeraums verpflichtet und nennt wertvolle Kunstbestände aus verschiedenen Epochen wie beispielsweise die Sammlung Otto Dix oder den fotografischen Nachlass von Andreas Feininger sein Eigen.
zeppelin-museum.de

4 Zeppelinflug

Zeppeline fliegen nach dem Prinzip »leichter als Luft«, was im Hinblick auf die Dimensionen der majestätischen Luftschiffe erst mal erstaunt. Dabei entspricht in diesem Fall Volumen nicht gleich Gewicht, denn den meisten Platz in der riesigen Aluminiumkonstruktion nimmt unbrennbares Helium ein. Es sorgt für den nötigen Auftrieb während des Fluges, der für die Fluggäste an Bord zu einem zugegebenermaßen exklusiven, aber bestimmt unvergesslichen Erlebnis wird. Ob die bis zu 14 Personen und zwei Piloten in der Flugkabine ruhig am Himmel entlanggleiten können, darüber entscheidet die Wetterlage. Bei optimalen Bedingungen lässt sich ab Hangar Friedrichshafen die Bodenseeregion auf unterschiedlichen Routen von oben bewundern. Ein Zeppelin NT kann übrigens über 20 Stunden in der Luft bleiben – gut, dass die Flugkabine über eine Bordtoilette verfügt.
zeppelin-nt.de

5 Äpfel vom Bodensee

Wie es sich für eine »paradiesische« Landschaft gehört, ist die Bodenseeregion seit Jahrhunderten von Streuobstwiesen mit Apfelbäumen geprägt. Während für den Export etwa zehn gängige Sorten angebaut werden, findet man die ganze Vielfalt der traditionellen Sorten noch auf den Wochenmärkten, auf denen viele Obstbauern neben den Früchten noch den selbst gebrannten Schnaps und während der Saison frisch gepressten Most verkaufen.

Campingpark Gitzenweiler Hof

Hochpreisiger 5-Sterne-Platz mit allen notwendigen Ver- und Entsorgungseinrichtungen. Der Platz ist ganzjährig geöffnet, ab Ostern Aktivprogramm. Mit dem Bus ist man in 15 Minuten in Lindau.
Gitzenweiler 88, 88131 Lindau
gitzenweiler-hof.de
GPS: N47.58393 E9.70576

1 Langenargen

Der Urlaubsort liegt auf dem Delta, das der aus dem Allgäu kommende Fluss Argen im Laufe der letzten Jahrtausende geschaffen hat. Über die Argen führen in der Nähe des Ortes einige sehenswerte alte und neuere Brücken, darunter die Kabelhängebrücke von 1898, von der behauptet wird, sie hätte als Vorbild für die Golden Gate Bridge gedient. Auf einer kleinen Halbinsel, die bis 1810 noch eine Insel war, steht das 1861 bis 1866 für den württembergischen König Wilhelm I. erbaute Schloss Montfort. Kunstinteressierte finden im Museum eine schöne Sammlung von Werken bekannter Bodenseekünstler – und auf öffentlichen Plätzen eine ganze Reihe von modernen Skulpturen. Mit dem Institut für Seenforschung beheimatet die Gemeinde eine bedeutende Einrichtung zur Erforschung der Ökologie und Biologie der Süßwasserseen.

2 Nonnenhorn

Nonnenhorn ist die südwestlichste Gemeinde Bayerns. Der 1500 Einwohner zählende Luftkurort liegt auf einer Halbinsel, einem breiten »Horn«, daher auch der Name. Eine rund 400 Jahre alte historische Weinpresse mit einem zentnerschweren Pressbalken, die in der Dorfmitte aufgestellt ist, erinnert an die lange Weinanbautradition des Ortes. Und auch heute noch ist hier Wein sprichwörtlich in aller Munde. Rebanlagen und Obstbäume durchziehen quasi das Ortsbild des idyllischen Weindorfs. Die Großlagen der bekannten Weine nennen sich »Sonnenbichl« und »Seehalde«. Beliebteste Rebsorten sind Müller-Thurgau, Bacchus, Grauburgunder, Spätburgunder sowie in letzter Zeit auch wieder die wiederentdeckte Rebsorte Elbling. Natürlich kann man hier auch hervorragend Weine und Obstbrände verkosten – und käuflich erwerben, z. B. im Sommer in den zahlreichen »Rädlewirtschaften« des Ortes.

3 Segeln und Surfen

Freizeitkapitäne finden rund um den Bodensee eine große Zahl von Segelschulen. Eine Liste ist erhältlich beim Schifffahrtsamt Friedrichshafen, weitere Infos auch unter www.bodensee-info.com/html/segeln_am_bodensee.html. Eine der vielen empfehlenswerten Surfschulen mit Verleih ist die Surfschule Wasserburg (surfschule-wasserburg.de). Der Tom's Aqua Club in Konstanz (toms-aqua-club.de) ist eine Surf- und Segelschule inmitten des idyllischen Freizeitgeländes Seehalde in Konstanz-Staad.

4 Lindenhofpark

Der Kaufmann und Pionier der Baumwollindustrie Friedrich Gruber hatte es im 19. Jahrhundert in Italien zu Wohlstand gebracht. In seiner Heimatstadt Lindau ließ er im Jahr 1840 deshalb vom Münchner Architekten Franz Jakob Kreuter eine herrschaftliche Villa erbauen. Die 7,5 Hektar große Parkanlage wurde vom Gartenkünstler Maximilian Friedrich Weyhe aus geometrisch-formal gestalteten Stilelementen und typisch englischem Landschaftsgarten kreiert. Geschwungene Wege führen an künstlich geschaffenen Hügeln, kleinen Bächen und Wäldchen vorbei. Viele dieser Elemente sind noch erhalten. Seit 1956 gehören die restaurierte Villa und der weitläufige Lindenhofpark am Seeufer zum Besitz der Stadt. Der Park ist frei zugänglich. Im Ostflügel ist das Friedensmuseum Lindau beheimatet.
gartendenkmal-lindenhofpark.de

5 Lindau

Die Inselstadt Lindau nennt sich »Happy End Deutschlands«, da sie tatsächlich am südwestlichen Ende des Freistaats liegt. Am besten »erläuft« man sich die schöne Altstadt, denn Lindaus Zentrum ist komplett autofrei. Seine erste Blüte erlebte Lindau bereits im Mittelalter – denn hier begann die Route des »Mailänder Boten«, einer wichtigen Reiter- und Kutschenverbindung von Süddeutschland nach Norditalien, deren heute noch sichtbares Zeichen die prächtigen Kaufmannshäuser sind. Zu Lindau gehören außer der Insel, die unter Denkmalschutz steht, auch die Stadtteile auf dem Festland und ein paar Dörfer im Hinterland. Der Stadtteil Bad Schachen war schon ab der Mitte des 19. Jahrhunderts ein mondänes Kurbad und ist heute bekannt durch das Friedensmuseum in der Villa Lindenhof.
lindau.de

Links oben: Das erste Zeppelin-Luftschiff ging 1900 über dem Bodensee in die Luft.

Links Mitte: Hafeneinfahrt mit Leuchtturm in Lindau.

Links unten: Badeplatz Malerecke in Langenargen.

Rechts: In der Grub, eine der schönen Altstadtgassen Lindaus.

Wälder, Wiesen und Weiden

Hohe Gipfel und idyllische Täler, sanfte Hügel und schroffe Felsen: Das Allgäu fasziniert mit einer atemberaubenden Naturkulisse. Kirchen, Kapellen und Klöster sind tief in der ländlichen Kultur verwurzelt, märchenhafte Schlösser und zahlreiche Burgruinen erzählen ihre jahrtausendealten Geschichten. Traditionelle Bräuche haben hier immer noch eine ganz besondere Bedeutung, sie werden liebevoll gepflegt und gefeiert. Ideal erkunden lässt sich das Allgäu auf Schusters Rappen und mit dem Zweirad. Als Wintersportgebiet hat es sich weltweit etabliert. Mit acht Skiregionen, mehr als 200 Liftanlagen und 400 Pistenkilometern steht das Allgäu als größte Skiarena an Deutschlands Spitze. Beschäftigt man sich mit den Allgäuer Alpen, wird schnell klar, dass hier Grenzen ebenso verschwimmen wie Begrifflichkeiten. Schon die Fläche des Allgäu lässt sich nicht völlig eindeutig festlegen. Sie stößt im Süden an den Bodensee, liegt hauptsächlich in Bayern, zu Teilen aber auch in Baden-Württemberg und in Österreich. Ihr höchster Berg ist der 2657 Meter hohe Große Krottenkopf in Tirol. Auf bayerischem Gebiet ist die nur acht Meter niedrigere Hochfrottspitze die höchste Erhebung. Felsen und Gestein, Höhlen und Gletscher dominieren naturgemäß die Landschaft. Doch die Allgäuer Alpen sind noch viel mehr. Man findet dort Seen, sowohl im Tal als auch in atemberaubenden Höhen. Die Flüsse Lech, Breitach, Iller und andere Fließgewässer haben zum Teil deutliche Spuren hinterlassen, indem sie tiefe Schluchten gegraben haben. Die bayerischen Allgäuer Alpen sind in sechs Naturschutzgebiete aufgeteilt, das größte ist das seit 1992 existierende Naturschutzgebiet Allgäuer Hochalpen.

Wie kein anderer Bau zeugt Schloss Neuschwanstein von den Sehnsüchten Ludwigs II.

Bad Buchau
Ummendorf
Ochsenhausen
Boos
Lauben
Kammlach
Mindelheim
Tussenhausen
Ettringen
Ingoldingen
Berkheim
Heimertingen
Erkheim
Türkheim
Eberhardzell
Rot a.d.Rot
Buchloe
Bad Schussenried
Skyline Park
Sontheim
Tannheim
Ellwangen
Memmingen
Dirlewang
Waal
Aulendorf
Memmingen
Bad Wörishofen
Wohnmobilstellplatz Vitalium-Therme
Aitrach
Kloster Ottobeuren
Unteregg
Bad Waldsee
Via Aqua
Fasnacht in Bad Waldsee
Baierz
Schwäbisches Bauernhofmuseum Illerbeuren
Woringen
Ottobeuren
Markt Rettenbach
Oberostendorf
Mittelurbach
Pforzen
Bad Wurzach
Kronburg
Wolpertswende
Wolfert-schwenden
Ronsberg
Irsee
Germaringen
Achstetten
Baindt
Bergatreute
Bad Grönenbach
Kaufbeuren
Legau
Bad Grönenbach
Stellplatz am Jordanpark
Baienfurt
Arnach
Friesenried
Leutkirch
Wolfegg
Weingarten
Iller-Stausee
Obergünzburg
Freilichtbühne Altusried
Dietmannsried
Ravensburg
Kißlegg
Aitrang
Haldenwang
Bidingen
Altusried
Vogt
Iller
Marktoberdorf
Urlau
Wildpoldsried
Waldburg
Marktoberdorf
Wiggensbach
Unterthingau
Bodnegg
Argenbühl
Amtzell
KEMPTEN
Stötten
Bernbeuren
Isny
Schwarzer Grat
1118
Neukirch
Wangen
Durach
Buchenberg
Lechbruck
Lengenwang
Waltenhofen
Heimenkirch
Weitnau
St. Ulrich Seeg
Röthenbach
Sulzberg
Nesselwang
Seeg
Hopfensee Panorama-Runde
Allgäuer Bergbauernmuseum
Scheidegger Wasserfälle
Lindenberg
Oy-Mittelberg
Weißensberg
Simmerberg
Missen
Nesselwang
Forggen-see
Alpsee Rundweg
Wertach
Wasserburg
Scheidegg
Weiler
Alp-see
Wertach
Allgäuer Käse
Alpsee Wellness Camping
Pfronten
Bodensee-Königssee-Radweg
Füssen
Schwangau
Immenstadt im Allgäu
Camping Pfronten
Lindau
Oberstaufen
Immenstadt
Lochau
Pfänder
1095
Starzlachklamm
Naturpark
Blaichach
Burgberg
Vier-Seen-Radrunde
Schloss Neuschwanstein
Hochgrat
1832
Lauterach
Bregenz
Sulzberg
Tobelweg
Sonthofen
Bad Hindelang
Tannheim
Pflach
Höchst
Wolfurt
Alberschwende
Hittisau
Nagelfluhkette
Reutte
Skimuseum Fischen
Fischen
Plansee
Lustenau
Balder-schwang
Vilsalpsee
Bregenzer
Höfen
Paragliding am Nebelhorn
Heiterwanger See
Egg
Rubi-Camp
Dornbirn
Andelsbuch
Lailachspitze
2276
Heiterwang
Breitachklamm
Oberstdorf
Bezau
Lech
Bichlbach
Hohenems
Wald
Hoher Ifen
2230
Allgäu Coaster
Oytal
Berwang
Hochvogel
2594
Altach
Mellau
Hirschau
Riezlern
Stanzach
2038
Fellhorn
Hoher Freschen
2006
Hirschegg
Bregenzer Aach
Urbeleskarspitze
2636
Elmen
Mittelberg
Allgäuer Alpen
Lechtaler Alpen
Schoppernau
Häselgehr
Nassereith
10 km

Die Altstadt von Memmingen ist eine Augenweide. Dazu tragen das Steuerhaus mit seiner bunten, neubarocken Fassade und der spätmittelalterliche Bau des Rathauses bei.

Stellplatz Vitalium-Therme

Einfacher, kostenpflichtiger, ganzjährig geöffneter Stellplatz mit allen Ver- und Entsorgungseinrichtungen in unmittelbarer Nähe des Kurparks, der Therme und des Naturschutzgebietes Wurzacher Ried.

An der Thermalquelle 1
88410 Bad Wurzach/Allgäu
GPS: N47.91459 E9.90376

1 Fasnacht in Bad Waldsee

Wen es in der Faschingszeit nach Bad Waldsee zieht, der wird das närrische Treiben des Ortes hautnah miterleben können. Die Geschichte der Waldseer Fasnacht reicht bis ins 15. Jahrhundert zurück. Zum Brauchtum gehören typische Masken wie »Federle«, »Faselhannes«, »Narro«, »Schrättele«, »Werners Esel« und »Schorrenweible« – zugelassen sind an die 2700 solcher Masken! – sowie Bräuche wie das »Gschellabstauben«, die Eröffnung der Fasnacht, das Narrenrechtabholen, das Narrenbaumstellen, die Umzüge, der »Schrättelestanz« und das Besenverbrennen mit anschließendem Fasnetsvergraben.
narrenzunftwaldsee.de

2 Schwäbisches Bauernhofmuseum Illerbeuren

Südlich von Memmingen liegt das älteste Freilichtmuseum des süddeutschen Raums mitten im Illerwinkel. In mehr als 30 original eingerichteten Gebäuden aus vier Jahrhunderten wird die ländliche Kulturgeschichte des alten Schwabenlandes und des Allgäus dokumentiert.
bauernhofmuseum.de

3 Memmingen

Das mittelalterliche Stadtbild mit Stadtmauer und prachtvollen Zunft- und Patrizierhäusern erinnert an seine kaufmännisch überaus erfolgreichen Patriziersöhne im Mittelalter. Die spannende Stadtgeschichte vermitteln die Museen im Antonierhaus, das Stadtmuseum und das Heimatmuseum. Viele Veranstaltungen lassen alte Traditionen aufleben, beispielsweise beim »Wallenstein-Sommer« und »Fischertag« sowie beim seit 440 Jahren gefeierten Kinderfest.

4 Bad Grönenbach

Hier legte Pfarrer Sebastian Kneipp den Grundstein für sein späteres Wirken. Bei Kaplan Merkle lernte er Latein, die Begegnung mit Pfarrer Koeberlin beeinflusste sein Interesse für die Kräuterkunde. Seit nunmehr über 60 Jahren wird in Bad Grönenbach – seit dem Jahr 1954 anerkannter Kneipp-Kurort und seit 1996 Kneipp-Heilbad – die Kneipp-Kur erfolgreich praktiziert. Die Marktgemeinde engagiert sich aber auch beim Schutz

Im Bauernhofmuseum Illerbeuren.

Die herrliche Barockkirche der Benediktinerabtei Ottobeuren ist für ihre klassisichen Konzerte und die barocken Chororgeln weithin bekannt.

der Kulturlandschaft. Bestäubungsinsekten wie Bienen, Hummeln, Schmetterlinge & Co. werden in ihrem Lebensraum und Nahrungsangebot immer mehr eingeschränkt. Hier setzt Bad Grönenbach an und eröffnete beispielsweise 2015 einen Naturerlebnisweg, der Streuobstwiesen, Kräutergärten, Blumenwiesen und Feldgehölze erschließt.
bad-groenenbach.de

5 Freilichtbühne Altusried

Mit ihrer in Europa einzigartigen Holzkonstruktion mit geschwungenem Dach ist die Freilichtbühne in Altusried eine der schönsten Open-Air-Bühnen Deutschlands. 2500 Zuschauern bietet die Tribünenanlage Platz. Sie wurde erstmals bei den Freilichtspielen im Jahr 1999 (»Bauernkrieg im Allgäu«) bespielt und war seitdem Schauplatz zahlreicher außergewöhnlicher Kulturereignisse. Freilichtspiele haben in Altusried eine lange Tradition, die im Jahr 1879 mit der Aufführung der Geschichte des Wilderers Matthias Klostermaier begründet wurde. In das Repertoire werden immer wieder neue Stücke aufgenommen wie 2013 »Don Quijote«. 2023 steht »Ronja Räubertochter« auf dem Program.
allgaeuer-freilichtbuehne.de

Stellplatz am Jordanpark

Bis zu drei Tage dürfen Wohnmobilisten an diesem baumbestandenen, ebenen Stellplatz kostenfrei übernachten. Die Ver- und Entsorgung ist möglich und die 12 Stellplätze sind auch für größere Mobile geeignet. Ein Radweg führt direkt in die Innenstadt, Einkaufsmöglichkeiten sind rund um den Stellplatz vorhanden. Ein Frei- und Hallenbad sowie große Grünflächen befinden sich unmittelbar neben dem Parkplatz.
Buronstr. 99, 87600 Kaufbeuren
kaufbeuren-tourismus.de/wohnmobilstellplatz.html
GPS: N47.89794 E10.61660

1 Skyline Park

Riesen-Schiffschaukel, Autoscooter, Nautic Jets, nostalgische Achterbahn – und das welthöchste Flug-Karussell: mit mehr als 60 Attraktionen lockt das große Freizeitgelände bei Bad Wörishofen. Für alle, die noch in den Kindergarten oder in die ersten Grundschulklassen gehen, gibt es spezielle, altersgerechte Hits wie Tarzanseile, den Kettenflieger, die Schlangenröhre, einen Wasserspielplatz, Kinderkanus und die Kran- oder Baggerschule. Auch eine Baustellenfahrt, ein Ponytrip oder ein Formel-1-Parcours zählen zum Angebot für die kleineren Familienmitglieder. Gemeinsam mit den Eltern oder großen Geschwistern können sie auch mit dem Tretboot oder einem Floß fahren. Und für seine Kids-Farm, eine liebevoll gestaltete Bauernhof-Spielinsel für die Minis, erhielt der Park sogar eine Auszeichnung.
skylinepark.de

2 Kloster Ottobeuren

Die Basilika mit dem angeschlossenen Benediktinerkloster prägt das Landschaftsbild schon aus der Ferne. Sie ist eine der schönsten deutschen Barockkirchen, in der im Rahmen der »Ottobeurer Konzerte« seit 1945

auch klassische Konzerte stattfinden. Weithin berühmt sind die barocken Chororgeln von Karl Joseph Riepp. Land und Leben wurden in der Gegend nachhaltig vom Kloster geprägt. Als Familienkloster der Grafen Silach wurde Ottobeuren um 764 gegründet und von Mönchen aus dem Bodenseeraum bewirtschaftet. Pfarrer Sebastian Kneipp erblickte hier in der Nähe das Licht der Welt und wurde in der Basilika getauft. Im Zuge der Säkularisation wurde das Kloster 1802 aufgelöst und 1835 als Priorat der Augsburger Abtei St. Stephan wieder errichtet. Im Jahre 1918 wurde es wieder selbstständige Abtei, in der heute 18 Mönche leben. Im Museum der Benediktinerabtei, dem zweitältesten Museum im Allgäu, befinden sich Sammlungen zu Kunst und Kultur des ehemaligen Reichsstifts Ottobeuren. Weitere Höhepunkte sind u. a. die Barockbibliothek, die Abteikapelle und der Kaisersaal von 1725.
abtei-ottobeuren.de

3 Via Aqua

Eine zwei Stunden dauernde Wanderung führt um Ottobeuren auf dem Naturpfad »Via Aqua« (blaue Markierung), der mit mit Infotafeln zum Thema Wasser aufwartet. Die Tour beginnt am Parkplatz des Gasthauses Skihütte und führt an einer Trinkwasserquelle vorbei hinauf zu einer Hochfläche. Hier entspringen zahlreiche Quellen, die zur Trinkwasserversorgung genutzt werden. Der Weg führt nach Großkemnat und zurück Richtung Ottobeuren.

4 Marktoberdorf

Ein echtes Naturjuwel in der Kreisstadt im Ostallgäu mit ihrem alles überragenden Kirchturm ist die zwei Kilometer lange alte Lindenallee, die das Städtchen mit dem Jagdschloss (1728) des Fürstbischofs Wenzeslaus verbindet. Gleich neben dem Schloss sind die Fundamente eines Römerbads und einer Villa zu bestaunen.

5 St. Ulrich Seeg

Im schwäbischen Landkreis Ostallgäu gelegen, gilt sie als eine der bedeutendsten Rokokokirchen Bayerns. Die Entwürfe stammen vom Baumeister, Maler und Stuckateur Johann Jakob Herkomer (1652 bis 1717). Fresken und Malereien wurden von Balthasar Riepp und Johann Baptist Enderle gestaltet.

Links: St. Ulrich Seeg bei Nesselwang zählt zu den bedeutendsten Rokokokirchen Bayerns.

Unten: Sanfte Hügel, grüne Wiesen und weidende Kühe, so kennt man das Allgäu wie hier bei Marktoberdorf.

Alpsee Wellness Camping

Der idyllische Platz liegt direkt am Alpsee mit Blick auf die Berge. 200 befestigte Stellplätze stehen auf dem 5-Sterne-Camping zur Verfügung, dazu moderne Sanitärgebäude mit Privatbädern, Waschmaschine und Trockner sowie ein Wellnessbereich mit drei Saunen und ein Restaurant. Januar bis Ende März geschlossen.

Seestraße 25
87509 Immenstadt im Allgäu
alpsee-camping.de
GPS: N47.57308 E10.19387

1 Alpsee-Rundweg

Der etwa elf Kilometer lange Rundweg um den Großen Alpsee dauert ungefähr dreieinhalb Stunden. Der erste Teil des Weges führt oberhalb des Sees entlang, der zweite Teil führt auf der anderen Seeseite direkt am See zurück nach Bühl. Auch die Höhenmeter sind moderat: Knapp 200 Höhenmeter geht es nach oben und wieder bergab. Als Startpunkt bietet sich das AlpSeeHaus Bühl an. Hier stehen genügend Parkplätze zur Verfügung. Außerdem gibt es eine Tourist-Info, ein Naturpark-Café, in dem regionale Produkte gekauft werden können, und die Geschäftsstellen des Natur Erlebniszentrums sowie des Naturparks Nagelfluhkette und des Bund Naturschutz. Die ursprüngliche Bergwildnis zwischen dem Tannheimer Tal und dem Kleinwalsertal im Oberallgäu wird wegen ihrer herausragenden Schönheit, der Vielfalt in Flora und Fauna sowie ihrer Ruhe geschützt. Die multimediale Erlebnisausstellung wäre auch bei schlechter Witterung ein Tipp.

2 Immenstadt im Allgäu

Die kleine Residenzstadt Immenstadt ist das Eingangstor in den Naturpark Nagelfluhkette. Am größten Natursee des Allgäus, dem Großen Alpsee, gelegen, ist die Stadt ein beliebtes Urlaubsziel und der perfekte Ausgangspunkt für Wanderungen und Ausflüge in die Region. Im AlpSeeHaus erfährt man Wissenswertes

MIT DEM BIKE

Bodensee-Königssee-Radweg

Der 410 Kilometer lange Bodensee-Königssee-Radweg durchquert in einigen Teiletappen das Westallgäu, Oberallgäu und Ostallgäu. Die anspruchsvolle Mehrtagestour erfordert Kondition. Die Stecke führt dabei zu vielen idyllischen Voralpenseen und durchquert eine fantastische Voralpen- und Alpenlandschaft. Im Allgäu bieten sich die Teilstrecken von Lindau nach Immenstadt und weiter nach Füssen an. Der Fernradweg ist mit der Bezeichnung »Bodensee-Königssee-Radweg« sehr gut beschildert. In großen Teilen führt der Weg entlang gut befestigter Radwege, allerdings sind auch einige Höhenmeter zu absolvieren. Wer den gesamten Radweg abfährt kommt auf gut 3300 Höhenmeter.
bodensee-koenigssee-radweg.de

Hopfensee Panorama-Runde

Er ist einer der wärmsten Seen Süddeutschlands und lädt zum Baden, Segeln, Surfen, Angeln und Bootfahren ein. Besonders Familien mit Kindern schätzen seine flach abfallenden Ufer. Eine Fahrradtour auf der Panorama-Runde rund um den Hopfensee ist ein großartiges Erlebnis, größtenteils geht es ohne Steigung voran. Und wer einmal absteigt und sich den Schilfbereichen leise nähert, kann vielleicht sogar Haubentaucher und Blesshühner entdecken, die hier zu Hause sind. Hoch über der Uferpromenade ragt die Burgruine Hopfen auf. Von dort aus hat man einen spektakulären Blick auf die Ammergauer Alpen und die Tannheimer Berge.

Vier-Seen-Radrunde

In Füssen lässt sich eine knapp zehn Kilometer lange Vier-Seen-Radrunde in Angriff nehmen. Start ist am Parkplatz Morisse. Dann führt die Strecke durch das Faulenbacher Tal vorbei am Mitter- und Obersee und mit einem Anstieg hinauf zum Alatsee. Im Hochsommer ist eine Abkühlung im See gerade Recht und vielleicht auch eine Rast auf der Terrasse des Gasthofes. Dann geht es flott hinab zum Weißensee und über den Kobelhangweg und die Kemptener Straße zurück zum Ausgangspunkt. Die Tour führt ausschließlich über geteerte Rad- und Wirtschaftswege und ist auch für Familien geeignet.

Viehscheid
Die Allgäuer bezeichnen den Almabtrieb ihres Viehs von den Bergwiesen ins Tal als »Viehscheid«. Da die Bergalpen von den Bauern genossenschaftlich betrieben werden, sind alle Kühe eines Ortes gemeinsam im Sommer auf einer Alp und werden auch gemeinschaftlich nach etwa 100 Tagen hinabgetrieben. An diesem Tag feiert man traditionell ein großes Volksfest mit Musik, Tanz und Spezialitäten aus der Allgäuer Küche. Das Vieh wird wieder voneinander getrennt (daher der Name Viehscheid) und den Bauern übergeben. Im Allgäu findet der Viehscheid klimabedingt im September statt und ist vielerorts eine Touristenattraktion. Schöne Feste gibt es in Oberstdorf und Schöllang sowie in Bad Hindelang, Haldenwang oder Pfronten.

über die vielfältige Landschaft im Naturpark und kann zudem selbst auf Forschungsreise gehen. Wer wissen möchte, wie sich die Milchwirtschaft im Allgäu entwickelt hat und wie entbehrungsreich früher das Leben in den Bergen war, sollte unbedingt das Allgäuer Bergbauernmuseum besuchen, das in 1037 Meter Höhe in dem kleinen Dorf Diepolz liegt. Auch diverse Bräuche und Traditionen haben in Immenstadt bis heute einen festen Platz, so das Funkenfeuer im Februar, die Palmweihe vor Ostern oder der Viehscheid im September. Eine vierstündige Wanderung bietet sich in Immenstadt an. Von der Talstation der Mittagbahn fährt man zur Bergstation auf dem Mittelberg (1451 m). In nur 20 Minuten führt ein Weg zur Alpe Oberberg. Zurück auf dem Mittelberg wandert man entlang des Höhenkamms der Nagelfluhkette über den Bärenkopf und weiter bis zum Steineberg (1660 m). Über einen Pfad unterhalb der Felswand biegt man links ab und gelangt auf der Südseite des Steinebergs zum Gipfel. Das Alpenpanorama ist fantastisch. Der Rückweg führt zur Mittelstation der Schwebebahn, wobei man beim Sattel zwischen Steineberg und Bärenkopf links abzweigt und zur Station hinabwandert.

3 Allgäuer Bergbauernmuseum

Wie lebt es sich zwischen 2000 Meter hohen Bergen? Wie sieht der Alltag der Menschen aus, die dafür sorgen, dass frische Alpenmilch auf den Markt kommt, dass fruchtbares Land in einer schwierigen Gegend bewirtschaftet wird? Das Bergbauernmuseum in Immenstadt gibt Antworten. Man kann vom Bauern- und Kräutergarten zur Imkerei schlendern, Heuschinde und Rindenkoben besichtigen.
bergbauernmuseum.de

4 Allgäuer Käse

Als im 19. Jahrhundert die bis dahin in der Region vorherrschende Leinenproduktion zum Erliegen kam, verarmten die Menschen im Allgäu. Erst die Käseherstellung brachte wieder wirtschaftlichen Aufschwung. Neben den beiden traditionellen Sorten Allgäuer Emmentaler und Allgäuer Bergkäse wird heute ein breit gefächertes Schnitt- und Weichkäsesortiment angeboten. Frischkäse in verschiedenen Geschmacksvariationen rundet die Käsevielfalt ab. In der Region Oberstaufen bietet z. B. die Staufner Käskuche seit 1870 ein riesiges Käseangebot an (www.staufner-kaeskuche.de). Interessierte können sich sogar einmal selbst bei der Herstellung versuchen: Die Käseschule Allgäu in Oberstaufen bietet Käseseminare an.
kaeseschule.de

5 Scheidegger Wasserfälle

Im Jahr 2004 wurden die Scheidegger Wasserfälle in die Liste »Bayerns schönste Geotope« aufgenommen. Das Wasser des Rickenbachs stürzt hier über zwei mächtige Gesteinsstufen in die Tiefe: 18 und 22 Meter hoch sind die beiden Wasserfälle, die von mehreren Aussichtspunkten spektakuläre Blickwinkel bieten. Beim Abstieg fällt der Blick auf die bis zu 200 Meter tief eingeschnittene Rohrachschlucht. In der angeschlossenen Freizeitanlage kommen vor allem die Kleinsten voll auf ihre Kosten: Ein Streichelzoo und ein Wasserspielplatz sorgen für unvergessliche Erlebnisse.
scheidegg.de

Camping Pfronten

Mitten in der Natur, grüne Wiesen und ringsum die Berge: Der Campingplatz in Pfronten ist ideal für alle, die direkt vom Camper weg mit dem Rad oder zu Fuß starten wollen. Wohnmobilisten wählen einen der Wiesenplätze oder den Stellplatz im Anfahrtsbereich. Mitte Mai bis Mitte September geöffnet.
Tiroler Str. 184, 87459 Pfronten
camping-pfronten.de
GPS: N47.56245 E10.57734

1 Tobelweg

Der besonders eindrucksvolle Tobelweg beginnt in Hindelang, wo Joch- und Alpenstraße zusammentreffen. Für die gut angelegten Steige, die an kritischen Stellen mit Stahlseilen und teilweise auch mit Tritteisen gesichert sind, ist wegen des steilen Geländes jedoch absolute Trittsicherheit und Geschicklichkeit notwendig.

2 Starzlachklamm

Die Klamm wurde 1932 vom Sonthofer Baumeister F. X. Ammann erschlossen. Geformt wurde die imposante Felsschlucht durch die Starzlach, die in 1070 Meter Höhe zwischen dem Wertacher Hörnle und dem Grünten entspringt und bei Sonthofen in die Ostrach mündet.

Mit steilen Felswänden, ihren tosenden Strudeln und Wasserfällen ist die wildromantische Klamm ein spektakuläres Naturerlebnis für die ganze Familie. Besonders reizvoll sind die kesselförmigen Wassermühlen. In der Starzlachklamm sind Versteinerungen der seltenen Krabbe Xanthopsis sonthofenensis oder auch Nummuliten zu finden.

3 Wertach

Im Jahr 1423 wurde Wertach zum Markt erhoben. Zwei Drittel des Gemeindegebietes stehen heute unter Natur- und Landschaftsschutz. Abwechslungsreich und interessant sind Wanderungen auf dem Grünen

Oben: Der mittelalterliche Marienplatz in Immenstadt lädt zum Verweilen ein.

Mitte: Bei der Viehscheid im September wird das Vieh von der Alm wieder ins Tal gebracht.

Unten: Der Alpsee ist wie gemacht für fast jede Art von Wassersport.

Pfad, einem landwirtschaftlichen Lehrpfad, auf dem Imkerpfad oder auf dem Naturerlebnispfad. Wie die Löcher in den Käse kommen, erfährt man bei einer Führung durch die Bergkäsesennerei in Wertach.

4 Nesselwang

Der als »Aussichtsterrasse des Allgäus« bekannte Ort pflegt liebevoll seine Traditionen. Das wird beispielsweise beim Viehscheid, bei den Heimatabenden und beim traditionellen Marktfest sichtbar. Auf halber Berghöhe steht die barocke Wallfahrtskirche Maria Trost, die über einen wunderschönen Kreuzweg zu erreichen ist. Immer am 3. Sonntag im Mai findet hier die Trachtenwallfahrt des Allgäuer Gauverbandes nach Maria Trost statt. In vier Museen und Ausstellungen wird über Geschichte und Alltag in den letzten Jahrhunderten informiert. So zeigt beispielsweise das Brauereimuseum das alte Zunfthandwerk der Brauer und Mälzer.

5 Schloss Neuschwanstein

Sieben Wochen nach dem Tod König Ludwigs II. wurde Neuschwanstein im Jahr 1886 für das Publikum geöffnet. Der menschenscheue König hatte die Burg erbaut, um sich aus der Öffentlichkeit zurückzuziehen – jetzt drängen sich jährlich rund 1,5 Millionen Menschen durch die Räume, die für einen Bewohner bestimmt waren. Wie kein anderer Bau zeugt Neuschwanstein von den Idealen und Sehnsüchten Ludwigs II. Alleine die Lage ist einmalig.
neuschwanstein.de

Links oben: Von Nesselwang ist es nicht mehr weit bis in die Alpen.

Links unten: Spannender Ausflug in die Breitachklamm.

Rechts oben: Paragliding am Nebelhorn ist auch als Tandemflug möglich.

Rechts unten: Der Eissee versteckt sich im hinteren Oytal auf 1800 Metern Höhe.

Rubi-Camp

Ruhiger Platz am Ortsrand von Oberstdorf mit Blick auf die Berge. Alle Stellplätze verfügen über eigene Wasser-, Kanal- sowie Stromanschlüsse. Zur Ausstattung gehören Waschhaus, Abspül- und Kochraum, Trockenraum, Waschmaschine, Laden und Bistro. Mitte November bis Mitte Dezember Betriebsferien.

Rubinger Straße 34
87561 Oberstdorf
rubi-camp.de
GPS: N47.42305 E10.27892

1 Skimuseum in Fischen

Im Allgäu ist der Skisport zu Hause. Das Gschwenderhaus in Fischen ist ein altes Bauernhaus aus dem 17. Jahrhundert; hier kann man anschaulich erfahren, wie die Allgäuer früher gelebt haben. Es ist aber auch ein vom Internationalen Skiverband (FIS) prämiertes Museum über den Skisport. Hier versteht man gut, warum man heute zum Spaß auf zwei Brettern die Berge hinunterfährt.
skimuseum-fischen.de

2 Breitachklamm

Schmal drückt sich die Brücke an den Felsen. Unten strömt der Bach, oben hängen die Felsen über und nehmen das Tageslicht: Ein Besuch in der Breitachklamm ist reinster Nervenkitzel. Es geht nicht nur über schmale Brücken, auch der Blick von den hoch über der Schlucht thronenden Stegen ist schwindelerregend. Aber keine Sorge, der Weg ist bestens begehbar und gut abgesichert. 2,5 Kilometer verläuft die Schlucht von Oberstdorf Tiefenbach bis ins österreichische Kleinwalsertal, ein abenteuerlicher Wanderweg führt auch Familien durch dieses Naturerlebnis. Die Anfahrt ist von beiden Seiten möglich. Während es im Sommer erfrischend sein kann, den Weg über den rauschenden Bach zu nehmen, bilden im Winter Eis und Schnee herrliche Skulpturen. Je nach Witterungsverhältnissen wird die Klamm geschlossen.
breitachklamm.com

3 Allgäu Coaster

Im Sommer wie im Winter ist die 850 Meter lange Rodelbahn in Betrieb. Durch viele Kurven geht es mit maximal 40 Stundenkilometern ins Ziel und von dort bequem per Lift wieder auf den Berg. Das Tempo bestimmt jeder Fahrer selbst. In den Zwei-Sitzern können Kinder ab drei Jahren in Begleitung eines Erwachsenen fahren. Bei schlechtem Wetter sind die Fahrer durch eine Schutzhaube geschützt. Ein besonderes Erlebnis ist die Fahrt mit einer VR-Brille, die an der Kasse ausgeliehen werden kann.
ok-bergbahnen.com

4 Oytal

Das Oytal, das vor Oberstdorf ins Trettachtal mündet, wird dominiert von eigenwilligen Grasbergen wie der 2259 Meter hohen Höfats, deren mehrfach gespaltener Felsgipfel aus ihrem grünen Sockel herausragt. In dem herrlichen Wandergebiet wechseln schattige Wege mit sonnigen Hängen ab, man sieht mehrere Wasserfälle. Der Bach allerdings versickert stellenweise im Untergrund und tritt erst am Talausgang wieder zutage. Im Gegensatz zu den meisten anderen Tälern bei Oberstdorf war das Oytal nie das ganze Jahr hindurch besiedelt, die Wiesen sind zu trocken und steinig. Allerdings wurde es zum Weiden benutzt, es gibt mehrere Alpen. So liegt im Talschluss auf 1400 Meter Höhe die Käseralpe, die noch in Betrieb ist und dem Wanderer eine Erfrischung bietet.

5 Paragliding am Nebelhorn

Dass die Freiheit über den Wolken wohl grenzenlos sein muss, hat ja schon Reinhard Mey besungen. Gut nachempfinden lässt es sich bei einem Gleitschirmflug vom Nebelhorn aus. Von über 2000 Meter Höhe startet man den Flug. In Oberstdorf werden auch Tandemflüge angeboten, und so kann man sich in den Händen eines erfahrenen Piloten ganz in den Anblick der Berge und des Tals im Oberallgäu versenken.

Ursprüngliche Natur und wilde Tiere

Es ist ein mystischer Wald, wild und voller Geheimnisse, Märchen und Sagen, mit tief verwurzelten Traditionen und alten Handwerken, die anderswo kaum mehr praktiziert werden. So kann man hier etwa noch Glasbläsern über die Schulter schauen.

Sechs Landkreise umfasst das Gebiet Bayerischer Wald: Straubing-Bogen, Passauer Land, Arberland, Deggendorfer Land und der Nationalpark. Den großen Reiz des Bayerischen Walds macht sicher seine oft noch ursprüngliche Natur aus: Bergmischwald, Hochmoore, Granit- und Gneisfelsen, Almwiesen, Seen und Bäche bilden ein einzigartiges, schon von Adalbert Stifter beschworenes Naturensemble. Der böhmische Dichter fand hier die Inspiration für seine Gedichte und Bilder. Denn hier wird die Natur, selbst in den von Borkenkäfern verwüsteten Wäldern, sich selbst überlassen und bietet einen bisweilen surrealen Anblick.

Direkt an den südlichen Rand des Naturparks Oberer Bayerischer Wald grenzt der Naturpark Bayerischer Wald. Er erstreckt sich über 2780 Quadratkilometer. Der bereits 1967 gegründete Park ist nicht nur einer der größten, sondern auch einer der ältesten Deutschlands. Der höchste Berg in dem zur Hälfte bewaldeten Areal ist der Große Arber. Außer den Hochflächen gehört das Tal der Donau zu seinen beliebtesten Anziehungspunkten. Bemerkenswert in diesem Naturpark ist der unglaubliche Reichtum an Tieren und Pflanzen, die anderenorts gar nicht mehr oder nur noch extrem selten zu finden sind. So beispielsweise der Luchs, dessen Ansiedelung unterstützt wird. Unter den schützenswerten Pflanzen, die sich im Park heimisch fühlen, sind Ungarischer Enzian und Hollunderorchis.

Ein Stück Urwald erwartet den Besucher im Nationalpark Bayerischer Wald.

10 km
TSCHECHISCHE REPUBLIK
Bayerischer Wald
Nationalpark
Domažlice
Klatovy
Sušice
Strakonice
Vimperk
Furth i.Wald
Cham
Roding
Regen
Zwiesel
Deggendorf
Straubing
Plattling
Landau
Dingolfing
Vilshofen
Waldkirchen
Hauzenberg
Grafenau
Freyung
1 Dreiwappenfelsen
2 Skigebiet Voithenberg
3 NordicWalking
Festwiese Furth im Wald
4 Eschlkam
5 Drachenhöhle
Umweltzentrum Hoher
5 Pandurensteig
4 FreizeitWelle Rötz
Wohnmobilstellplatz Graf Luckner
3 Neubäuer See
2 Kanutouren
1 Bauerngolf
Zellertaler Skulpturenradweg
1 Natur-Art-Parks Arrach
2 Bayerwald-Tierpark
4 Wildwasser Ilz
3 Großer Arber
Wohnmobilstellplatz Großer Arber
5 Bullcart
1 Nationalparkzentrum Falkenstein
2 Schachten und Filze
Campingplatz Green Village
4 Huskyschlittenfahrt
3 Winterwandern
Per Rad über die Grenze
5 Freilichtmuseum Finsterau
3 Baumwipfelpfad Lusen
4 Glasbläserkunst Mauth
2 Höhenloipe
1 Keltendorf Gabreta
5 Donauschifffahrt
Wohnmobilstellplatz Karoli Badepark
Gr. Osser 1292
Großer Arber 1457
Gr. Falkenstein 1312
Rachel 1453
Lusen 1373
Dreisessel 1332
1379 Plöckenstein

Wegen der herrlichen Landschaft ist der Schwarze Regen, ein Nebenfluss des Regen, bei Paddlern sehr beliebt. Der Abschnitt zwischen Regen und Viechtach wird auch als »Bayerisch Kanada« bezeichnet.

Wohnmobilstellplatz Graf Luckner

Der Platz für bis zu zehn Wohnmobile und Zelte am Regen wird vom Kanuclub Graf Luckner betrieben. Moderne Sanitär- sowie Ver- und Entsorgungsanlagen stehen zur Verfügung. Der Wohnmobilplatz ist ganzjährig geöffnet.
Badstraße 31, 93413 Cham
kc-cham.de
GPS: N47.42305 E10.27892

❶ Bauerngolf

Golf einmal etwas anders: Statt auf kurz geschorenem Rasen spielt man in Cham mitten auf einer Wiese. Ein Besenstiel, an dem am Ende ein Holzschuh, der sogenannte Klompen, befestigt ist, dient als Schläger. Und der Ball im Format eines Handballs ist aus Leder. Dann heißt es, mit möglichst wenig Schlägen den Ball ins Loch zu befördern. Beim Rundgang gilt es allerdings, einige lustige Hindernisse zu überwinden. Da haben nicht nur Kinder ihren Spaß.
bauerngolf.bucher-michael.de

Die schöne Altstadt von Cham lohnt einen Stopp.

Im Tierfreigelände Neuschönau am Nationalparkzentrum Lusen kommt man der einheimischen Tierwelt wie Luchsen, Wölfen oder Wisenten ganz nah.

2 Kanutouren

Wenigstens eine kleine Strecke sollte man im Kanu auf dem Regen unterwegs sein, der sich im Sommer allerdings großer Beliebtheit erfreut. Vielleicht kommt man dabei der Heimat von vielen Wasservögeln und Bibern nahe. Empfehlenswert ist beispielsweise die Strecke zwischen Roding und Reichenbach, die allerdings auch kleine Herausforderungen wie Wehre bereithält, die umtragen werden müssen. Die Tour dauert ca. fünf Stunden. Kanus verleiht zum Beispiel Regental-Kanu in Nittenau.
kanuverleih.com

3 Neubäuer See

Der rund einen halben Quadratkilometer große Neubäuer See nordwestlich von Roding ist mit dem Pkw gut zu erreichen und bietet einen Campingplatz, ein Strandbad und einen kleinen Hafen. Man kann sich ein Boot mieten, surfen oder segeln lernen oder sich auf dem Wassertrampolin austoben. Wen es nicht ins Wasser zieht, der wandert oder radelt auf einem vier Kilometer langen Pfad um den See.

4 FreizeitWelle Rötz

Action und Wellness findet man in der »Freizeitwelle« in Rötz. Das Hallen- und Freibad bietet neben mehreren Becken mit Wasserrutsche und Massagedüsen auch Spielmöglichkeiten unter freiem Himmel wie Basketball, Beachvolleyball, Schach, Tischtennis oder Boccia. Ein Riesentrampolin erfreut nicht nur Kinder, und eine Sauna mit Saunagarten sorgt für Entspannung.
roetz.de

5 Pandurensteig

Der Pandurensteig ist gut 170 Kilometer lang, ein abwechslungsreicher Wanderweg, der auch durch den Oberen Bayerischen Wald verläuft. Er führt in acht Etappen von Waldmünchen nach Passau. Ein schwarzer Krummsäbel ist das Symbol des nach den gleichnamigen Soldaten benannten Weges, an dem historisch interessante Städte, Vogelschutzgebiete,Geotope, Aussichtspunkte, Wälder und Steinbrüche liegen. Es werden Pauschalen oder Gepäcktransporte angeboten.
bayerischer-wald.de

Festwiese Furth im Wald

Gebührenfrei ist der ganzjährig nutzbare Platz für fünf Mobile in Furth im Wald, der allerdings während der Drachenstich-Festspiele im Sommer nicht angefahren werden kann. Bis zur Ortsmitte sind es von diesem Stellplatz zu Fuß 400 Meter.

Eschlkamer Straße 10
93437 Furth im Wald
GPS: N49.30414 E12.84737

1 Dreiwappenfelsen

Seit der Öffnung der Grenzen zu Tschechien gibt es neue, grenzüberschreitende Wanderwege. Besonders attraktiv ist das waldreiche Wandergebiet zwischen Furth im Wald und Waldmünchen mit dem Dreiwappenfelsen (917 Meter). Seit Maria Theresias Zeiten ist der Grenzverlauf hier unverändert geblieben. Auf tschechischer Seite lädt der Obere Böhmerwald zu einem Besuch ein.

2 Skigebiet Voithenberg

Nahe der tschechischen Grenze liegt das Skizentrum Voithenberg, das ne-

Links: Deutschlands ältestes Volksschauspiel, der Drachenstich, findet jedes Jahr im August in Furth im Wald statt.

Rechts oben: Der Große Arber (1457 Meter) wird auch »König des Bayerischen Waldes« genannt.

Rechts unten: Der Große Arbersee ist ein Relikt aus der Eiszeit.

ben einem Übungshang und einer familientauglichen Abfahrt auch einen Steilhang vorzuweisen hat. Außerdem bietet das Zentrum Schneeschuhwanderungen und Skikurse an. Eine Rodelbahn, Loipen, eine Sprungschanze für Snowboard-Fans und eine gemütliche Hütte runden das Angebot ab.
bayerischer-wald.de

3 Nordic Walking

Auch auf Fitness mit zwei Stöcken ist man in Furth eingestellt, zum Beispiel im Nordic-Walking Drachenpark. Hier stehen insgesamt acht Rundwege mit unterschiedlichen Anforderungen zur Auswahl.
furth.de

4 Drachenhöhle

Ein großer Spaß für Kinder mit leichtem Gänsehauteffekt ist der Besuch in der Further Drachenhöhle. Bereits seit Anfang des 20. Jahrhunderts tritt ein Drache bei den Festspielen der Stadt auf. Aktuell ist es ein stattliches bewegliches Exemplar, das von April bis Oktober in seiner Höhle besucht werden darf.
further-drache.de

5 Umweltzentrum Arnschwang

In Arnschwang liegt direkt am Fluss Chamb das Umweltzentrum Mensch und Natur. Inmitten nahezu unberührtem Grün können Groß und Klein jede Menge Interessantes erfahren und vor allem viel Spaß haben. Zum Beispiel auf dem Eisvogelsteig: Mit Wathosen geht es durch den Lebensraum von Fischotter, Ringelnatter und natürlich Eisvogel. Mit etwas Glück kann man Biber und Weißstorch sehen. Ebenfalls einen Besuch wert ist die gläserne Imkerei.
lbv.de/umweltbildung/umweltstationen/arnschwang

MIT DEM BIKE

Zellertaler Skulpturen-Radweg

Etwas über 30 Kilometer lang ist der Radweg durch das hübsche Zellertal von Bodenmais nach Weidenhof. Zu den Naturschönheiten der Berge und Bäume gesellen sich 40 Holzskulpturen, die unterwegs in aller Ruhe betrachtet werden können. Die meiste Zeit kann man gemütlich dahinradeln, an manchen Stellen warten allerdings kräftige, wenn auch kurze Steigungen.
bodenmais.de/touren

Per Rad über die Grenze

Die Lage an der tschechischen Grenze und die direkte Nachbarschaft zum tschechischen Nationalpark Šumava sollte man sich während eines Besuchs im Bayerischen Wald zunutze machen. Die 80 Kilometer lange Šumava-Rundtour beginnt in Haidmühle.
bayernbike.de/regionen/ostbayern/bayerischer-wald/touren-nationalpark-ferienland-bayerischer-wald/sumava-rundtour/

Wohnmobilstellplatz Großer Arber

Der kostenpflichtige Parkplatz am Großen Arber kann zu jeder Zeit an-

Rachel

Gerade einmal vier Meter fehlen dem Rachel (1453 Meter), um den Großen Arber in der Höhe zu übertrumpfen. Der Große Rachel ist mit seinen geheimnisvoll anmutenden Wäldern und dem schönen Rachelsee der höchste Berg im Nationalpark und zudem ein beliebtes Ausflugs- und Wanderziel. Da der Gipfelanstieg recht anstrengend verläuft, ist der rund zweieinhalbstündige Rundweg Specht eine gute Wanderalternative. Auf der rund 6,5 Kilometer langen Stecke überwindel man insgesamt einen Höhenunterschied von 200 Metern. Der Start liegt am Parkplatz in der Nähe der Racheldiensthütte. Vorbei an interessanten Informationstafeln, die das Werden der Landschaft und die Spuren der Eiszeit erläutern, geht der Weg in Richtung Rachelsee. Der höchste Punkt der Wanderung ist die Felsenkanzel. Auf einer alten Schlittenziehbahn führt die Route hinab zum Parkplatz. Wer noch im Gebiet bleiben will, dem sei der Seelenstieg empfohlen. Entlang eines rund 1,2 Kilometer langen Holzsteges wird das Motto des Nationalparks »Natur Natur sein lassen« offenkundig. Wanderer können hier das Vergehen und Entstehen das Waldes unmittelbar miterleben. Informationstafeln bieten beste Informationen und verständliche Erläuterungen.

gefahren werden. Es handelt sich um einen einfachen Parkstreifen ohne Ver- und Entsorgungseinrichtungen.
Eisensteinermühle
94252 Bayerisch Eisenstein
GPS: N49.12124 E13.20273

1 Natur-Art-Parks Arrach

Der Luftkurort Arrach macht es seinen Besuchern leicht, Natur, Kunst und Handwerk zu entdecken. Dafür hat man den Natur-Art-Parks geschaffen. Am Seepark geht es los. Liebevoll gestaltete Hinweistafeln führen zum Naturschutzgebiet Arracher Moor. Dort wartet ein Info-Pavillon, und ein Holzbohlenweg führt durch das Moor. Weiter geht es zum Energiepark Gut Kleß, zu einer Kunstsattlerei und zum Mineralienmuseum. Außerdem liegen ein Bayerwald-Handwerksmuseum, eine Bärwurzerei und das Arracher Glastor auf dem Weg.
bayerischer-wald.org/lamer-winkel/freizeit

2 Bayerwald-Tierpark

Im Ort Lohberg am Großen Arber befindet sich der Bayerwald-Tierpark, wo man die heimischen Tiere des Bayerischen Waldes in ihrer natürlichen Umgebung beobachten kann. Wer nach dem 1,5 Kilometer langen Rundweg Appetit verspürt, kann seine Brotzeit im Lohberger Gasthof »Zur Post« in Gesellschaft von Eichhörnchen, Rothörnchen und Baumstreifenhörnchen genießen, die dort gezüchtet werden.
bayerwald-tierpark.de

3 Großer Arbersee und Großer Arber

Eine schöne, rund dreistündige Wanderung führt vom Parkplatz des Großen Arbersees hinauf zum König des Bayerwaldes, zum Großen Arber (1457 Meter). Es lohnt sich, den idyllischen Großen Arbersee einmal gemütlich zu umrunden und vielleicht eine Bootstour zu unternehmen, bevor es über Forstwege und schließlich sprichwörtlich über Stock und Stein stetig bergauf zum Gipfel geht. Dann ist der Gipfel erreicht, der, nicht unbedingt schön, von zwei Gebäuden bekrönt ist, die noch Relikte aus der Zeit des Kalten Krieges sind. Von diesen ehemaligen Radarstationen aus wurde der Flugverkehr in Richtung Osten überwacht. Im Arberschutzhaus ist Einkehr und Übernachtung möglich. Im Gipfelbereich bieten sich schöne Panoramaausblicke, und vom Seeriegelgipfel ist sogar der gerade besuchte Arbersee auszumachen. Den Abstieg kann man auch kürzer gestalten, indem man mit dem Sessellift bequem hinab ins Tal fährt und sich mit dem Bus zum Ausgangspunkt am Großen Arbersee bringen lässt.

4 Wildwasser Ilz

Ihr Moorwasser und die hier traditionell betriebene Perlenzucht hat der Ilz den Beinamen »Schwarze Perle« eingebracht. Er entspringt zwischen Rachel und Lusen und mündet in Passau in die Donau. Heute ist der Fluss vor allem wegen seiner wilden Passagen bei Kajakfahrern sehr beliebt. Aus Naturschutzgründen ist Bootfahren auf der Ilz im Mai und Juni nicht erlaubt. Auf Wanderungen kann man mit etwas Glück seltene Tierarten wie Feuersalamander und Wasseramsel, Gelbbauchunken und Eisvögel entdecken.
bayerischer-wald.de

5 Bullcart

Mit diesem dreirädrigen Gefährten ohne Motor kann man furchtlos jeden geeigneten Hang hinabsausen. Mit einem Schlepplift geht es zum Startplatz hinauf und dann die rund 850 Meter lange Abfahrt über eine gemähte Wiese herunter. Mehr Infos im Berghotel Maibrunn.
berghotel-maibrunn.de

Campingplatz Green Village

Dieser moderne Campingplatz (35 Stellplätze) mit allen Komforteinrichtungen ist ein idealer Standort zum Wandern, Radfahren, Reiten, Angeln, Tennisspielen oder Golfen. Er ist von Mai bis Oktober geöffnet.
Zwieselau 16a, 94258 Frauenau
camping-bayrischerwald.de
GPS: N49.00850 E13.27677

Oben: Die scheuen Wölfe gehören zu den Bewohnern des Bayerwald Tierparks in Lohberg.

Mitte: Mächtige Granitbrocken wie der Teufelssteg überraschen auf einer Wanderung durch den Schlosspark Falkenstein.

Unten: Der Rachelsee am Fuße des Großen Rachel ist nur auf Wanderwegen zu erreichen.

Oben: Im Freilichtmuseum Finsterau stehen originalgetreu wieder aufgebaute Häuser aus der Umgebung.

Mitte: Im Keltendorf Gabreta ist das Leben früherer Siedler erlebbar.

Unten: Der Baumwipfelpfad Lusen gipfelt in einem 44 Meter hohen Turm.

Rechts: Rund um Neuschönau gibt es Langlaufloipen für jeden Anspruch.

❶ Nationalparkzentrum Falkenstein
Den Mittelpunkt des Nationalparkzentrums bildet das Haus zur Wildnis. Auf einem Wurzelgang erlebt man unterirdisches Leben, die Steinzeithöhle zeigt Höhlenmalereien. für Kinder gibt es einen Entdeckkerraum sowie einen Abenteuerspielplatz. Im Freigelände tummeln sich Urrinder, Wildpferde, Luchs und Wolf.

❷ Schachten und Filze
In vergangenen Zeiten ließen Landwirte ihr Vieh ähnlich wie in den Alpen im Wald der Gebirge weiden. So entstanden nahezu baumlose Wiesen, auf denen die Herden den Sommer über lebten. Diese Flächen wurden irgendwann nicht mehr genutzt und sich selbst überlassen. Man nennt sie Schachten. Auf dem 19 Kilometer langen Rundweg »Schachten und Filze« kann man sie heute zu Fuß erkunden. Beginn der Tour ist am Parkplatz Buchenau.

❸ Winterwandern
Wer in traumhafter Winterlandschaft spazieren gehen möchte, findet im Nationalpark beste Bedingungen. Von Spiegelau führen mehrere geräumte Winterwanderwege in die Umgebung. Es werden auch Schneeschuhwanderungen und Fahrten mit dem Pferdeschlitten angeboten.
spiegelau.de

❹ Huskyschlittenfahrt
Mit lauffreudigen Huskys einen Tag zu verbringen, ist ein besonderes Erlebnis. Ein besonderes Highlight ist sicher eine Hundeschlittentour durch den verschneiten Bayerischen Wald, aber auch Wanderungen oder einfach gemeinsame Zeit zum Kraulen machen richtig Spaß. Kurse bietet der Huskyhof in Frauenau an.
waldschrat-adventure.de

❺ Donauschifffahrt
Von Deggendorf aus wird donauabwärts eine Städtetour angeboten. Über Vilshofen geht es 60 Kilometer bis Passau, die Rückfahrt erfolgt mit der Bahn.
donauschifffahrt.eu

Wohnmobilstellplatz am Karoli Badepark

Sehr ruhiger kostenloser Platz für zehn Mobile, geöffnet von April bis Oktober. Alle Ver- und Entsorgungseinrichtungen sind vorhanden. Das Zentrum von Waldkirchen ist einen Kilometer entfernt.
VdK-Heim-Straße 3
94065 Waldkirchen
GPS: N48.72083 E13.60428

❶ Keltendorf Gabreta
Im Keltendorf in Lichtenau mit seinen originalgetreu nachgebauten Häusern kann man erahnen, wie der Alltag und das Leben unserer keltischen Vorfahren aussah. Auf dem Rundweg sieht man Töpferei, Weberei, Grabhügel und Kräutergarten.
keltendorf.com

❷ Höhenloipe
Langlauf in klarer Bergluft mit faszinierenden Ausblicken, das bietet die 14 Kilometer lange Höhenloipe in Waldhäuser. Dazu gibt es in Neuschönau eine Skating- und unterschiedlich lange Nationalparkloipen.
ferienregion-nationalpark.de/themen/langlaufspass-rund-um-neuschoenau.html

❸ Baumwipfelpfad Lusen
Das Nationalparkzentrum Lusen hat einen besonderen Baumwipfelpfad zu bieten. Auf 1300 Metern Länge geht es auf 44 Meter stufenlos hinauf in Richtung Baumturm. Unterwegs machen Info-Tafeln die Besucher mit dem Wald vertraut. Auf dem Boden sollte man sich Zeit für den sieben Kilometer langen Rundweg durch das Wildtiergehege nehmen. Dort leben u. a. Wisente, Elche, Wölfe und Braunbären.
baumwipfelpfad.by

❹ Glasbläserkunst Mauth
Die große Zeit der Glashütten ist vorbei, doch hat sie die Region stark geprägt. Schon deshalb sollte man sich eine Glasbläserei ansehen. Es ist faszinierend, welche Kunstwerke dort live vor den Augen der Besucher entstehen. Toll für Kinder: Man darf sich auch selbst einmal als Glasbläser versuchen.
glasblaeserkunst-mauth.com

❺ Freilichtmuseum Finsterau
In Finsterau am Nationalpark und nahe der böhmischen Grenze wartet die Vergangenheit. Hier können Besucher nachempfinden, wie hart das Leben der Bauern und einfachen Arbeiter im Bayerischen Wald vor über 100 Jahren war. Höfe, ein Wirtshaus und eine Schmiede wurden aus der Umgebung geholt und hier wieder aufgebaut. Handwerker zeigen ihr Können in den Gebäuden des Museums.
freilichtmuseum.de

BAYERISCHES SEENLAND

Die Alpen immer im Blick

Sämtliche alpennahe Seen Bayerns entstanden nach der letzten Eiszeit. Auch wenn alle diese Seen nahezu gleich alt sind, ist doch jeder eine Welt für sich, mit eigenen botanischen Verhältnissen, eigener Landschaft, eigenem Klima. Kein Ufer gleicht dem anderen, jedes hat seine eigene Atmosphäre. Die Natur alleine würde aber noch keineswegs die heute so geschätzte Atmosphäre eines Sees ausmachen, vielmehr waren es die Menschen, die über Jahrhunderte hinweg eine einzigartige Kulturlandschaft gestaltet haben. An den Siedlungen und Höfen des Bauernlandes rund um die Seen lässt sich bis heute erkennen, mit wie viel Verstand und sicherem Instinkt für das richtige Maß hier gehandelt wurde. Der Neuzeit blieb es vorbehalten, die Seen zum Vergnügen zu nutzen. Eher bäuerlich, naturnaher und vielleicht auch etwas gemütlicher geht es am großflächigen Ammersee zu; mit seinen 47,6 Quadratkilometern ist er Bayerns drittgrößter See. Er liegt im Westen des Fünfseenlandes, zu dem auch der Starnberger See gehört. Der Wörth-, der Pilsen- und der Weßlinger See gehören auch noch zu diesem Quintett. Den eindrücklichsten Gegensatz auf engstem Raum findet man beim Kochel- und Walchensee. Während Ersterer eine riesige Verlandungszone hat und damit dem Charakter nach ein Voralpensee ist, hat der nur zwei Kilometer Luftlinie entfernte Walchensee einen rein alpinen Charakter. Tegernsee und Schliersee sind die Herzstücke der oberbayerischen Bilderbuchlandschaft. Obwohl beide schon vor gut 150 Jahren vom Fremdenverkehr entdeckt wurden, ist dort das urwüchsige Altbayern noch höchst lebendig.

Das einstige Kloster Seeon am Seoner See, heute ein Kultur- und Bildungszentrum, bietet ein vielfältiges Veranstaltungsprogramm sowie stilvolle Unterkunft.

Fürstenfeldbruck
Olching
MÜNCHEN
Ismaning
Puchheim
Germering
Gräfelfing
Schifffahrt Ammersee
Campingplatz Pilsensee
Gauting
Grünwald
Haar
Ottobrunn
Utting
Opti-Kurs
Andechser Rundweg
Herrsching
Starnberg
Wanderung durch die Maisinger Schlucht
König-Ludwig-Weg
Stand-up-Paddling und Wasserski
Segeln
Andechs
Ammersee
Ebersberg
Grafing
Glonn
Wasserburg
Trostberg
Radtour durchs Fünfseenland
Wolfratshausen
Geretsried
Bernried
Starnberger See
Weilheim
Beim Fischer
Osterseen
Penzberg
Bad Tölz
Miesbach
Schliersbergalm Sommerrodelbahn
Therme Bad Aibling
Kolbermoor
ROSEN-HEIM
Camping Stein
Simssee
Chiemsee-Radweg
Herrenchiemsee
Chiemsee
Hochseilgarten Parker
Baden im Chiemsee
Ballonfahrten
Mountainbiken am Samerberg
Staffelsee
Riegsee
Benediktbeuern
Moos-Rundweg
Radtour nach Benediktbeuern
Tegernsee-Umrundung
Tegernsee
Jodschwefelbad Bad Wiessee
Tegernseer Tal Montgolfiade
Campingplatz Schliersee
Schliersee
Wasmeier Freilichtmuseum
Spitzingsee
Kochelsee
Campingplatz Renken
Im und auf dem Walchensee
Walchensee
Mangfallgebirge
Zahmer Kaiser
Wilder Kaiser
Kufstein
Garmisch-Partenkirchen
Achensee
Kitzbühel
10 km

Ob Baden, Segeln, Surfen, Stand-up-Paddling oder Angeln – die Palette an Wassersportangeboten am Ammersee ist riesig. Landratten können wunderbar um den See radeln oder wandern.

Campingplatz Pilsensee

Der schöne und ruhige Campingplatz liegt idyllisch zwischen Schloss Seefeld und dem Pilsensee. Er ist komplett ausgestattet, hat neue Sanitäranlagen, eine große Liegewiese und einen Badesteg. SUP-Boards können geliehen werden. Geöffnet Mitte März bis Ende November.
Am Pilsensee 2, 82229 Seefeld
camping-pilsensee.de
GPS: N48.02919 E11.19876

Mit dem Schaufelraddampfer über den Ammersee wie vor 100 Jahren.

1 Schifffahrt auf dem Ammersee

An klaren Tagen bilden die Alpen im Süden des Sees einen eindrucksvollen Rahmen für eine Fahrt mit einem der vier Schaufelraddampfer. Infos erhält man in Inning oder unter seenschifffahrt.de/de/ammersee

2 Opti-Kurs

Zwei, drei oder fünf Tage auf den Wellen mit der Nase im Wind – und zwar im eigenen Boot: Das ist bei der Bayerischen Seglervereinigung sogar für Knirpse möglich, so sie mindestens sieben Jahre alt sind. An Bord geht's im Ammersee-Örtchen Utting, wo das Vereinshaus der Seglervereinigung in Gestalt des Dampfers »Andechs« liegt. So das Wetter mitspielt und zumindest eine leichte Brise weht, bringen erfahrene Segler und Seglerinnen dem Nachwuchs auf den speziell für Kinder und Jugendliche (bis zum Alter von 15 Jahren) gebauten kleinen, leichten, nicht kenternden Opti(misten)-Jollen in den nächsten Stunden grundlegende Segelmanöver wie das Ab- und Anlegen, das Halsen und das Wenden bei. Und natürlich das sichere Verhalten an Bord. Eiserne Regel: Immer nach vorne schauen. Auch das Knüpfen der gängigsten Segelknoten steht auf dem Programm.
bsv-ammersee.de

3 Segeln

Durch ihre idealen Windbedingungen sind die beiden großen Seen Ammer- und Starnberger See hervorragende Reviere, um das Segeln zu erlernen. In Starnberg, Herrsching und Dießen bieten mehrere

An klaren Tagen scheint die Zugspitze gleich hinter Kloster Andechs aufzuragen. Vielleicht hat auch eine der Bierspezialitäten der Klosterbrauerei zu gut geschmeckt.

Segelschulen Kurse an – vom Schnupperkurs bis zur mehrtägigen Ausbildung mit Unterkunft. Unter den erfahrenen Seglern ist der Ammersee beliebter als der Starnberger See, seien hier doch weniger »Sonntagssegler« unterwegs. Weitere Informationen zum Beispiel bei: Segelschule Ammersee und Segelschule Starnberg,
ammersee-segelschule.de
segelschule-starnberg.de

4 Andechs

Auf Bayerns »heiligem Berg« stand einst eine Burg der Grafen von Andechs-Meran. Als das Geschlecht ausstarb, stiftete der letzte Andechser die Burg als Chorherrenstift, aus dem schließlich ein Benediktinerkloster wurde. Eine wertvolle Reliquiensammlung sorgte früh für eine umfangreiche Wallfahrt und machte die alte Burganlage schnell zum in ganz Bayern bekannten »heiligen Berg«. Der enorme Pilgerandrang führte im 18. Jahrhundert zum Neubau der Klosterkirche. Bis 1758 errichtete Johann Baptist Zimmermann die heutige Rokokokirche, deren achteckiger Turm den Besucher schon von Weitem grüßt. Böse Zungen allerdings behaupten, der Hauptanziehungspunkt seien weniger die Reliquien in der Heiligen Kapelle als vielmehr das von den Mönchen seit Jahrhunderten gebraute Bier. Aber schließlich haben sich Bierseligkeit und Frömmigkeit in Bayern schon immer gut verstanden.
andechs.de

5 Andechser Rundweg

Von Herrsching am Ammersee startet der Andechser Rundweg durch eine verträumte ländliche Gegend. Anstatt direkt wandert man über Frieding und Machtlfing mit dem lohnenden Ziel, die geistigen und leiblichen Genüsse in Bayerns ältester Wallfahrt, Kloster Andechs, zu genießen. Der Rückweg führt durch das landschaftlich reizende Kiental zurück nach Herrsching, wo sich vielleicht noch eine Fahrt auf dem Ammersee mit einem der Ausflugsschiffe (Ostern bis ca. Mitte Oktober, seenschiffahrt.de) oder ein erfrischendes Bad als gelungenen Abschluss des Tages anbieten.

Campingplatz beim Fischer

Der kleine Campingplatz mit 76 Urlauberplätzen am Südostufer des Starnberger Sees ist über Winter geschlossen. Einen eigenen Badestrand gibt es wie eine eine Surfschule und ein Kanuzentrum.
Buchscharnstr. 10
82541 Münsing
camping-beim-fischer.de
GPS: N47.82600 E11.33695

1 Osterseen

Südlich von Seeshaupt bilden 21 am Südende des Starnberger Sees gelegene kleine Seen und Weiher eine einzigartige sumpfige, von Mooren durchsetzte Naturlandschaft, in der seltenste Tiere und Pflanzen zu finden sind. Gebildet wurde das heutige Naturschutzgebiet einst von einem riesigen Toteisblock, der von Geröll bedeckt war und deshalb langsamer abtaute als der Hauptgletscher. In seinen Vertiefungen bildeten sich dann die einzelnen Seen. Die Osterseen bieten herrliche Wandermöglichkeiten. Von Iffeldorf aus

kann man auf einem zehn Kilometer langen Rundweg die einzigartige Landschaft des Naturschutzgebiets entdecken. Auf jeden Fall sollte man ein Fernglas mitnehmen, denn hier kann man seltene Vögel wie zum Beispiel den Drosselrohrsänger beobachten.
gpswandern.de/osterseen/osterseen.shtml

2 Bernried

In schönstem Parkgelände errichtete der durch das Münchner Olympiastadion bekannt gewordene Architekt Günter Behnisch bis 2001 sein kongeniales Museumsgebäude für die weltberühmte Expressionistensammlung von Lothar-Günther Buchheim. Das »Museum der Phantasie« umfasst Gemälde und Grafiken der Brücke-Maler.
buchheimmuseum.de

Oben: Stand-up-Paddling auf dem Starnberger See ist sehr beliebt.

Unten: Der idyllische Fohnsee bei Iffeldorf, einer der Osterseen.

3 Stand-up-Paddling und Wasserski

Elegant gleitet man aufrecht stehend auf einem Surfbrett und mit Hilfe eines Stechpaddels durch den See. Kurse und Leihgeräte bei SUP-Verleih Starnberg (sup-verleih-starnberg.de). Wer es gern etwas schneller auf dem Wasser mag, ist in der Wasserskischule Possenhofen am Starnberger See an der richtigen Adresse. Hier werden Kurse im Wasserskifahren angeboten.

4 Wanderung durch die Maisinger Schlucht

Sanfte Hügel, Wälder und natürlich die Seen bieten eine Vielzahl von Wandermöglichkeiten – von kleinen Spaziergängen bis hin zu anspruchsvollen Tagestouren. Eine der schönsten Touren führt von Starnberg durch die Maisinger Schlucht nach Maising und weiter zum Kloster Andechs, von dort geht es hinab zum Ammersee nach Herrsching. Mit 21 Kilometern ist man gute fünf Stunden unterwegs, die wunderschönen Ausblicke in die bayerischen Alpen entschädigen für die Mühen.

5 König-Ludwig-Weg

Der Weitwanderweg startet in Berg am Starnberger See und führt über Possenhofen und die Klöster Andechs und Dießen zu den Königsschlössern bei Füssen. Auf 120 Kilometern kann man in fünf bis sieben Etappen auf den Spuren des bayerischen Regenten die schöne Voralpenlandschaft erwandern.
koenig-ludwig-weg.de

Campingplatz Renken

Ein weiterer schöner, kleiner, familiär geführter Campingplatz. Er liegt direkt am Ufer des Kochelsees, ist

MIT DEM BIKE

Radtour durchs Fünfseenland

Eine Radtour zwischen Starnberger und Ammersee führt an Weßlinger, Pilsen- und Wörthsee vorbei durchs Fünfseenland. Hier bieten sich idyllische Uferpromenaden, bäuerliches Hügelland und wundervolle Ausblicke.

Radtour nach Benediktbeuern

Eine für Familien geeignete Radtour führt von Kochel am See zum Kloster Benediktbeuern und zurück. Die Route ist rund 17 Kilometer lang und verläuft weitgehend eben. Start ist am Bahnhof Kochel. Der Straße Am Unteranger wird bis zum Ortsende gefolgt, weiter geht es parallel zum Bahngleis und vorbei am Dorf Ort in Richtung Brunnenbach und weiter Richtung Benediktbeuern. Vor der Bahnlinie heißt es links abbiegen und schließlich dem Gleisverlauf bis zum Kloster folgen. Nach einer Klosterbesichtigung und einer Rast im Klosterbräu geht es auf gleichem Weg zurück zum Ausgangspunkt.

Tegernsee-Umrundung

Schöne Radwege ermöglichen bis auf wenige Teilabschnitte entlang der Seestraße eine Umrundung des Tegernsees. Als Start kann Gmund gewählt werden, wo es am Bahnhof oder am See Parkmöglichkeiten gibt. Auch jeder andere Ort am See bietet sich zum Einstieg in die Rundtour an. Der Radweg führt oberhalb des Sees über Holz nach Bad Wiessee, weiter nach Abwinkl, Ringsee, Egern, Rottach und weiter nach Tegernsee. Vielleicht füllt man die Flüssigkeitsreserven im Tegernseer Brauhaus auf, bevor es über Sankt Quirin zurück nach Gmund geht. Der Weg verläuft zumeist in Ufernähe um den See und hat eine Länge von rund 20 Kilometern. An vielen Stellen bietet sich die Möglichkeit für ein erfrischendes Bad und natürlich auch die Möglichkeit zu weiterer Einkehr. Im Ort Tegernsee kann man das Museum des Karikaturisten Olaf Gulbransson (1873–1958) besichtigen.
tegernsee.com/seerundweg-tegernsee

Mountainbiken am Samerberg

Das Hochplateau Samerberg liegt 200 Höhenmeter über dem Inntal am Fuß der Hochries. Hier findet man zahlreiche Almen und Hütten, die die Region – neben der Schönheit der Natur – zu einem beliebten Wandergebiet machen. Mountainbiker finden im Bike Park am Samerberg waghalsige Strecken. Auch Anfänger und Kinder kommen hier auf ihre Kosten. Mit der Hochriesbahn (November bis März geschlossen) geht es zum Ausgangspunkt.
bikepark-samerberg.de

Chiemsee-Radweg

Durchgängig beschildert, bestens asphaltiert, kaum ansteigend, aber mit wunderbaren Aussichten auf die Inseln und Buchten des Sees, das Voralpenland und die Berge, bietet der Chiemsee-Radweg eine gute Möglichkeit, das »Bayerische Meer« recht entspannt mit eigener Muskelkraft zu umrunden. Knapp 60 Kilometer gilt es dabei unter die Reifen zu nehmen. Die Strecke führt an fast allen Uferorten entlang, mit Anschluss an den Radlbus und an die Flotte der Chiemseeschifffahrt – falls es doch dem einen oder anderen zu viel wird im Sattel. Alternativ locken auf den Etappen auch Strandbäder oder Attraktionen wie der Vogelbeobachtungssturm im Achen-Delta, dem größten Binnendelta Europas. Die Gasthöfe rund um den Chiemsee eignen sich ebenfalls bestens zur Rast – oder um die Tour ausklingen zu lassen.
chiemsee-chiemgau.info/radweg-am-chiemsee

Oben: Das Kloster Benediktbeuern ist nicht nur ein geistliches Zentrum, sondern auch eines für Umwelt und Natur.

Mitte: Tiefblau liegt der Walchensee zu Füßen des Herzogstands.

Unten: Dank seiner geringen Tiefe ist der Staffelsee einer der wärmsten Badeseen in Oberbayern.

komplett ausgestattet und von April bis Oktober geöffnet.
Mittenwalder Str. 106
82431 Kochel am See
campingplatz-renken.de
GPS: N47.63976 E11.35429

1 Im und auf dem Walchensee

Der Walchensee ist klar, fischreich und voller Mythen. Sogar von einem versunkenen Goldschatz wird berichtet. Mit 192 Metern ist er Bayerns tiefster See und hat einige gut erreichbare Tauchplätze. Besonders beliebt sind die steilen Felswände »Pioniertafel« oder die »Galerie«, wo der Taucher auf untergegangene Autowracks trifft. Unter Surfern gilt der »Walchensee-Wind« als besonders gute Brise. Er entsteht in den Tälern zwischen den Bergen und weht zuverlässig. Es gibt drei Stellen mit besonders guter Thermik: das Windsurfcenter Walchensee, »Die Galerie« mit allerdings knappen Parkplatzverhältnissen und die Sachenbacher Bucht, die nur zu Fuß oder mit dem Rad zu erreichen ist.

2 Moos-Rundweg

Das Naturschutzgebiet Murnauer Moos ist mit 36 Quadratkilometern das größte lebende Moor im Voralpenraum. Durch das Moos führt ein zwölf Kilometer langer Rundweg, der am Ramsauer Ähndl startet und endet. Auf der dreistündigen Wanderung bieten sich viele Möglichkeiten, die einheimische Tier- und Pflanzenwelt zu erkunden. Hinweistafeln zur Flora und Fauna des Moores helfen dabei. Der Weg führt streckenweise über Bohlenwege und auf Anhöhen, von denen eine gute Aussicht auf das Moor garantiert ist.

3 Staffelsee

Der westlich von Murnau gelegene See hat ein reich gegliedertes Ufer, verträumte Inselchen und mit den Alpen eine dekorative Kulisse. Der 765 Hektar große See ist bis zu 35 Meter tief, aber an den Ufern relativ flach. Aufgrund seiner raschen sommerlichen Erwärmung zählt er zu den wärmsten und beliebtesten Badeseen Bayerns. Ein 20 Kilometer langer Rundwanderweg führt einmal um den See herum. Ein hoher Riegel trennt das Gewässer vom südlich anschließenden Murnauer und Eschenloher Moos. In allen Orten am Staffelsee besteht die Möglichkeit, ein Kanu zu leihen oder sich zu einer geführten Tour über den See anzumelden. Wer mit dem eigenen Boot anreist, findet in Rieden und beim Segelclub Staffelsee e. V. auf der westlichen Seeseite geeignete Einsetzstellen. Und wer sich lieber zurücklehnen will, kann sich entspannt über den See schippern lassen: 80 Minuten dauert die Rundfahrt mit der »MS Seehausen« mit Haltepunkten in Murnau, Uffing und Seehausen. Eine Besonderheit des 2009 gebauten Motorschiffs ist, dass die Passagiere nicht an der Seite zusteigen, sondern von vorn über eine Bugklappe. Auch Sonderfahrten werden angeboten wie die stimmungsvolle Mondscheinfahrt.
staffelsee.org

4 Riegsee

Der 1,8 Quadratkilometer große Riegsee ist einer der saubersten und wärmsten Seen Oberbayerns. Ein Bad in ihm ist oft schon im Mai möglich. Von seinem Ufer wie auch von der gleichnamigen Gemeinde, den Dörfern Riegsee, Aidling und Hagen sowie mehreren Weilern, hat man einen wunderbaren Blick auf die Alpenkette mit Ester- und Wettersteingebirge sowie auf die Ammergauer Berge. Rund um den idyllischen See laden verschiedene markierte Wander- und Radwege dazu ein, die Gegend zu erkunden und die wunderbare Aussicht zu genießen.

5 Benediktbeuern

Das ehemalige Benediktinerkloster vor der Kulisse der nach seinem Namenspatron benannten Benediktenwand gilt als ältestes benediktinisches Kloster Oberbayerns. Der heilige Bonifatius selbst weihte Mitte des 8. Jahrhunderts die erste Kirche. Das mit irdischen Gütern reich gesegnete Kloster blühte zu einem Zentrum für Kunst und Wissenschaft auf. Im 13. Jahrhundert wurde hier die so gar nicht klösterliche Sammlung mittelalterlicher Trink- und Liebeslieder, die »Carmina Burana«, aufgezeichnet. Carl Orff vertonte sie im Jahr 1936. Die heutige Klosterkirche ist ein noch sehr italienisch beeinflusster, früher Barockbau von Caspar Feuchtmayr aus den Jahren 1680 bis 1685. Die gedrungene Wandpfeilerhalle wird von einem flachen Tonnengewölbe überragt. Die Gewölbemalereien führte Hans Georg Asam, der Vater der berühmten Asam-Brüder, aus. Das Bild des Antonius-Altars stammt dagegen bereits von seinem Sohn Cosmas Damian. Ein barockes Kleinod für sich ist die nördlich des Altarraumes angebaute ovale Anastasiakapelle von Johann Michael Fischer.
kloster-benediktbeuern.de

Campingplatz Schliersee

Ein kleiner, aber schöner Platz direkt am Ufer des Schliersees. Ideal für Wanderer und Radfahrer. Cocktails werden direkt am Strand aus dem Bar-Bully serviert. Coole Atmosphäre.
Westerbergstr. 27
83727 Schliersee
camping-schliersee.de
GPS: N47.729250 E11.851972

1 Schliersbergalm Sommerrodelbahn

Die Schliersbergalm ist seit 1956 mit einer Seilbahn zu erreichen. Sie überwindet 230 Höhenmeter, bevor man auf einer Höhe von 1061 Meter auf der Schliersbergalm aussteigt. Wer es sportlich mag, nutzt für die Talfahrt zurück zum Schliersee die Sommerrodelbahn. Die Bahn schlängelt sich über eine Länge von mehr als 950 Meter von der Alm hinunter ins Tal. Kinder ab acht Jahren können sogar allein die 63 Kurven meistern.
schliersbergalm.de

2 Wasmeier Freilichtmuseum

In dem liebevoll gestalteten Museum des in Schliersee geborenen Olympiasiegers Markus Wasmeier kann man neben historischen Bauern-

häusern und Handwerksbetrieben Bauerngärten besichtigen. Hier werden vergessene Nutzpflanzen wie Flachs und Hanf angebaut und deren Verwendung erklärt. Auch werden regelmäßige Kräuterführungen veranstaltet. Ein Schmied zeigt sein Kunsthandwerk, ein Restaurant sorgt für leibliches Wohl. In einer sehr sehenswerten Sonderausstellung wird die Geschichte der Haushaltsgeräte anschaulich gemacht. Man spaziert hier durch Küchen und Wohnstuben der vergangenen Jahrzehnte. Im Winter findet ein romantischer Weihnachtsmarkt mit traditionellen Ständen statt.
wasmeier.de

3 Spitzingsee

Der 1085 Meter hoch gelegene, knapp einen Kilometer lange See war seit eh und je das Mekka der Münchner Skifahrer. Seit dem Ausbau der Straße nahm auch der Sommerverkehr zu, doch konnte der See seinen Charakter als Bergwiesensee weitgehend erhalten. Die umgebenden Gras- und Waldkuppen vermitteln trotz der Höhenlage das Bild einer Voralpenlandschaft. Den See kann man in etwa einer Stunde umrunden. Wer höher hinauf möchte, für den gibt es die Bergbahn zum 1600 Meter hohen Taubensteinsattel und damit den Anschluss an vielfältige Wandermöglichkeiten in den höheren Bergen. Ein großes Spektakel jedes Jahr ist am Faschingssonntag der Skifasching auf der Firstalm über dem Spitzingsee.

4 Tegernseer Tal Montgolfiade

Wenn bis zu 20 Heißluftballons vor Alpenkulisse in die klare Winterluft aufsteigen, ist das ein buchstäblich erhebender Anblick. Seit dem Jahr 2000 treffen sich internationale Luftschiffer frühzeitig im Jahr am Tegernsee. Dazu lädt ein Rahmenprogramm zu Pferdeschlittenfahrten und Hüttenzauber ein. Der Name des Festivals erinnert an den ersten Heißluftballon der Luftfahrtgeschichte, den die Brüder Montgolfier im Jahr 1783 starteten.
montgolfiade.de

Links oben: Der Schliersee ist im Sommer wie im Winter ein lohnendes Ziel.

Links Mitte: Im Wasmeier Freilichtmuseum spaziert man durch den Alltag von früher.

Links unten: Der Spitzingsee, guter Ausgangspunkt für Wanderungen.

Rechts oben: Für seine Residenz auf Herrenchiemsee diente Ludwig II. das Schloss Versailles als Vorbild.

Rechts unten: An den Badestellen am Chiemsee herrscht meist Betrieb.

5 Jodschwefelbad Bad Wiessee
Im Heilbad Bad Wiessee sprudeln die stärksten Jodschwefelquellen Deutschlands, »Adrianus« und »Königin Wilhelmina« mit Namen. Im neuen Badehaus werden Wannen- und Augenbäder und Inhalationen angeboten.
jodschwefelbad.de

Camping Stein

Wunderschön gelegener Campingplatz direkt am Simssee. Fast alle Wohnmobilstellplätze verfügen über Stromanschluss, Frischwasser und Abwasseranschluss. Sanitärgebäude mit Waschmaschinbe und Trockner. April bis Anfang Oktober geöffnet.
See 10, 83093 Bad Endorf
camping-stein.de
GPS: N47.88418 E12.26913

1 Therme Bad Aibling
Der moderne Kuppelbau entstand nach den Plänen eines Stuttgarter Architektenbüros und erhielt mehrere Design- und Innovationspreise. Er zählt zu den zehn schönsten Thermen der Welt. Auch das Angebot ist herausragend. Auf 10000 Quadratmeter laden Wasser- und Saunalandschaften zum Entspannen ein. Das Angebot reicht vom Kneippbecken bis zur Moorsauna.
therme-bad-aibling.de

2 Herrenchiemsee
Die größte der Chiemseeinseln (2,4 Quadratkilometer) ist weitgehend mit Wald bedeckt. Außerhalb der Schlossanlage ist die Insel als Naturpark geschützt, den Wanderwege durchziehen und von denen sich immer wieder schöne Ausblicke auf das Bayerische Meer und die Alpen eröffnen. Wer die Insel einmal komplett umwandern will, muss dafür 2,5 Stunden kalkulieren. Vom Schiffsanleger ist es nicht weit zum Komplex des »Alten Schlosses«, dem ehemaligen Augustinerchorherrenstift Herrenchiemsee. Märchenkönig Ludwig II. benötigte als absoluter Fürst ein repräsentatives Staatsschloss, das nach einem Besuch in Versailles 1867 dem dortigen ähneln sollte: So wurde auf Herrenchiemsee eine dreigeschossige, hufeisenförmige Anlage im Achsensystem des großzügig anzulegenden Parks geplant. Vollendet wurde nur der Kern des Schlosses samt seiner von Julius Hofmann gestalteten Ausstattung.
herrenchiemsee.de

3 Ballonfahrten
Ist die Region schon vom Boden aus betrachtet ein traumhafter Landstrich, so ist das geräuschlose Überschweben der Voralpen und der majestätischen Bergkämme der Alpen ein unvergessliches Erlebnis. Vorkenntnisse sind nicht erforderlich. Die normale Fahrt dauert bis zu 90 Minuten, doch für das ganze Abenteuer sollte man vier bis fünf Stunden einplanen. Treffpunkt ist in Bernau.
chiemseeballooning.de

4 Baden im Chiemsee
Süddeutschlands größter zusammenhängender Badestrand liegt in Übersee am südöstlichen Ufer des Chiemsees. Fünf Kilometer erstreckt sich die parkähnliche Anlage. Weitere Strandbäder mit guter Infrastruktur gibt es in Prien, Seebruck, Chieming und Bernau. Die Wassertemperatur kann schon im Frühsommer auf mehr als 20 °C ansteigen.

5 Hochseilgarten Parker
Im Parker Hochseilgarten am Chiemsee bleiben kleine und große Kletterer dank des »Smart Snap«-System fest gesichert und können sich ausschließlich auf den Parcours konzentrieren. Kinder klettern in einer Höhe von 1,50 Metern. Je nach Körpergröße kann das freilich schon eine Herausforderung sein. Für die Großen locken dann Parcours auf Höhen zwischen sechs und zwölf Meter.
parkeroutdoor.com

REGISTER

BILDNACHWEIS • IMPRESSUM

Abkürzungen: G = Getty Images;
M = Mauritius Images

S. 2/3 Look/Michael Neumann, S. 4/5 Look/Kerstin Leicht, S. 6/7 M/Bruno Kickner, S. 8/9 Look/Andreas Straufl, S. 10/11 Andrei Armiagov/Shutterstock.com, S. 12 Irina Fischer/Shutterstock.com, S. 14/15 Look/Christian Mueringer, S. 16 Look/Sabine Lubenow, S. 17 Look/Sabine Lubenow, S. 17 Raymond Thill/Shutterstock.com, S. 18 Look/Christian Mueringer, S. 19 M/Fotosol, S. 20 Look/Olaf Meinhardt, S. 20 Look/Olaf Meinhardt, S. 21 Look/Franz Marc Frei, S. 22 Look/Ulf Böttcher, S. 22 G/Westend61, S. 24/25 Look/Christian Bäck, S. 26 Look/Konrad Wothe, S. 27 Look/Sabine Lubenow, S. 27 Juergen Wackenhut/Shutterstock.com, S. 28 Look/Ulf Böttcher, S. 28 Look/Karl Johaentges, S. 29 Look/Konrad Wothe, S. 30 Look/Sabine Lubenow, S. 30 Look/Ulf Böttcher, S. 30 Look/Axel Ellerhorst, S. 32 Conny Pokorny/Shutterstock.com, S. 32 Look/Heinz Wohner, S. 33 Arkadij Schell/Shutterstock.com, S. 34/35 anela.k/Shutterstock.com, S. 36 Look/Olaf Meinhardt, S. 36 Look/Natalie Kriwy, S. 37 Look/Sabine Lubenow, S. 37 Look/Sabine Lubenow, S. 38 Look/Sabine Lubenow, S. 38 anela.k/Shutterstock.com, S. 39 Look/Sabine Lubenow, S. 40 Look/Sabine Lubenow, S. 40 Look/Fotohof Blomster, S. 41 Oliver Hoffmann/Shutterstock.com, S. 42 Look/Jürgen Stumpe, S. 42 Look/Sabine Lubenow, S. 43 Look/Daniel Schoenen Fotografie, S. 44/45 Look/Heinz Wohner, S. 46 G/Sandra Klöckner, S. 47 Look/Olaf Meinhardt, S. 47 Look/Thomas Grundner, S. 48 Look/Sylvia Pollex, S. 49 G/Westend61, S. 50 Look/Ulf Böttcher, S. 50 G/Raimund Linke, S. 50 Look/Sabine Lubenow, S. 52 Look/Heinz Wohner, S. 52 M/Lothar Steiner, S. 53 Look/Sabine Lubenow, S. 54/55 Klaus Vartzbed/Shutterstock.com, S. 56 Look/Sylvia Pollex, S. 57 Look/Thomas Grundner, S. 57 M/Christian Bäck, S. 58 Look/Günther Bayerl, S. 58 Look/Sylvia Pollex, S. 59 Look/Heinz Wohner, S. 60 H. & D. Zielske, S. 60 Jens Ottoson/Shutterstock.com, S. 61 Look/Sylvia Pollex, S. 62 H. & D. Zielske, S. 63 Look/Sylvia Pollex, S. 63 Ina Meer Sommer/Shutterstock.com, S. 64/65 G/Norbert Neetz, S. 66 Look/Günther Bayerl, S. 66 Pani Garmyder/Shutterstock.com, S. 67 Look/Ernst Wrba, S. 68 Ina Meer Sommer/Shutterstock.com, S. 69 Look/Heinz Wohner, S. 69 Look/Andreas Strauß, S. 69 Look/Karl Johaentges, S. 70 Look/Andreas Strauß, S. 70 Look/Sylvia Pollex, S. 70 Look/Stephan Schulz, S. 72 Oliver Hlavaty Photo/Shutterstock.com, S. 72 Wirestock Creators/Shutterstock.com, S. 74/75 Travel Faery/Shutterstock.com, S. 76 Look/Jürgen Richter, S. 77 Look/Olafprotze, S. 78 H. & D. Zielske, S. 78 Look/Olafprotze, S. 79 Sergiy Zavgorodny/Shutterstock.com, S. 80/81 Look/Heinz Wohner, S. 81 Ina Meer Sommer/Shutterstock.com, S. 82 Look/Andreas Strauß, S. 82 Look/Heinz Wohner, S. 83 Look/Konrad Wothe, S. 84/85 M/Hans P. Szyszka, S. 86 Christian Schwier/Shutterstock.com, S. 86 Look/Brigitte Merz, S. 87 Marc Venema/Shutterstock.com, S. 88 Look/Heinz Wohner, S. 88 teddiviscious/Shutterstock.com, S. 89 hydebrink/Shutterstock.com, S. 90 g215/Shutterstock.com, S. 90 Look/Heinz Wohner, S. 91 Look/age fotostock, S. 92 Look/Heinz Wohner, S. 92 Look/Peter Schickert, S. 93 Look/Katharina Jaeger, S. 94/95 Look/Ulf Böttcher, S. 96 M/Petra Ender, S. 97 Look/Günther Bayerl, S. 97 Tobias Arhelger/Shutterstock.com, S. 98 Werner Spremberg/Shutterstock.com, S. 98 Look/Jalag /Lukas Larsson, S. 99 ebenart/Shutterstock.com, S. 100 Look/Hauke Dressler, S. 100 Look/Ulf Böttcher, S. 100 Volker Rauch/Shutterstock.com, S. 101 lcrms/Shutterstock.com, S. 102 Look/Konrad Wothe, S. 103 H. & D. Zielske, S. 104/105 Look/Heinz Wohner, S. 106 Look/Werner Jungk, S. 107 Look/Heinz Wohner, S. 107 Basotxerri/Shutterstock.com, S. 108 Look/Heinz Wohner, S. 109 Look/Brigitte Merz, S. 109 Look/Heinz Wohner, S. 110 Look/age fotostock, S. 110 NeydtStock/Shutterstock.com, S. 110 Look/Brigitte Merz, S. 111 M/Jochen Tack, S. 112 Look/Brigitte Merz, S. 112 Jule_Berlin/Shutterstock.com, S. 112 Chris Hoff/Shutterstock.com, S. 113 Look/Konrad Wothe, S. 114/115 Look/Heinz Wohner, S. 116 G/Josef Thomalla / EyeEm, S. 116 Sina Ettmer Photography/Shutterstock.com, S. 117 Look/Brigitte Merz, S. 118 Look/Sabine Lubenow, S. 118 Look/Val Thoermer, S. 119 Look/Heinz Wohner, S. 120 oliver_schulz/Shutterstock.com, S. 120 suehling/Shutterstock.com, S. 120 Look/Brigitte Merz, S. 120 Look/Heinz Wohner, S. 121 Poleijphoto/Shutterstock.com, S. 122 Look/Werner Jungk, S. 122 Look/Jalag /Lukas Spörl, S. 122 Manninx/Shutterstock.com, S. 124/125 M/Anne-Katrin Heine, S. 126 Sina Ettmer Photography/Shutterstock.com, S. 127 Tobias Arhelger/Shutterstock.com, S. 127 ON-Photography Germany/Shutterstock.com, S. 128 Look/Heinz Wohner, S. 128 Look/Heinz Wohner, S. 128 ON-Photography Germany/Shutterstock.com, S. 130 Look/Jalag /Klaus Bossemeyer, S. 130 Look/Heinz Wohner, S. 131 Look/Jan Greune, S. 131 Stock-Fotos.net/Shutterstock.com, S. 132 Dr. Norbert Lange/Shutterstock.com, S. 132 Dr. Norbert Lange/Shutterstock.com, S. 132 Look/Jalag /Klaus Bossemeyer, S. 134/135 Look/Heinz Wohner, S. 136 Look/Heinz Wohner, S. 137 Look/Heinz Wohner, S. 137 David Esser/Shutterstock.com, S. 138 Look/Heinz Wohner, S. 138 Oign/Shutterstock.com, S. 139 Glen Berlin/Shutterstock.com, S. 140 Look/Heinz Wohner, S. 140 Look/Christian Bäck, S. 140 Look/Brigitte Merz, S. 141 Look/Lars Bergmann,, S. 142 Look/Brigitte Merz, S. 142 M/Manuel Sulzer, S. 142 Look/Heinz Wohner, S. 144/145 Look/Heinz Wohner, S. 146 Alan Gordine/Shutterstock.com, S. 146 M/Violeta Meletis, S. 147 Look/Hans Georg Eiben, S. 148 M. Volk/Shutterstock.com, S. 148 Look/Brigitte Merz, S. 148 M/Helmut Corneli, S. 149 Look/Jalag, S. 150 M/Christian Bäck, S. 150 Look/Heinz Wohner, S. 151 Look/Heinz Wohner, S. 151 Look/Norbert L. Maier, S. 152 Look/Hauke Dressler, S. 152 Look/Jalag /Isabela Pacini, S. 153 Look/Rainer Martini, S. 154/155 Look/Heinz Wohner, S. 156 G/Friedrich Emons, S. 156 Pecold/Shutterstock.com, S. 157 G/Gueholl, S. 158 lcrms/Shutterstock.com, S. 158 Look/Heinz Wohner, S. 158 G/Westend61, S. 159 I. Rottlaender/Shutterstock.com, S. 159 Look/Heinz Wohner, S. 160 Look/Wolfgang Ehn, S. 160 Look/Heinz Wohner, S. 161 G/Marchevca Bogdan, S. 162 Look/Arthur F. Selbach, S. 162 G/Traumlichtfabrik, S. 164/165 Look/Daniel Schoenen Fotografie, S. 166 Look/Andreas Strauß, S. 167 Look/robertharding, S. 167 Look/Andreas Strauß, S. 168 Conny Pokorny/Shutterstock.com, S. 168 Valikdjan/Shutterstock.com, S. 169 Look/Daniel Schoenen Fotografie, S. 170 Look/Heinz Wohner, S. 170 Look/Daniel Schoenen Fotografie, S. 170 Sahara Prince/Shutterstock.com, S. 172 Look/Daniel Schoenen Fotografie, S. 173 Look/Daniel Schoenen Fotografie, S. 174/175 G/Daniel Schoenen, S. 176 Look/Thomas Stankiewicz, S. 176 Look/Heinz Wohner, S. 177 G/Westend61, S. 178 Look/Daniel Schoenen Fotografie, S. 178 G/Westend61, S. 178 Look/Val Thoermer, S. 179 Look/Photononstop, S. 180 G/Manuel Haderer, S. 180 Look/Ingolf Pompe, S. 181 G/Harald Nachtmann, S. 182 Look/Frank Waldecker, S. 182 Look/Ingolf Pompe, S. 182 Look/Franz Marc Frei, S. 183 Look/Val Thoermer, S. 184/185 Look/Daniel Schoenen Fotografie, S. 186 Look/Hanna Wagner, S. 186 Look/Jalag /Anna Mutter, S. 187 Look/Franz Marc Frei, S. 188 Look/Jürgen Richter, S. 188 M/Christian Bäck, S. 189 Look/Christoph Jorda, S. 191 Look/Daniel Schoenen Fotografie, S. 191 Look/Hanna Wagner, S. 191 SteffenWalter/Shutterstock.com, S. 192 Look/Andreas Strauß, S. 192 Look/Andreas Strauß, S. 193 Drepicter/Shutterstock.com, S. 193 Look/Walter G. Allgöwer, S. 194/195 Look/Andreas Strauß, S. 196 Look/Ernst Wrba, S. 196 Look/Ernst Wrba, S. 197 Look/Ernst Wrba, S. 198 Umomos/Shutterstock.com, S. 198 Look/Ernst Wrba, S. 199 Look/Andreas Strauß, S. 199 Look/Andreas Strauß, S. 201 Look/Ernst Wrba, S. 201 Look/Andreas Strauß, S. 201 Look/Andreas Strauß, S. 202 precinbe/Shutterstock.com, S. 202 M/imageBROKER, S. 202 M/Martin Siepmann, S. 203 Look/Norbert Eisele-Hein, S. 204/205 Look/Daniel Schoenen Fotografie, S. 206 Look/Franz Marc Frei, S. 206 Look/Denis Feiner, S. 207 Look/Denis Feiner, S. 208 Look/Hanna Wagner, S. 208 Look/Jan Greune, S. 209 Look/Jan Greune, S. 210 Look/Andreas Strauß, S. 210 Look/Konrad Wothe, S. 210 Look/Robin Runck, S. 212 footageclips/Shutterstock.com, S. 212 dra_photos/Shutterstock.com, S. 212 Look/Thomas Stankiewicz, S. 213 Look/Florian Werner, S. 213 Look/Andreas Strauß.

Genehmigte Sonderausgabe für Weltbild
GmbH & Co. KG
Ohmstraße 8a, 86199 Augsburg

b2b@kunth-verlag.de
Projektleitung: Micaela Verfürth

Umschlaggestaltung: Atelier Seidel, Teising
Umschlagmotive: Shutterstock / Andrei Armiagov; Vovk Alinka; johnfox (Vorderseite); Shutterstock / ShutterProductions (Rückseite)

Printed in Slovenia

ISBN 978-3-8289-4062-8

Besuchen Sie uns im Internet:
www.weltbild.de

Verlagsleitung: Grit Müller
Redaktion: Dorothee Kern
Gestaltung: Ulrike Lang
Kartografie: © MAIRDUMONT GmbH & Co. KG,
Marco-Polo-Straße 1, D-73751 Ostfildern